HEYNE <

Britta Bolt

DER TOTE IM FREMDEN MANTEL

Roman

Aus dem Englischen von Heike Schlatterer

WILHELM HEYNE VERLAG
MÜNCHEN

Die Originalausgabe BARMHARTIG erschien 2016 bei De Arbeidesers, Amsterdam

Sollte diese Publikation Links auf Webseiten Dritter enthalten, so übernehmen wir für deren Inhalte keine Haftung, da wir uns diese nicht zu eigen machen, sondern lediglich auf deren Stand zum Zeitpunkt der Erstveröffentlichung verweisen.

Verlagsgruppe Random House FSC©N001967

Vollständige Taschenbuchausgabe 09/2018
Copyright © 2016 by Britta Böhler und Rodney Bolt
Copyright © 2017 der deutschsprachigen Ausgabe
Hoffmann und Campe Verlag, Hamburg, www.hoca.de
Karte: Peter Balm, Berlin
Copyright © 2018 dieser Ausgabe by Wilhelm Heyne Verlag,
München in der Verlagsgruppe Random House GmbH,
Neumarkter Str. 28, 81673 München
Printed in Germany
Umschlaggestaltung Martina Eisele unter Verwendung des Umschlags von glanegger.com, München; Umschlagabbildungen: © Shutterstock
Druck und Bindung: GGP Media GmbH, Pößneck
ISBN: 978-3-453-42262-9

www.heyne.de

Den Mitarbeitern der Schlaganfall-Abteilung
in der OLVG-Klinik, die wahre Heilige sind.

Anmerkung der Autoren

Die Stadt Amsterdam kommt bei anonymen Leichen, die im Stadtgebiet gefunden werden, tatsächlich für die Bestattung auf und bereitet den Toten ein »einsames Begräbnis« mit Musik und Gedichten, die speziell für die Verstorbenen geschrieben werden, Blumen und Kaffee. Unser Buch ist jedoch Fiktion. Die Protagonisten weisen keine Ähnlichkeit mit realen Personen in Behörden auf, und das Amt für Katastrophenschutz und Bestattungen ist ebenso frei erfunden wie seine Struktur und Arbeitsweise. Entsprechend verhält es sich mit dem Hotel Krasnapolsky und der OLVG-Klinik: Beide existieren, doch die Mitarbeiter und ihre jeweiligen Handlungen in unserer Geschichte sind frei erfunden.

Dienstag, 17. April

1

Ben Olssen blickte zum dritten Mal auf die Uhren an der Wand. TOKIO, NEW YORK, AMSTERDAM. Auf der Amsterdamer Uhr war es schon nach acht. Sie kam nicht mehr. Er griff nach seinem Handy, zögerte. Er würde ihr keine Nachricht schicken. Nicht noch eine. Er würde sie bei der Konferenz zur Rede stellen. Ben legte das Telefon zurück auf den Tisch und verzog das Gesicht beim letzten Schluck des bitteren Kaffees. Die Tasse klapperte, als er sie zurück auf die Untertasse stellte. Sein Blick wanderte durch den Raum. Hohe Decken, poliertes Mahagoni, Palmen in Kübeln, gedämpftes Licht. Mehr eine Filmkulisse als ein Bahnhofscafé. Man rechnete beinahe damit, dass jeden Moment eine viktorianische Reisegruppe hereinkam und draußen auf dem Gleis eine schwarz glänzende Lokomotive dampfte, aber dort stand nur ein schmutzig gelbblauer Zug der Staatsbahn, der sich allmählich mit sehr zeitgenössischen Pendlern füllte. Er würde warten, bis der Zug abfuhr, dann würde er gehen.

Ein Kellner – schwarze Fliege, lange Schürze – ging am Tisch vorbei. Ben gab ihm ein Zeichen für die Rechnung. Er klappte seinen Laptop zu und ließ die Hände einen Moment lang darauf ruhen, dann öffnete er ihn wieder und fuhr den Computer komplett herunter. Er lief schon wieder so langsam. Das gefiel ihm ganz und gar nicht. Vielleicht konnte die Firma, die ihm der Concierge empfohlen hatte, herausfinden, was damit los war. Den IT-Typen in Helsinki war das ja nicht gelungen.

Der Zug fuhr ab. Ben legte ein paar Münzen zur Rechnung

auf die Untertasse und stand auf. Als er den Mantel anzog, fiel ihm zwei Tische weiter ein Mann in einem schmuddeligen grauen Anorak auf, der ihn beobachtete. Nein, das war lächerlich. Völlig normal, dass die Gäste in einem Café aufsahen, wenn jemand kam oder ging. Er wurde langsam paranoid: Schon im Hotel hatte er den Eindruck gehabt, dass ihn jemand beobachtete. Egal ... Jedenfalls war er froh, nachmittags beim Hausboot gewesen zu sein, obwohl sie nicht genug Zeit gehabt hatten, alles gründlich zu besprechen.

Ben verließ das Café und nahm die Rolltreppe runter zum Shoppingcenter. Am Ende der Rolltreppe ging er nach rechts zum Hinterausgang. Er wollte einen kurzen Blick auf das alte Shell-Gebäude auf der anderen Seite des IJ werfen. Um der alten Zeiten willen. Doch er wusste, dass er trödelte, weil er noch immer auf einen Anruf oder eine SMS hoffte, dass er vielleicht sogar noch einmal kehrtmachen und im Café nachsehen würde, ob sie inzwischen gekommen war.

Auf der Rückseite des Bahnhofs herrschte Chaos, ein Hindernisparcours aus Baugruben, Bretterzäunen und Absperrungen. Fußgänger und Radfahrer schlängelten sich zwischen den Baustellen hindurch, die Fähren drängten sich am Pier. Auf der anderen Seite des Wassers ragte das ehemalige Shell-Gebäude empor, die betont dezente Fassade grell angestrahlt. Hier hatte seine schillernde Karriere ihren Anfang genommen. Und so manche Eroberung auch. Ben musste lächeln. Ben den Aufreißer hatten sie ihn genannt. Es gab allerdings genug Leute, die ihm immer noch nicht verziehen hatten, dass er nach seinem Praktikum bei Greenpeace zum Feind übergewechselt war, und die sein Argument, dass er »das System von innen heraus verändern« wollte und lieber hinter den Linien kämpfte, nicht so recht geglaubt hatten. Wenn die wüssten ... Sein Telefon summte. Er schaute aufs Display. Endlich.

Sorry sorry sorry. Probleme hier.
Grad erst weggekommen. Verzeihst du mir? Morgen mittagessen?
xoxo
PS: Siehst du immer noch so toll aus?

Ben antwortete mit einem schlichten »Ja« für alle drei Fragen und schob das Bild, das ihm plötzlich lebhaft vor Augen stand, schnell beiseite. Ihr Aussehen, ihr Duft. Mittagessen würde gerade noch gehen. Ja, er konnte so lange warten. Er runzelte die Stirn und wäre fast mit einem Radfahrer zusammengestoßen, als er gedankenverloren einen Radweg kreuzte. Er ging am Wasser entlang weiter, die Augen immer noch auf den Boden gerichtet. Er zog den Mantel aus. Kamelhaar. Schwer. Zu warm zusammen mit dem Pullover. Er hasste Reisen in der Übergangssaison. Typisches Aprilwetter. Als er am frühen Abend aufgebrochen war, war es kalt gewesen, stürmisch und regnerisch, und jetzt viel zu mild. Er beschloss, eine Abkürzung zurück zum Hotel zu nehmen, durch die U-Bahn-Station ein Stück weiter vorne, anstatt wieder durch die Bahnhofshalle zu gehen. Vor dem Eingang zur U-Bahn stand ein Schild mit der Aufschrift »Durchgang für Fußgänger verboten. Bitte andere Seite benutzen«. Ben fluchte. Die konnten ihn mal. Er würde doch nicht zwischen den Betonpfeilern zurückgehen und dann eine vierspurige Straße überqueren, nur um am anderen Ende des Tunnels dasselbe Spielchen noch einmal zu machen. Der Notgehweg in der Unterführung war breit genug, das natriumgelbe Licht, das durch die Betonpfeiler fiel, mehr als ausreichend. Außerdem kam ihm von der anderen Seite bereits jemand entgegen. Und hinter ihm war auch jemand. Aber auf halbem Weg durch die Unterführung wurde ihm plötzlich mulmig.

Der Junkie huschte in eine Gasse, die von der Warmoesstraat abging, am Rand von De Wallen.

Hinter ihm knäulte sich der Touristenstrom kurz zusammen und floss dann weiter. Im Rotlichtviertel war einiges los, in der Gasse aber war es still: ein einzelnes, schickes Restaurant am Ende, ansonsten Hintereingänge und nackte Mauern, die in einer Sackgasse am Wasser endeten. Der Junkie machte ein paar unsichere Schritte auf der verlassenen Straße. Blieb stehen. Lauschte. Er wiegte sich hin und her, zu einer Musik, die niemand sonst hörte, und starrte lange auf einen Zigarettenstummel auf dem Pflaster, bevor er weiterging. Er trug ein T-Shirt und ein dünnes blaues Sweatshirt, das an der Seite eingerissen war, dazu eine schwarze Wollmütze. Und einen schweren Kamelhaarmantel. Eine Glückssträhne. Nicht nur mit dem Mantel. In einer Innentasche steckte ein kleines Lederetui mit einer Kreditkarte und ein paar Geldscheinen. Die reichen Schnösel machten das oft: versteckten etwas für den Notfall. Die Kreditkarte hatte er gleich eingetauscht, und einige von den Scheinen waren auch schon draufgegangen. So viel hatte er sich lange nicht mehr leisten können. Einen Schuss hatte er sich schon gesetzt. Rein. Ein Kuss des Schöpfers.

Der Junkie steuerte die dunkle Nische eines Notausgangs an, wo er oft Schutz suchte, gewärmt von der Küche auf der anderen Seite der Tür. Er lehnte sich an den Rahmen, rutschte runter auf den Boden und wühlte in seinem Rucksack nach dem Besteck.

Ein Stück weiter ging die Tür zum Restaurant auf, für einen Augenblick fiel ein blasser, trapezförmiger Lichtschein auf die Gasse. Ein Paar kam heraus: blond, gut gekleidet, Arm in Arm. Sie schauten auf den Junkie, der reglos in der Nische lag, sahen sich an. Sie zog leicht die Augenbrauen hoch; er kräuselte die Lippen zu diesem zufrieden-verstohlenen Lächeln, das rechtschaffene Passanten in De Wallen aufsetzen, wenn sie den Gefallenen begegnen – zur Bestätigung, dass sie selbst alles im Griff haben. Das Paar ging weiter, tauchte in den Strom auf der Warmoesstraat ein und bog dann links in den Nieuwebrugsteeg. Vor einem kleinen Lokal zögerten die beiden und blickten in das warme, holzvertäfelte Innere. »De Dolle Hond«, las sie vor. Er flüsterte ihr etwas ins Ohr und zog sie an sich. Sie kicherte, und die beiden gingen weiter.

Etwa zu der Zeit, als der Junkie in der Gasse um die Ecke zum nächsten Fall für das städtische Bestattungsteam wurde, saß Pieter Posthumus gemütlich auf seinem Stammplatz im Dolle Hond, dort, wo die Theke auf die Wand traf, unter einer Sammlung alter Orden und Abzeichen. Von der anderen Seite der Theke nickte Anna zu seinem leeren Glas hin.

»Lieber nicht. Muss morgen arbeiten«, sagte Posthumus.

»Na komm«, sagte Anna. »Geht aufs Haus. Bleib noch ein bisschen, sonst ist es so furchtbar trostlos hier.«

Der letzte Stammgast war vor ein paar Minuten gegangen. Im Dolle Hond war es ruhig, selbst für einen Dienstag. Ein Pärchen blieb draußen auf der Straße stehen, Arm in Arm. Einen Moment lang sah es so aus, als ob die beiden hereinkommen würden, aber dann wandten sie sich ab und gingen weiter. Anna schwenkte eine Flasche mit Posthumus' Lieblingswein.

»Also gut, aber nur einen Schluck.«

Anna schenkte ihm ein und ging dann zu einem Gast am anderen Ende der Bar. Posthumus sah ihr nach. Ihm gefiel dieses »trostlos« nicht. Seit der Sache mit Paul hatte Anna sich eingeigelt. Sie hatte den Kontakt zu Paul abgebrochen und ließ keine Musiker mehr im Lokal auftreten. Mit keinem Wort hatte sie Paul seither erwähnt. So war sie: ganz oder gar nicht, 100 Prozent. Nach all den Jahren – Jahrzehnten – kannte Posthumus das, aber bislang hatte sie sich ihm immer anvertraut. Nur dieses Mal nicht, und das tat weh. Er fühlte sich außen vor, machtlos. Doch er wusste, er durfte sie nicht drängen. Und er wusste auch, wie er auf Annas subtile Signale reagieren musste, zum Beispiel auf dieses »trostlos«.

Posthumus stand auf und begann, die Gläser auf den Tischen einzusammeln. Es machte nichts, wenn er spät ins Bett kam, im Büro der einsamen Toten, wie seine Abteilung bei der Stadtverwaltung gern genannt wurde, ging es zur Zeit recht ruhig zu. Posthumus und seine Kollegen vom Bestattungsteam organisierten Beisetzungen für anonyme Leichen, die innerhalb der Stadtgrenzen gefunden wurden, und für Menschen, die ohne Freunde oder Verwandte starben. In der letzten Woche hatte es nur ein Begräbnis gegeben: eine Frau, die allein auf der Couch gestorben war, vor dem Fernseher, umgeben von Zigarettenkippen und leeren Weinflaschen. Er stapelte die verstreuten Bierdeckel ordentlich aufeinander. Die einzigen Bewegungen auf ihrem Konto betrafen Abbuchungen vom Supermarkt, Tabakladen und vom Spirituosengeschäft: ein trauriger Reigen, eine Chronik der Einsamkeit. So hatte es Cornelius, der ihn manchmal bei den Hausbesuchen begleitete, in seinem Gedicht für die Beisetzung formuliert. Posthumus stellte die leeren Gläser auf die Theke und setzte sich wieder hin. Diese Elegie war seinem Dichterfreund besonders gut gelungen. Posthumus hatte Anna gerade davon erzählt.

»Danke, PP.«

Anna trug die Gläser zum Spülbecken und nahm das Gespräch wieder auf.

»Und kam jemand? Zur Trauerfeier?«

»Zwei ehemalige Kolleginnen«, antwortete Posthumus. »Vermutlich mehr aus Schuldgefühl, würde ich sagen. In der Wohnung haben wir wunderschöne bestickte Pashmina-Schals gefunden und dann einen davon auf den Sarg gelegt, es gab also wenigstens eine kleine persönliche Note.«

»Na, hoffentlich wurde der nicht mit eingeäschert.«

Posthumus lächelte. Das war schon eher seine Anna.

»Warum erzählst du mir das eigentlich?«, fuhr Anna fort. »Ist das eine Parabel? ›Einsame alte Frau stirbt mutterseelenallein und wird von ihren Katzen aufgefressen‹?«

Posthumus vergewisserte sich mit einem schnellen Blick, dass sie bloß Witze machte. Vielleicht war das der richtige Augenblick, um ihren Schutzwall zu durchbrechen, sie zum Reden zu bringen – aber da kam plötzlich Gelächter vom schmalen Eingangsbereich bei der Außentür.

»Gabi!«, rief Anna, noch bevor Cornelius' Frau zu sehen war. »Dein Lachen ist einfach unverwechselbar«, fügte sie hinzu, als Gabrielle Lanting zur Bar kam.

Posthumus lächelte und nickte einen Gruß. Gabi war in Begleitung einer modisch gekleideten Frau, braun gebrannt, athletisch und etwas jünger.

»Und es hat sich in all den Jahren auch nicht verändert«, sagte die Frau. »Die Lehrer glaubten früher immer, sie würde das absichtlich machen, und drohten mit finstersten Strafen.«

»Ich weiß nicht, ob ihr Christina kennt«, sagte Gabi. »Christina Walraven?«

Posthumus schüttelte den Kopf, und Anna murmelte, sie könne Christina nicht recht einordnen. Gabi stellte sie vor.

»Sie waren zusammen auf der Schule?«, fragte Posthumus Christina.

»*Ganz* so ungläubig musst du nun auch wieder nicht klingen«, sagte Gabi und lachte erneut. »Christina ist nicht so jung, wie sie aussieht, wir sind nur zwei Jahre auseinander. Und ja, waren wir. In London.«

»Daddy wurde an die Botschaft versetzt, als Gabis Vater dort Botschafter war. Und Gabi musste sich um den Neuzugang kümmern«, sagte Christina. »Also hat sie sich notgedrungen mit der Tochter eines niederen Attachés abgegeben. Was für ein Abstieg.«

»Ach, Blödsinn«, sagte Gabi und wandte sich an Anna. »So war sie schon immer. Das ist absolut nicht wahr, glaub ihr kein Wort!«

»Wie auch immer, zwei Jahre machen in dem Alter viel aus. Plötzlich hatte die coole Sechzehnjährige eine naive

Vierzehnjährige im Schlepptau«, sagte Christina. »Und dann noch so ein braves katholisches Mädchen wie mich.«

»Na ja, das warst du ja nicht lange«, sagte Gabi. »Übrigens, hat jemand nach mir gefragt oder etwas für mich hinterlegt? Ein großer junger Typ mit Brille?«

»Mir hat niemand was gegeben«, sagte Anna. »Wen erwartest du denn?«

»Meinen neuen Assistenten. Er sollte eigentlich heute Abend mit uns ausgehen, aber der liebe Junge hat Überstunden gemacht, um die Unterlagen vorzubereiten, die ich für morgen brauche. Egal, er kommt bestimmt bald. In der Zwischenzeit her mit den Getränken! Piet, komm, trink was mit uns.«

»Kommt Cornelius auch?«, fragte Posthumus. Er setzte sich an einen Tisch vor dem Kamin, von dem er wusste, dass Anna dort gern ihre Freunde platzierte. So konnte sie sich von der Bar aus mit ihnen unterhalten.

»Nein, er ist zu Hause bei Lukas«, sagte Gabi.

Posthumus nickte. Lukas war ein ernsthafter kleiner Kerl und schon ziemlich verantwortungsbewusst, aber wahrscheinlich doch zu jung, um abends alleine zu Hause zu bleiben. Die anderen setzten sich zu ihm an den Tisch, und Anna nahm die Bestellungen auf.

»Gabi hat mir vom Dolle Hond erzählt«, sagte Christina und betrachtete die holzgeschnitzten Köpfe entlang der Täfelung, die alten Kacheln am Kamin und die großen Delfter Vasen. »Ich wusste nicht, dass es so nahe bei De Wallen noch solche Lokale gibt. Die Gegend hier ist sonst so schrecklich geschmacklos.«

Sie nahm ihr Smartphone, machte schnell ein paar Fotos und steckte es wieder in ihre Handtasche (eine Tasche von Hester van Eeghen, wie Posthumus erkannte, noch dazu in einer Farbe, die nicht leicht zu kombinieren war und daher nicht jeden Tag zum Einsatz kommen konnte; das edle Stück war wahrscheinlich nur eines aus einer ganzen Kollektion).

Christina bemerkte seinen Blick. »Ihr Hemd ist auch nicht schlecht«, sagte sie. »Zegna? Eine ungewöhnliche Farbe.«

Posthumus errötete. Das Hemd war um die Hälfte reduziert gewesen, trotzdem war er beim Zahlen zusammengezuckt.

»Touché«, sagte er, und Christina lachte. Posthumus sagte nichts weiter dazu und kam wieder auf den Dolle Hond zurück.

»Das Haus stammt wahrscheinlich aus den 1620er Jahren. Es ist seit über hundert Jahren im Besitz von Annas Familie, daher das ganze Zeug.« Er wies auf die alten Drucke, das Messinggeschirr und die Bierkrüge, die oben auf der Täfelung standen.

»Anna hat das wirklich wunderbar hingekriegt. Man merkt kaum noch was«, sagte Gabi mit gedämpfter Stimme zu Posthumus, als Anna die Getränke brachte.

Das stimmte. Der Schaden von dem Brand vor ein paar Monaten war behoben, man sah nichts mehr davon. Nur ein schwacher Geruch nach Rauch war geblieben. Er konnte sich ein Jahr lang halten, hatten die Leute von der Reinigungsfirma gesagt. Ansonsten sah der Dolle Hond eigentlich so aus wie vorher. Nur das Klavier fehlte.

Anna stellte die Getränke auf den Tisch und setzte sich. »Heute Abend ist nicht viel los, da habe ich ein bisschen Zeit für euch.«

Sie wandte sich an Christina, die wieder ihr Smartphone in der Hand hatte und ihre E-Mails überflog. »Wohnen Sie in Amsterdam? Ich kenne Ihr Gesicht, wir haben uns schon mal irgendwo gesehen, mit Gabrielle, glaube ich.«

»Bei Greenpeace vielleicht? Ich habe dort eine Zeitlang mit Gabrielle gearbeitet, in den neunziger Jahren. Und nein, ich wohne nicht in Amsterdam. Als Daddy nach Brüssel versetzt wurde, bin ich zum Studium in London geblieben, und da lebe ich auch heute noch. Schon komisch, aber ich fühle mich mittlerweile ganz und gar als Londonerin. Das ist mein eigentliches Zuhause.«

Posthumus fand ihre seltsam brüchige, rauchige Stimme faszinierend. Manchmal geriet sie ins Stocken oder verfiel ins Englische, die Muttersprache schien ihr fremd geworden zu sein.

»Ich bin wegen Earth 2050 hier. Die große Wirtschaftskonferenz, die morgen anfängt, vielleicht haben Sie davon gehört?«, sagte Christina, während sie immer noch auf ihrem Handy herumtippte.

»Ob ich davon gehört habe?«, rief Anna. »Unser Finanzminister posaunt seit Wochen Schlagwörter wie ›Zukunftsgipfel‹ und ›Wachstum und Nachhaltigkeit‹ herum. Heute ist die Voranmeldung, oder? Die Straßenbahnen sind brechend voll und die Straßen total verstopft. Aber ich darf mich nicht beschweren. Wenn alle Hotels ausgebucht sind, ist das nur gut für mein Gästehaus.«

Sie nickte über ihre Schulter zu vier Männern, die an einem Tisch in der Ecke saßen. Umhängetaschen mit dem Earth-2050-Logo hingen an ihren Stuhllehnen oder lehnten an der Wand neben ihnen.

»Ich habe gerade zum ersten Mal ein Schild mit ›komplett belegt‹ aufgehängt.«

»Ja, Cornelius hat mir erzählt, dass du Marloes' Haus nebenan übernommen hast«, sagte Gabi. »Und dass du es wunderschön hergerichtet hast.«

»Das ›wunderschön‹ geht mehr auf PPs Konto.«

»Ein bisschen Farbe, ein paar neue Möbel und die Rückbesinnung auf den ›niederländischen Minimalismus‹«, sagte Posthumus.

Christina lachte.

»Hast du nicht so schon genug am Hals mit deinem Lokal?«, fragte Gabi.

Posthumus warf ihr einen Blick zu. Nach der ganzen Sache

mit Paul hatte Anna eine neue Aufgabe gebraucht, und dafür war das Gästehaus einfach perfekt.

»PP hat mich überredet, Marloes' letzten Schützling zu übernehmen, als Aufpasser und Putzfrau, sozusagen«, sagte Anna. »Du hast sie wahrscheinlich schon gesehen. Sie war ziemlich oft hier in der ... Zeit.« Nur eine winzige Pause, dann war die starke, zupackende Anna wieder da. »Die kleine Tina ... Auch eine dieser verlorenen Seelen, die Marloes so gern unter ihre Fittiche nahm.«

»Das dürre Ding, das aussieht, als wäre es kaum sechzehn und früher getippelt hat?«, fragte Gabi. »Die hängt bestimmt immer noch an der Nadel, oder?«

»Du lieber Himmel, das ist aber ganz schön riskant«, sagte Christina. »Und Ihnen macht das nichts aus? Haben Sie keine Angst, dass sie das Haus in eine Drogenhöhle oder ein Bordell verwandelt?«

»Tina ist richtig aufgeblüht«, sagte Posthumus. Ja, tatsächlich. Die verhuschte, ängstliche Tina schien mehrere Zentimeter gewachsen zu sein, war voll Energie und kümmerte sich mit regelrechtem Besitzerstolz um das Gästehaus.

»Tja, irgendwas machen wir wohl richtig, immerhin haben wir im Schnitt vier Sterne bei TripAdvisor«, sagte Anna. »Also macht fleißig Werbung, wenn ihr jemanden kennt, der in Amsterdam übernachten will.«

Wie aufs Stichwort kamen drei Gäste von nebenan auf einen Drink herein. Anna stand auf, um sie zu bedienen.

»Und Sie sind immer noch bei Greenpeace? Oder arbeiten Sie mit Gabrielle bei der Green Alliance?«, wandte sich Posthumus an Christina und nutzte dabei einen kurzen Moment der ungeteilten Aufmerksamkeit, bevor sie sich wieder ihrem Smartphone widmete.

Er wusste von Cornelius, dass Gabrielles Organisation zwar gegen den Strom schwamm, aber trotzdem bei Earth 2050 involviert war: als Teil der stimmgewaltigen Umweltlobby – zwischen all den konservativen Wirtschaftswissenschaftlern und Konzernchefs, die den Großteil der Delegierten stellten.

»Nein, jetzt bin ich für Tiger im Einsatz«, sagte Christina.

»Tiger?« Posthumus zog die Augenbrauen zusammen. Vielleicht war es eine Abkürzung. »Echte, lebendige Tiger?«

»Die vermutlich am stärksten bedrohte Tierart, gleich nach den Nashörnern«, sagte Christina. »Also ja, vor allem der Amur-Tiger, den Sie wahrscheinlich als Sibirischen Tiger kennen.« Sie tippte auf ihrem Handy herum.

»Hier, sehen Sie mal. Sind sie nicht wunderschön? Schätzungen zufolge gibt es nicht einmal mehr fünfhundert Tiere in freier Wildbahn, im Osten Russlands, an der Grenze zu Korea und China. Und da liegt das Problem. Arzneimittel und Körperteile, wissen Sie, und natürlich das Fell. Es gab Zeiten, da wurde einer pro Tag erlegt, und die Zahl geht einzig und allein deshalb zurück, weil sie mittlerweile immer schwerer zu finden sind. Nun ja, nicht ganz der einzige Grund. Unsere Arbeit hilft natürlich auch, aber die Wilderei und die Abholzung ihrer natürlichen Lebensräume ...«

»Ich muss dich warnen, wenn sie erst mal richtig loslegt!«, sagte Gabi.

»Nein, ich finde das faszinierend«, sagte Posthumus und beugte sich vor, um das Foto auf dem Smartphone näher zu betrachten: ein Weibchen, das mit ihren Jungen spielte, ein prächtiges Tier, dessen glänzendes Fell in sanftem Orange vor einem Hintergrund aus schwarzen Baumstämmen und Schnee leuchtete. »Was für ein schönes Geschöpf!«

»Die größte Katze der Welt«, sagte Christina. »In den dreißiger Jahren gab es weltweit nur noch etwa vierzig Stück. Damals wurden sie hauptsächlich wegen ihres Fells gejagt. Die Lage verbesserte sich etwas, nachdem sie zur geschützten Art erklärt worden waren, aber jetzt sind sie wieder gefährdet, weil die Chinesen immer reicher werden und bereit sind, hohe Summen zu zahlen. Das ist ähnlich wie bei den Nashörnern.«

»Und deshalb sind Sie hier auf der Konferenz?«, fragte Posthumus.

»Ihnen kommt das vielleicht nebensächlich vor, aber wir müssen das bekannt machen«, sagte Christina. Sie klang, als wollte sie sich verteidigen. »Diese Themen dürfen nicht in der allgemeinen Diskussion über Wirtschaft und Ressourcen untergehen. Und seit wir Leo auf unserer Seite haben, weiß man, wer wir sind.«

»DiCaprio«, ergänzte Gabi für Posthumus.

»Wir haben noch andere wichtige Unterstützer und Sponsoren, aber wir müssen nach wie vor viel dafür tun, damit das Thema präsent bleibt. Es geht nicht nur um den Amur-Tiger, auch der Asiatische Tiger ist gefährdet und die Nashörner und so viele andere Tiere. Für mich geht es hier in erster Linie ums Networking. Ich meine, hier sind wirklich *alle*.«

»Wir waren gerade auf einer fantastischen Cocktailparty, draußen an der Vecht«, erzählte Gabi. »Christina hilft mir, einen Prominenten für die Green Alliance an Land zu ziehen.«

Ein Fahrradlenker schlug draußen ans Fenster. Ein großer junger Mann mit einer markanten Designerbrille kam herein, ging direkt zu Gabi und gab ihr einen Aktenordner.

»Tut mir leid wegen der Verspätung, aber hier hast du jetzt alles.«

»Niels!«, rief Gabi. »Das ist so lieb von dir. Vielen Dank! Und noch dazu hast du eine unglaubliche Party verpasst. Komm, setz dich zu uns, trink was. Ich stelle dich vor. Übrigens ist deine neue Brille ganz hinreißend.«

Sie rückte zur Seite, um Platz für ihn zu machen.

»Tut mir leid, Leute, ich muss weiter«, sagte Niels. »Außerdem ist mein Fahrrad nicht abgeschlossen.« Er war schon wieder auf dem Weg zur Tür. »Aber trotzdem vielen Dank. Tschüs und viel Glück für morgen, Gabrielle«, fügte er noch hinzu. Und weg war er, noch bevor jemand anmerken konnte, wie leichtsinnig es war, in dieser Gegend ein Fahrrad unabgeschlossen abzustellen, und sei es auch nur für wenige Sekunden.

»Was für ein Wirbelwind!«, sagte Posthumus.

»Er ist erst seit drei Monaten bei uns, aber ich weiß jetzt schon nicht mehr, wie ich je ohne ihn zurechtgekommen bin«, sagte Gabi.

»Ein wichtiger Tag morgen?«

»Ziemlich. Ich habe eine Podiumsdiskussion und muss gut vorbereitet sein.« Gabrielle klopfte auf den Aktenordner. »Eigentlich sollte ich nicht länger bleiben, aber ich bin schon den ganzen Abend in Hochstimmung.«

»Ihr habt den Prominenten also an Land gezogen?«, fragte Posthumus.

Gabi wechselte einen Blick mit Christina und lächelte. »Möglich. Ich darf noch keinen Namen verraten. Nur so viel, Christina hat es mit ihrem Charme und ihrem Mundwerk geschafft, uns in den VIP-Bereich zu lotsen, und dort lief es sehr gut. Sie ist so raffiniert, einfach toll! Sie hat sogar ein heißes Date sausen lassen, weil alles viel länger dauerte als geplant.«

»Wenn es so läuft, wie erhofft, dann war es das wert«, sagte Christina. »Und mit Ben habe ich auch alles glattgebügelt. Wir gehen morgen zusammen mittagessen.«

»Ah, gut!«, sagte Gabi. »Das freut mich.« Sie warf Posthumus einen verschmitzten Blick zu. »Die Tiger-Lady und ihr Cougar-Date.«

Christina lachte. »Neid! Der pure Neid! So viel jünger ist er nun auch wieder nicht.«

»Das klingt aufregend, um wen geht es?«, fragte Anna, die sich gerade wieder an den Tisch setzte.

»Ben Olssen. Hast du den mal kennengelernt?«, fragte Gabi. »Der unverschämt gut aussehende Ben, mein Praktikant, als ich noch bei Greenpeace war? Er und Christina hatten mal was miteinander.«

»Nur eine kleine Affäre«, sagte Christina und tat so, als wollte sie Gabi unter dem Tisch einen Tritt verpassen.

Posthumus fuhr sich mit den Fingern durchs Haar, das an den Schläfen schon erste graue Strähnen zeigte.

Anna schüttelte den Kopf. »Ich glaube nicht, dass ich mich an einen Ben erinnere«, sagte sie.

»Oh, wenn du ihn kennengelernt hättest, würdest du dich an ihn erinnern, glaub mir«, sagte Gabi. »Ziemlich clever ist er auch noch. Ein Wirtschaftswissenschaftler mit Köpfchen. Er ist wegen der Konferenz hier und anscheinend ganz versessen darauf, seine frühere Flamme wiederzusehen.«

»Hoffen wir's«, sagte Christina, die wieder auf ihr Handy schaute. »Vielleicht hat er auch das Interesse verloren. Ich versuche schon den ganzen Abend rauszubekommen, wann und wo wir uns morgen treffen, aber er antwortet nicht.«

Posthumus lehnte sich auf seinem Stuhl zurück und schlug noch eine Runde vor. Da alle Wein tranken, bestellte er gleich eine ganze Flasche.

Donnerstag, 19. April

2

Am ersten Tag von Earth 2050 demonstrierten Globalisierungsgegner vor der Amsterdamer Börse und auf dem Dam. Es gab gewalttätige Auseinandersetzungen mit der Polizei. Die Occupy-Bewegung campierte auf dem Platz vor der Beurs van Berlage, der alten Börse, die mittlerweile für Konzerte und Ausstellungen genutzt wurde. Heute, am zweiten Tag, gab es mittags einen Protestmarsch vom Dam, an der Amstel entlang und weiter zur Nationalbank. Posthumus stand am Fenster seines Büros und sah zu, wie die letzte Gruppe hinter dem Munttoren verschwand – der Turm war das Einzige, was vom Münzgebäude aus dem 17. Jahrhundert geblieben war – und am Fluss weiterzog. Das helle Läuten des Glockenspiels um ein Uhr ging fast völlig unter in den Protestgesängen und dem Dröhnen improvisierter Trommeln. Posthumus kniff die Augen zusammen. Früher hätte er die Banner lesen können, selbst von hier aus, der anderen Seite des Flusses. Früher, da wäre er selbst dabei gewesen, wäre mitmarschiert und hätte Parolen skandiert. Aber das war einmal.

Posthumus nahm noch eine Gabel von dem Salat, den er von zu Hause mitgenommen hatte. Am zweiten Tag schmeckte er noch viel besser, wenn der Saft der eingelegten Zitronenschalen die dicken Kügelchen des Perl-Couscous durchtränkt hatte. Seine Zeiten als Demonstrant lagen 25 Jahre zurück. Oder sogar noch länger. Das klang wie eine Ewigkeit, aber so fühlte es sich nicht an. Die großen Anti-Atomkraft-Demos nach Tschernobyl; die Unruhen, die ausbrachen, als die Polizei die besetzten Häuser in der Spuistraat räumen wollte. Posthumus trat vom Fenster zurück und setzte sich auf die Kante seines Schreibtisches. War es wirklich schon ein Vierteljahrhundert her, dass er draußen auf der Straße demonstriert und zusammen mit den anderen Hausbesetzern Parolen gerufen hatte, dass er gemeinsam mit zahllosen Amsterdamern bei der Eröffnung des skandalös teuren Stadhuis und der Oper Steine geworfen und so einen Radau gemacht hatte, dass die Polizei Panik bekommen und die Königin durch einen Seiteneingang hineingelotst hatte? Ironie des Schicksals: Da stand er nun und arbeitete *für* die Stadt, noch dazu ganz in der Nähe der Stelle, wo sie Beatrix mit der stärksten Anlage und den größten Boxen, die sie finden konnten, mit Heavy Metal beschallt hatten. Was war aus dem wilden jungen Mann geworden?

Posthumus starrte hinaus auf die Amstel. Tja, zum einen war da Willem. Der Tod seines Bruders hatte ihn aus der Bahn geworfen. Und zum anderen wohl auch das Leben selbst. Dem Leben gelingt es immer wieder, Ideale zu verwässern, selbst wenn man sich als Zwanzigjähriger geschworen hat, dass das nie passieren würde. Nicht, dass er mit dem, was er skandiert hatte, immer voll und ganz einverstanden gewesen wäre. Es gehörte damals einfach dazu: zur Hausbesetzung, zum Amsterdam der achtziger Jahre. Posthumus kratzte den letzten Rest Salat zusammen. Gabi war anders. Sie war dabeigeblieben. Schon damals war sie ein ganz schöner Heißsporn gewesen. Später hatte sie ihre Energie auf Organisationen verwendet, die massentauglicher waren – Greenpeace und dann die Green Alliance –, aber sie hatte immer für eine Sache gekämpft, ihr Ziel nie aus den Augen verloren. Anna war mit Gabi in Kontakt geblieben, anders als er selbst. Posthumus hatte sie erst wieder gesehen, als Cornelius anfing, Gedichte für die Trauerfeiern des Bestattungsteams zu schreiben, und da war ihm bewusst geworden, dass sie zu den Menschen gehörte, die in der Welt wirklich etwas bewegten.

Posthumus nahm seine leere Schüssel mit in die kleine Küche auf der anderen Seite des Treppenabsatzes und spülte sie aus. Unten fiel die Eingangstür ins Schloss, gleich darauf waren Stimmen im Foyer zu hören. Maya und Sulung waren von ihrem Hausbesuch zurück. Posthumus lächelte vor sich hin. Eine Entschuldigung war nicht zu erwarten, obwohl Maya den Gemeinschaftswagen viel zu spät zurückbrachte. Sie kam die Treppen heraufgepoltert, Sulung trottete hinter ihr her.

»Diese verdammten Demonstranten! Wir standen Ewigkeiten auf der Raadhuisstraat im Stau«, sagte sie.

Posthumus streckte die Hand nach den Schlüsseln aus. Wenn *er* zu spät gewesen wäre, hätte er so einiges zu hören bekommen.

»Es wundert mich, dass du überhaupt versucht hast, durch die Stadt zu fahren, bei den ganzen Stauwarnungen«, sagte er und zwinkerte Sulung im Vorbeigehen zu.

Maya stürmte wortlos ins Büro. Posthumus steckte die Schlüssel ein. Er hatte beim Bestatter keinen konkreten Termin vereinbart, sondern nur gesagt, dass er am Nachmittag vorbeikäme. Er würde noch eine halbe Stunde warten. Bis dahin hätten sich die Staus erledigt und die Brücke wäre wieder offen.

Vereinzelte Demonstranten – die mit ihren bunten Irokesenkämmen und der zerfetzten Kleidung aussahen, als wären sie direkt aus den achtziger Jahren hergebeamt worden – drückten sich noch an der Ecke herum, als Posthumus die Brücke über die Amstel überquerte und am Munttoren vorbei Richtung Süden fuhr. Am Morgen war ein Anruf von der Heilsarmee eingegangen. Eine Überdosis. Ein Stammgast in ihrer Unterkunft in De Wallen, Frans Kemp, war vorletzte Nacht in einer Hausnische in der Nähe der Warmoestraat gefunden worden – in der kleinen Sackgasse gleich um die Ecke vom Dolle Hond, wie sich herausstellte. Die Anruferin hatte freundlich, aber auch resigniert geklungen. Der arme Kerl hatte sich schon ein- oder zweimal fast eine Überdosis verpasst, wie sie erklärte. Die Betreuer bei der Heilsarmee hätten es kommen sehen und alles getan, was sie konnten, aber leider sei das bei Frans nur eine Frage der Zeit gewesen. Formalien waren nicht viele zu erledigen, die Leiche war bereits freigegeben und sollte um die Mittagszeit zum Bestatter gebracht werden. Verwandte waren keine bekannt. Frans war ein Einzelgänger gewesen, und er hatte auch keine Sachen im Wohnheim zurückgelassen. Posthumus konnte sich gleich heute um den Fall kümmern, es gab sonst nicht viel zu tun. Die Habseligkeiten, die der Klient bei sich gehabt hatte, mussten reichen, um bei der Trauerfeier etwas Persönliches über ihn zu sagen.

Posthumus fuhr hinaus in die gutbürgerlichen südlichen Vororte. An einem wolkenverhangenen Tag wie diesem wirkten die Wohnblocks aus braunem Backstein nüchtern und klobig. Über dem alten Olympiastadion ragten Artdéco-Leuchten eisern in den grauen Himmel; in der Stadionsgracht schien das Wasser das Licht zu absorbieren statt zu reflektieren. Posthumus überquerte die Gracht und bog zum Bestattungsunternehmen Olympia ab. Ein Grüppchen Hinterbliebener wartete am Haupteingang darauf, in die Aufbahrungshalle eingelassen zu werden. Posthumus ging an ihnen vorbei zum Seiteneingang, grüßte den Fahrer eines Leichenwagens, der an der Mauer lehnte und rauchte, und drückte auf die Klingel.

»Pieter Posthumus vom städtischen Bestattungsteam, ich will die Effekten von Frans Kemp abholen«, sagte er in die Sprechanlage.

»Hallo, Pieter, hier ist Hendrik. Ich glaube, er ist gerade erst angekommen.«

»Kein Problem. Ich kann zu dir raufkommen und warten.«

»Bring doch lieber gleich alles, was er bei sich hatte, mit nach oben, okay? Dann geht's schneller.«

»Alles klar.«

»Du kannst direkt durchgehen, ich sage unten Bescheid. Wir sehen uns dann oben.«

Die Tür öffnete sich mit einem Klicken. Posthumus ging durch die Ladezone, wo Kränze und Blumengestecke, jeweils sorgfältig mit Namen versehen, auf die Bestattungen am Nachmittag warteten, und dann einen kahlen Korridor hinunter zur Leichenhalle im Untergeschoss. An der Tür wartete eine Bestatterin auf ihn.

»Ich bin grad an Kemp dran«, sagte sie und hielt ihre behandschuhten Hände hoch. »Tut mir leid, ich bin heute alleine. Seine Effekten sind hier.«

Posthumus folgte ihr in den eiskalten Raum. Das Licht war hart und grell, und man hörte das leise Summen von Maschinen. Er kam nicht oft in diesen Teil des Gebäudes und war jedes Mal verblüfft über das völlige Fehlen von Gerüchen – man roch weder den süßlichen, durchdringenden Geruch des Todes noch irgendwelche Chemikalien oder sonst irgendetwas. Vermutlich wurde alles von der starken Lüftungsanlage abgesaugt.

Es lagen zwei Tote in der Leichenhalle. Eine dicke Frau, deren eines Bein geschwollen und bläulich schwarz war, und sein Klient: abgemagert bis aufs Skelett, die Haut unnatürlich weiß, rote und schwarze Male an den Armen und am Bauch. Posthumus wandte sich ab.

»Es liegt alles in der Ecke«, sagte die Bestatterin. »Und obendrauf die Liste aus dem Krankenhaus.«

Sie wies mit dem Kinn auf zwei schwarze Müllsäcke, beide mit einem Siegel des Krankenhauses versehen. Auf den Säcken lag ein Clipboard mit einem DIN-A4-Zettel.

»Der Empfang ist schon bestätigt, aber der Inhalt muss noch überprüft und registriert werden«, sagte sie.

»Ja, ich weiß«, sagte Posthumus. »Ich nehme alles mit nach oben und helfe Hendrik dabei.«

Das Ganze war schnell erledigt. Hendrik Nieuwenhuis schenkte Posthumus Kaffee ein, dann gingen sie gemeinsam die Liste durch – in einem Fall wie diesem eigentlich nur, um der Form Genüge zu tun.

»Eine korrekte Abwicklung schadet ja nie«, sagte Hendrik.

Er sprach stets im gedämpften Ton der Anteilnahme, tat nie einen Fehltritt, und auch sein Erscheinungsbild war tadellos: immer perfekt frisiert, die Krawatte makellos geknotet, das Hemd glatt gebügelt und wie neu. Ein dezenter Hauch Eau de Toilette umgab ihn.

»Ganz meine Meinung«, sagte Posthumus, als Hendrik ein Paar OP-Handschuhe überstreifte und in den ersten Müllsack griff. Posthumus hielt die Liste auf Armeslänge von sich entfernt. Es ließ sich nicht länger ignorieren: Er musste endlich seine Augen testen lassen.

»Kleider«, sagte Hendrik. »Ich denke, die können wir entsorgen.« Er holte Stück für Stück heraus und hielt die einzelnen Teile dabei zwischen Daumen und Zeigefinger. Seine Bewegungen waren präzise und kontrolliert wie die eines Tänzers.

»Turnschuhe, Wollmütze, Jeans, schwarzes T-Shirt, Sweatshirt ... zerrissen«, sagte er.

Posthumus hakte jeden Eintrag auf der Liste ab, begleitet von einem kurzen »Ja«.

»Du meine Güte!«

Hendrik hielt einen eleganten langen Kamelhaarmantel hoch, der eindeutig auf dem Boden gelegen hatte, ansonsten aber in gutem Zustand war. Er sah prüfend auf das Etikett, während Posthumus die Liste studierte.

»Armani«, sagten beide wie aus einem Mund.

Posthumus und Hendrik sahen sich an.

»Wahrscheinlich gestohlen«, sagte Hendrik.

Posthumus nickte. In der ganzen Stadt hatten die Cafés bereits Tische und Stühle nach draußen unter die Heizpilze gestellt. Einen Mantel zu klauen, der über einer Stuhllehne hing, während der Besitzer abgelenkt war, war ein Klassiker.

»Wahrscheinlich«, sagte er. »Könnte aber auch aus einer Kleidersammlung stammen. Wir sollten ihn auf jeden Fall behalten. Wenn ich nichts herausfinde, kann ich ihn immer noch verkaufen. Jedes kleine bisschen hilft.«

Auch Posthumus' Abteilung hatte die Budgetkürzungen zu spüren bekommen. Vor kurzem hatte der Leiter der Behörde angedeutet, dass man für Cornelius' Honorar eine unabhängige Finanzierungsmöglichkeit finden müsse.

»Ist etwas in den Taschen?«, fragte Posthumus.

Hendrik griff hinein und schüttelte den Kopf. Er legte den Mantel beiseite und die restlichen Kleider zurück in den Müllsack.

Im zweiten Sack lag ein schmuddeliger Rucksack, an dem ein zusammengerollter Schlafsack befestigt war. Posthumus las die Bestandsliste des Krankenhauses vor: »Injektionszubehör, einige Narkotika und ein Mobiltelefon von Nokia, das die Polizei einbehalten hat.«

»Das war's dann auch schon fast«, sagte Hendrik. »Noch ein Pullover, ein paar Boxershorts, eine Zahnbürste in einem Plastikbeutel, einige zusammengefaltete Mülltüten, eine Brille ... bei der ein Glas fehlt.«

Er zog den Reißverschluss vorne am Rucksack auf.

»Und ein Geldbeutel. Das ist alles«, sagte er und holte ein zerschlissenes Stoffportemonnaie heraus, um das ein rotes Band gewickelt war.

»Darin müssten Kemps Ausweis und 161,35 Euro sein«, sagte Posthumus nach einem Blick auf die Liste.

Hendrik zog das Band ab und ließ es auf den Tisch fallen. Das alte Portemonnaie klappte auf, und er begann, das Geld zu zählen.

»Stimmt alles«, sagte er. »Der Ausweis ist auch da. Ganz schöne Summe für ... einen Mann wie Kemp.« Er blickte zu Posthumus. »Möchtest du nachzählen?«

Posthumus schüttelte den Kopf und hob mit leichtem Stirnrunzeln das rote Band auf.

»Wahrscheinlich für ... du weißt schon«, sagte Hendrik.

Er legte sich das Band um den Oberarm, als wollte er die Arterie abbinden. Ganz kurz huschte Widerwillen über sein Gesicht. Posthumus zog das Band durch die Finger. Es war aus starkem Baumwollgarn, etwa einen Zentimeter breit: eins dieser Bänder, die Delegierte bei einer Konferenz um den Hals tragen. In gleichmäßigen Abständen war »Earth 2050« daraufgedruckt. Der Clip zur Befestigung des Namensschildes war abgebrochen.

»Kein sehr freundlicher Empfang in Amsterdam für einen Konferenzteilnehmer«, sagte Posthumus und reichte das Umhängeband zurück an Hendrik. »Ich könnte mir vorstellen, dass das von dem Mann ist, dem jetzt auch der Mantel fehlt. Und demselben Mann gehört wahrscheinlich auch ein Großteil des Geldes.«

Hendrik betrachtete das Band. »Meinst du, wir sollten das melden?«, fragte er besorgt.

Posthumus zuckte mit den Schultern. »Was denn? Toter Junkie stiehlt Mantel von unbekanntem Konferenzteilnehmer?«

Ihm fiel auf, dass Hendrik bei dem respektlosen Wort »Junkie« zusammenzuckte, es sich aber nicht anmerken lassen wollte. Es bereitete Posthumus eine diebische Freude, den überkorrekten Bestattungsunternehmer gelegentlich ein bisschen aus der Fassung zu bringen. Aber er machte es jedes Mal schnell wieder gut.

»Ich rufe die Polizei an, wenn ich wieder im Büro bin, und erkundige mich, wann das Handy freigegeben wird«, sagte er lächelnd. »Dann frage ich auch nach dem Mantel. Vielleicht hat jemand den Diebstahl gemeldet. Aber ich bezweifle, dass etwas dabei herauskommt. Die werden zur Zeit genug zu tun haben mit der Konferenz und den Demonstrationen.«

Hendrik wickelte das Band wieder lose um die Geldbörse. »Sollen wir einen Termin für Kemp festlegen?«, fragte er. »16 Uhr 30 am Montagnachmittag wäre noch frei.«

Posthumus schürzte die Lippen. »Das ginge«, sagte er. »Hängt aber davon ab, wann die Polizei das Handy freigibt. Wahrscheinlich wollen sie nur die Anrufliste auf Dealer überprüfen. Nach dem, was die Frau von der Heilsarmee sagte, werde ich wohl keine Vewandten oder Freunde ausfindig machen können. Also nehmen wir den Montag. Kümmerst du dich um den Friedhof?«

»Wie wäre es mit Sankt Barbara?«, sagte Hendrik.

Posthumus nickte. Sie mochten beide den alten Friedhof draußen im Westen.

»Cornelius Barendrecht hat dann zwar kaum Zeit für ein Gedicht«, sagte er, »aber ihm wird schon was einfallen. Viel Material hat er allerdings nicht.«

Posthumus reichte Hendrik die Liste und bezeugte dessen Unterschrift. Er würde schnell bei Cornelius vorbeischauen, bevor er ins Büro zurückfuhr. Cornelius' Wohnung lag auf dem Weg.

»Den Geldbeutel und den Mantel nehme ich mit. Schreibst du eine Quittung?«, sagte Posthumus. »Und das Band kannst du auch extra aufführen, wenn du willst. Für den Rest habe ich keine Verwendung.«

Hendrik legte den Mantel in den Müllsack, in dem der Rucksack gewesen war, und ging zum Computer, um die Quittung zu tippen. Posthumus steckte den Geldbeutel in einen braunen Umschlag von einem Stapel auf dem Tisch, nahm die Brille mit dem fehlenden Glas und legte sie ebenfalls in den Umschlag.

»Schreib auch die Brille auf«, sagte Posthumus zu Hendrik. »Man weiß nie, was die Kreativität des großen Dichters beflügelt.«

Auf dem Parkplatz holte Posthumus noch einmal den Mantel aus dem Müllsack. Er hielt ihn am Kragen fest und schüttelte ihn aus. Ein edler Wollstoff. Nach einer gründlichen Reinigung bestimmt wie neu. Selbst der knauserige alte Bart vom Flohmarkt auf der Waterlooplein würde dafür einen guten Preis zahlen, und auch kleine Beträge halfen dem Bestattungsteam. Posthumus rieb den Stoff zwischen Daumen und Zeigefinger. Eigentlich könnte er den Mantel selbst kaufen: Warum den Umweg über Bart nehmen? Posthumus hielt den Mantel hoch, sodass die Schultern auf gleicher Höhe wie seine waren. Sein Gewissen regte sich: Das war Diebesgut, und daran gab es nichts zu rütteln. Er musste herausfinden, ob der Diebstahl angezeigt worden war und wem der Mantel gehörte. Automatisch fuhr er mit den Händen in die beiden leeren Innentaschen und ertastete dann eine dritte, kleinere Tasche, die man zuknöpfen konnte, unten rechts im Futter. Er fasste hinein. Die Tasche war gerade groß genug für ein paar zusammengefaltete Geldscheine. Gute Idee. Leer ... oder halt, nicht ganz. Die Klappe, die normalerweise über der Tasche lag und mit einem Knopf verschlossen wurde, war hineingeschoben worden. Dahinter spürte Posthumus etwas Raues, Steifes. Posthumus krümmte den Finger und zog es heraus. Eine Visitenkarte. Er hielt sie auf Armeslänge von sich entfernt und las:

FUTURA CONSULTANTS
Strategische Planung und Entwicklung
Ben Olssen

Eine Telefonnummer: +1, also in den USA. Vielleicht eine Handynummer.

Posthumus zögerte einen Moment und rief dann an.

»Hallo, hier ist Ben Olssen. Leider kann ich gerade nicht ...«

Mailbox. Posthumus legte auf. Er wollte kein Vermögen für ein Transatlantikgespräch mit der Mailbox eines Fremden ausgeben. Aber der *Name*. Als er ihn hörte, statt ihn nur zu lesen, klang er vertraut. Posthumus brauchte nicht lange, bis ihm einfiel, woher er ihn kannte. Er tippte auf sein Adressbuch und drückte auf »wählen«.

»Cornelius, hallo«, sagte er. »Bist du zu Hause? Wir haben einen Klienten für Montagnachmittag. Sehr knapp, ich weiß. Und es gibt nur wenig Material, aber ich könnte in fünf oder zehn Minuten bei dir sein ... und ist Gabrielle zufällig da? Ich müsste dringend mit Christina sprechen.«

Eine Stunde später stand der kleine Lukas neben seinem Vater an der Haustür, während Cornelius sich von Posthumus verabschiedete.

»Und du richtest Christina aus, dass sie mich anrufen soll, ja?«, sagte Posthumus und nahm die drei Stufen hinunter zum Gehweg in zwei Sprüngen.

»Sobald die beiden bei der Konferenz fertig sind«, sagte Cornelius. »Welche Galanterie! Ein Gentleman durch und durch!«

Seine blauen Augen leuchteten über seinen halbmondförmigen Brillengläsern. Als Posthumus zum Smart seiner Abteilung zurückging, hörte er Lukas noch fragen: »Papa, was ist Galanterie?«

Posthumus war keine fünf Minuten gefahren, als sein Handy klingelte. Rufnummer unbekannt. Er lächelte, steuerte den Smart schnell in eine Lücke zwischen zwei geparkten Autos, räusperte sich und nahm gerade noch rechtzeitig ab, bevor die Mailbox anging.

»Hallo«, sagte er und hoffte, dass seine Stimme sonor und entspannt klang.

»Pieter Posthumus?«, fragte eine männliche Stimme. »Kommissar Flip de Boer.«

Posthumus' Magen krampfte sich in einem Anflug von Panik zusammen. Warum versetzte ihn ein unerwarteter Anruf der Polizei nach so langer Zeit noch schlagartig zurück in seine Hausbesetzerzeiten und ließ ungute Erinnerungen an seine Verhaftung aufkommen? Die stundenlangen Verhöre. Er sei Mitglied einer Gruppe, die eine Straßenbahn in Brand gesteckt hatte, so der Vorwurf. Zum Glück gelang es Anna, einen guten Anwalt aufzutreiben. Der hatte ihn schließlich rausgepaukt ...

»Herr Posthumus? Sind Sie noch da?«

»Ja, tut mir leid, guten Tag. Ich habe gerade geparkt. Warten Sie kurz, ich muss noch den Motor ausschalten. Was kann ich für Sie tun? Hat es etwas mit Zig Zagorodnii zu tun?«

Im Februar hatte de Boer Posthumus den entscheidenden Hinweis für die Aufklärung des Mords an dem armen Zig gegeben und dabei die Dienstvorschriften recht großzügig ausgelegt. Seitdem mochte Posthumus den Mann, trotz seiner Vorbehalte gegenüber Polizisten.

»Nein, dieses Mal rufe ich Sie in offizieller Funktion an«, sagte de Boer. »Gut, dass ich Sie noch erwische. Ich habe gerade mit Olympia-Bestattungen telefoniert. Anscheinend haben Sie den Mantel von Frans Kemp.«

Wieder dieses ungute Gefühl in der Magengrube.

»Ich bin gerade auf dem Weg zurück ins Büro«, sagte Posthumus. »Eigentlich wollte ich nachfragen, ob der Diebstahl gemeldet wurde, aber ich glaube, ich weiß inzwischen, wem der Mantel gehört.«

Schweigen am anderen Ende der Leitung.

»Sie wissen, wem der Mantel gehört?«, fragte de Boer schließlich.

»Vermutlich einem gewissen Ben Olssen«, sagte Posthumus. »Ich habe eine Visitenkarte in einer Innentasche gefunden. Natürlich könnte Olssen die Karte dem Manteleigentümer auch gegeben haben. Aber die Karte war in einer Art Geheimfach, einer kleinen Innentasche, in der man zum Beispiel ein bisschen Extrageld aufbewahrt. Sie wissen schon, falls man bestohlen wird. Hat Olssen den Diebstahl gemeldet? Zufällig kenne ich jemanden, der Olssen kennt, deshalb dachte ich, ich frage nach und gebe den Mantel vielleicht direkt zurück ...«

Posthumus merkte, dass er ein bisschen zu hastig sprach. De Boer unterbrach ihn.

»Herr Posthumus, ich könnte kurz nach fünf bei Ihnen im Büro sein. Ginge das? Ich muss mit Ihnen reden.«

3

Flip de Boer legte den Hörer auf, stieß sich mit dem Stuhl vom Schreibtisch ab und stand auf, alles in einer einzigen fließenden Bewegung. »Ben Olssen«. Das klang ziemlich plausibel.

Der Mann, der seit Dienstagabend im Krankenhaus lag, konnte sich kaum rühren, verlor immer wieder das Bewusstsein und hatte Schwierigkeiten beim Atmen. Man hatte ihm wenig Sinnvolles entlocken können, doch das fiebrige Gemurmel, das eine Schwester gehört hatte, als sie ihm die Beatmungsmaske anlegte, war Englisch gewesen und vermutlich auch Schwedisch. Olssen war ein schwedischer Name, richtig? De Boer nahm sein Tablet vom Schreibtisch, steckte sich einen Kopfhörer ins Ohr und hörte sich noch einmal die Aufnahme an, die die Schwester geistesgegenwärtig mit ihrem Handy gemacht hatte. Van Rijn konnte angeblich ein bisschen Schwedisch, war aber gerade nicht da. De Boer würde ihn nachher fragen, ob der Mann im Krankenhaus tatsächlich Schwedisch gesprochen hatte. In der Zwischenzeit ... Er schloss beim Zuhören die Augen: die Schwester, die den Mann sanft ermunterte, seinen Namen zu nennen. Der Mann schien sowohl englische als auch holländische Fragen zu verstehen. Aber vielleicht reagierte er auch einfach auf den Klang einer menschlichen Stimme. De Boer hörte nichts, was wie »Ben« klang oder wie »Olssen«, dafür aber einen anderen Namen: »Hubert«, »Humbert«, »Hubbard« oder etwas in der Art. Die Schwester hatte gesagt, das seien altenglische Namen. Und darauf basierten ihre Recherchen bislang. Mehr hatten sie ja nicht. Er legte Tablet und Kopfhörer zurück auf den Schreibtisch. Der Mann hatte keinen Ausweis bei sich gehabt, kein Handy, nichts. Und von den Beschreibungen der Personen, die in den letzten Tagen vermisst gemeldet worden waren, passte auch keine auf ihn.

De Boer ging zum Fenster, lehnte sich an die Scheibe, die Arme über den Kopf gestreckt, und klopfte mit einer Faust gegen das Glas. Zum hundertsten Mal, seit er den Fall übernommen hatte, verfluchte er den Umstand, dass er nicht am Tatort gewesen war. Nicht, dass er irgendjemandem einen Vorwurf machen könnte. Weder dem Busfahrer, der den Mann in der Unterführung liegen gesehen hatte, noch den Rettungssanitätern – es hatte keine Anzeichen von Gewalteinwirkung gegeben, ein Herzanfall also, oder wieder Mal ein Tourist, der gewisse Substanzen zu sich genommen hatte, an die er nicht gewöhnt war. Der Busfahrer hatte keine Angreifer gesehen. Der Rettungswagen hatte den Verkehr auf der schmalen Spur in der Unterführung blockiert; als die Sanitäter dem Mann nicht direkt helfen konnten, brachten sie ihn sofort ins Krankenhaus. De Boer ging die Zeiten durch. Der Busfahrer hatte um 20.42 Uhr angerufen; aus den Unterlagen der Busgesellschaft ging hervor, dass der vorherige Bus gegen 20.25 Uhr an der Fundstelle vorbeigefahren war. Es gab also einen Zeitrahmen für den Überfall … Vielleicht hatte er aber auch früher stattgefunden: Der Verkehr floss ziemlich zügig durch die Unterführung, und die Betonstreben behinderten den Blick auf den Notgehweg.

De Boer starrte hinaus auf den Parkplatz vor dem Polizeirevier und auf den Feierabendverkehr, der sich vor dem IJ-Tunnel staute. Auch den uniformierten Kollegen vom Revier Beursstraat konnte er keinen Vorwurf machen. Als das Krankenhaus dem Revier gestern Morgen mitteilte, der Mann habe keinen Ausweis und auch sonst nichts bei sich, wurde das Ganze erst mal als Raubüberfall registriert. Sie hatten zu viel zu tun, um sich sofort um den Fall zu kümmern; die Occupy-Leute campierten praktisch vor ihrer Tür und überall demonstrierten die Globalisierungsgegner. Erst gestern Nachmittag war der Fall dann endlich bei der Kripo und auf de Boers Schreibtisch gelandet; nachdem Tests ergeben hatten, dass im Blut des Mannes etwas zirkulierte, das die Ärzte im Krankenhaus nicht identifizieren konnten.

De Boer wandte sich vom Fenster ab und zog sein Polohemd runter. Vor zehn Monaten – damals hatte er die neue Stelle angetreten – hatte sich sein Bauch leicht über dem Gürtel gewölbt, doch nach intensivem Training im Fitnessstudio war er wieder flach und genauso durchtrainiert wie seine Brust und seine Arme. Auch die Sixpacks waren wieder sichtbar. Er hatte vielleicht eine Position, die normalerweise von einem älteren Mann besetzt war, aber das hieß noch lange nicht, dass er auch wie einer aussehen musste. Vermutlich verstärkte das noch den Groll derjenigen, die er auf seinem Weg nach oben überholt hatte. Sei's drum. Er trommelte mit den Fingern auf den Schreibtisch. Im Stehen griff de Boer nach seinem Tablet, schickte van Rijn eine Kopie der Audiodatei und bat ihn, sofort anzurufen, falls er etwas Verständliches herausgehört hatte. Dann schickte er eine Mail an Hans aus seinem Ermittlungsteam, er solle beim Einwohnermeldeamt und bei den Hotels nach einem Ben Olssen fragen. Hans war bereits an den Hotels dran – aber ohne einen Namen und mit einem schlechten Foto vom Krankenbett waren die Erfolgsaussichten bislang gering gewesen. Das Hotelpersonal war derzeit ohnehin total im Stress. Wegen Earth 2050 war fast jedes Zimmer belegt, außerdem trieben sich Konferenzteilnehmer sowieso ständig in fremden Betten herum – wie die Karnickel. Dass ein Gast zwei Tage nicht in seinem Hotel auftauchte, war schon fast die Regel.

De Boer fuhr seinen PC herunter, steckte das Tablet in die Aktentasche, die seine Frau ihm zur Beförderung geschenkt hatte (nicht ganz das, was er sich selbst ausgesucht hätte), und ging zur Tür. Der Mantel war ein wertvoller Hinweis. Die Überwachungskameras hatten bisher nichts erbracht. Wegen Bauarbeiten waren die Kameras hinter dem Bahnhof abgeschaltet, Bauzäune verdeckten den Eingang zur Unterführung – mal abgesehen davon, dass ein Fußgänger dort ohnehin nichts zu suchen hatte –, und der schmale Notgehweg wurde gar nicht von Kameras erfasst. Immerhin hatten sie eine Aufnahme, allerdings in schlechter Qualität, von einer Kamera ein Stück weiter an der Piet Heinkade: Vermutlich ein Mann (das Bild war zu unscharf, um ganz sicher zu sein), der in die Unterführung ging, er trug einen hellbraunen Mantel, ihm folgte jemand mit einem Kapuzenpullover. Bas vom Revier Beursstraat – der gute alte Bas, der mit de Boer durch dick und dünn gegangen war – hatte ihm den wertvollen Tipp mit dem toten Junkie gegeben. Dem Streifenpolizisten, der den armen Kerl gefunden hatte, war der teuer aussehende Mantel fehl am Platz erschienen, was er irgendwann Bas gegenüber erwähnt hatte. Trotz der chaotischen Zustände, die am Dienstagabend und Mittwochvormittag im Revier herrschten, hatte Bas zwei und zwei zusammengezählt. Zugegeben, das war weit hergeholt. Sehr weit hergeholt. Aber allem Anschein nach hatte sich die gewagte Vermutung bestätigt.

De Boer nahm eine schwarze Bomberjacke vom Haken an der Bürotür. Er war heute Morgen mit dem Zug zur Arbeit gefahren, aber er wollte den Mantel unbedingt selbst abholen. Er würde sich hinfahren lassen. De Boer zögerte einen Moment, dann klemmte er sich die Bomberjacke unter den Arm und steckte sein Polohemd in die Jeans. Sympathischer Kerl, dieser Posthumus. Und natürlich typisch, dass ihm aufgefallen war, was niemand sonst bemerkt hatte. Im Fall Zagorodnii hatten Posthumus' Schlussfolgerungen de Boer beeindruckt. Ein blitzgescheiter Mann. Posthumus hatte Fantasie und ein Auge fürs Detail. So einen könnte er auch in seinem

Team gebrauchen, liebend gerne würde er ihn gegen ein paar Kollegen eintauschen, die mehr fürs Malen-nach-Zahlen taugten.

Vor dem Bestattungsamt belegte ein Minibus Posthumus' üblichen Parkplatz und blockierte fast komplett den Zugang zum Steg eines Hausboots, das in der angrenzenden Gracht festgemacht hatte. Wenn möglich parkte Posthumus den kleinen Dienstwagen akkurat neben dem Boot, und zwar so, dass sich kein anderes Fahrzeug dazwischenquetschen konnte und der Zugang zum Steg frei blieb. Posthumus fand einen Parkplatz etwas weiter die Gracht runter. Er grüßte die Frau im Hausboot, die gerade Geschirr spülte, im Vorbeigehen mit einem resignierten Schulterzucken, überquerte die Straße und stieß mit leicht gerunzelter Stirn die Tür des schmalen Giebelhauses auf. Flip de Boer war bei der Kriminalpolizei. Wenn er den Fall bearbeitete, steckte mehr dahinter als ein gewöhnlicher Diebstahl in einem Straßencafé. Vielleicht war der Mantel ein Beweisstück für eine Straftat, in die Frans Kemp verwickelt gewesen war? De Boer hatte nicht gesagt, dass die Bestattung verschoben werden müsse. Aber womöglich wollte er später genau darüber sprechen.

Posthumus ging hinein. Alex saß am Empfang und telefonierte, ihr schwarzes Haar war heute untypisch zu einem Knoten hochgesteckt. Sie ahmte Posthumus' Stirnrunzeln nach und schickte ein verschmitztes Grinsen hinterher. Die Anrufliste, die der Leiter der Behörde (»Seine Obrigkeit«, wie Alex ihn nannte) ihr am Morgen gegeben hatte, hielt sie offensichtlich noch immer auf Trab. Sie versuchte, Sponsoren aufzutreiben, damit es auch in Zukunft Gedichte für die einsamen Toten geben würde. Kurz plagte ihn sein Gewissen. Vielleicht sollte er auch etwas unternehmen, aber wenn es jemanden gab, der den Leuten geschickt und charmant das Geld aus der Tasche ziehen konnte, dann war das Alex. Und er wusste, dass sie die Liste um ihre eigenen Kandidaten ergänzt hatte – die wahrscheinlich deutlich mehr einbringen würden. Er winkte ihr kurz zu, hielt die Daumen hoch und ging hinauf ins Büro des Bestattungsteams im ersten Stock. Auf dem Treppenabsatz drückte sich Maya an ihm vorbei. Offenbar hatte ihr Feierabend schon begonnen.

»Ich muss noch schnell rüber ins Stadhuis«, erklärte sie ungefragt.

Um Viertel vor fünf? Posthumus lächelte nur. Im Büro saß Sulung an seinem Schreibtisch. Leicht vornübergebeugt starrte er auf einen Punkt links von seinem Computer. Er reagierte nicht, als Posthumus eintrat.

»Schön ruhig hier«, meinte Posthumus und ging zu seinem Schreibtisch.

Sulung gab keine Antwort. Seine Frau war erst vor wenigen Monaten gestorben, und es ging ihm eindeutig immer noch nicht gut, auch wenn er versuchte, sich nichts anmerken zu lassen. Posthumus musterte ihn von der Seite. Die tagtägliche Beschäftigung mit Bestattungen war natürlich keine ideale Aufgabe für einen trauernden Witwer. Und erst recht nicht für Sulung. Er war schon früher nicht auf Zack gewesen, und jetzt war seine Arbeit eine regelrechte Katastrophe. Posthumus war stillschweigend dazu übergegangen, Sulungs Unterlagen gegenzulesen und seine Fehler auszubügeln, um ihn vor Mayas Zorn zu schützen. Er legte den Müllsack und den Umschlag vom Bestattungsinstitut auf den Tisch und ging ans Fenster.

Nach einer Weile sagte er halb zur Amstel gewandt, als ob er mit sich selbst reden würde: »Es bleibt schwer, was?«

Langes Schweigen, bis Sulung endlich antwortete.

»Ständig sagt man mir, es würde leichter werden. ›Jeden Tag ein bisschen besser.‹ Aber das wird es nicht. Es wird schlimmer und schlimmer. Vor allem jetzt, am Nachmittag. Allein der Gedanke, nach Hause zu gehen ...«

Er brach ab. Posthumus drehte sich zu ihm um. Zum ersten Mal hatte Sulung über seine Gefühle gesprochen.

»Sieht aus, als ob das ein schöner Abend werden würde, die Sonne zeigt sich doch noch«, sagte Posthumus. »Einen Termin habe ich noch, aber das wird nicht lange dauern. Wir könnten nachher zusammen los und irgendwo draußen was trinken oder einen Spaziergang machen.«

Während er sprach, hörte er das leise Klicken von Alex' Absätzen auf der Treppe. Sie stürmte ins Büro.

»Jungs! Jetzt ratet mal!«, sagte sie, erfasste dann aber sofort die Situation. Schnell fügte sie hinzu: »Nein, *Moment*. Ich mache lieber eine Überraschung draus. Ihr müsst euch noch bis morgen gedulden.«

Weg war sie. Sogar Sulung musste lächeln.

»Okay«, sagte er. »Lass uns was trinken gehen.«

Alex Absätze klapperten rasant die Treppe runter. Auf halber Strecke grüßte sie jemanden.

»Das ist wahrscheinlich mein Termin.« Posthumus zog den Kamelhaarmantel aus dem Müllsack. »Ein Polizist, der das hier abholen will.«

Mit dem Müllsack als Unterlage drapierte Posthumus den Mantel über seinen Schreibtisch, glättete sorgfältig die Falten und reinigte dann rasch seine Finger mit Desinfektionsgel. De Boer klopfte an die geöffnete Tür und trat ein.

Posthumus begrüßte den Kommissar und stellte Sulung vor. Posthumus musste zugeben, dass de Boer nicht unbedingt wie ein gewöhnlicher Polizist aussah: die modische Bomberjacke, das Polohemd von Ralph Lauren, das straff in die Hose gesteckt war – nur der Aktenkoffer passte nicht recht ins Bild.

»Ich habe gerade erfahren, wie man Ihre Abteilung bei der Stadtverwaltung nennt«, sagte de Boer mit einem halben Lächeln.

»Leichen und andere Katastrophen?«

Der offizielle Name des Amtes für Katastrophenschutz und Bestattungen war einfach zu umständlich.

»Es könnte schlimmer sein«, fuhr Posthumus fort, »sie hätten uns auch die tote Abteilung nennen können.«

Der Kommissar grinste. Posthumus wartete auf den üblichen Scherz mit seinem Nachnamen, aber der kam nicht. Noch ein Punkt für de Boer. Posthumus deutete auf den Mantel.

»Das ist er«, sagte er und fischte Ben Olssens Visitenkarte aus seiner eigenen Hemdtasche. »Und das ist die Karte: Ben Olssen, mit einer amerikanischen Handynummer. Ich habe ein paarmal angerufen, aber da meldet sich sofort die Mailbox.« Er reichte de Boer die Karte. »Ich fürchte, da sind meine Fingerabdrücke drauf«, sagte er. »Dass Sie mich hier besuchen, bedeutet wohl, dass mehr dahintersteckt, als man auf den ersten Blick vermuten würde.«

De Boer schwieg einen Moment. »Ja, ich würde mich gerne ein bisschen mit Ihnen unterhalten«, sagte er schließlich mit einem Seitenblick auf Sulung. Posthumus nickte fast unmerklich. Er deutete auf den Stuhl vor seinem Schreibtisch und setzte sich auf seinen Schreibtischstuhl. De Boer stellte den Stuhl so hin, dass er Sulung sehen konnte.

»Was wissen Sie über diesen Ben Olssen?«, fragte er.

»Ich glaube, ein Freund von mir kennt ihn, oder zumindest kennen ihn seine Frau und deren alte Schulfreundin«, sagte Posthumus. »Wenn es sich um ein und denselben Mann handelt, ist er wegen der Earth-2050-Konferenz in Amsterdam. Vor ein paar Jahren hat er mit der Frau meines Freundes, Gabrielle Lanting, bei Greenpeace gearbeitet.«

»Und dieser Freund von Ihnen?«, fragte de Boer.

»In gewisser Weise ist er auch mein Arbeitskollege«, sagte Posthumus. »Cornelius Barendrecht ... der Dichter?«

De Boer schien der Name nichts zu sagen.

»Er schreibt Gedichte für die Bestattungen unserer Abteilung.«

»Aber Sie haben noch nicht erfahren, ob der Mantel wirklich Ben Olssen gehört, oder?«, fragte de Boer.

Posthumus erklärte, dass er nur Cornelius' Telefonnummer hatte und darauf wartete, dass sich entweder Gabi oder Christina bei ihm meldeten, weil sie vielleicht wussten, ob Olssen seinen Mantel vermisste.

»Hatte eine der beiden in den letzten Tagen Kontakt zu Olssen?«, fragte de Boer.

»Ich nehme es an, allerdings ist die Konferenz riesig. Ich glaube, er und Christina waren gestern zum Mittagessen verabredet. Und sie waren Dienstagabend in Kontakt. Sie hat mit ihm gesprochen oder zumindest eine Nachricht von ihm bekommen.«

De Boers Handy klingelte. Er entschuldigte sich, nahm das Gespräch an und drehte sich beim Telefonieren von Posthumus weg. Posthumus sah hinüber zu Sulung und hob die Augenbrauen. Sulung zuckte mit den Schultern. De Boer nahm das Handy vom Ohr, schaute auf das Display und hielt es wieder ans Ohr.

»Sieht für mich nach einer Übereinstimmung aus. »Gute Arbeit, Hans. Ich rufe dich in einer Viertelstunde zurück.«

De Boer beendete das Gespräch und drehte sich wieder um. Sein Gesichtsausdruck hatte sich verändert: Sein Blick wirkte entspannter, doch seine Lippen waren schmal und das Kinn vorgereckt.

»Um auf das zurückzukommen, was Sie sagten, als ich hereinkam – ja, anscheinend haben wir es hier mit etwas Ernsterem zu tun als mit einem x-beliebigen Diebstahl«, sagte er. »Im OLVG-Krankenhaus liegt ein Mann, sein Zustand ist sehr ernst. Bisher konnten wir ihn nicht identifizieren, wir hatten nur Aufnahmen von einer Überwachungskamera, allerdings aus einiger Entfernung, auf denen ein Mann, vermutlich er selbst, einen hellbraunen Mantel trägt. Und dann bekamen wir, dank Ihnen, Posthumus, einen Namen, mit dem wir arbeiten konnten. Das eben am Telefon war einer meiner Mitarbeiter. Er hat gerade die Kopie eines Ausweises erhalten, in einem Hotel im Stadtzentrum. Das Foto zeigt eindeutig den Mann im Krankenhaus. Ben Olssen.«

De Boer klang jetzt nicht mehr ganz so geschäftsmäßig.

»Ich kenne Sie noch nicht lange, Posthumus, aber wie es aussieht, bin ich Ihnen schon wieder etwas schuldig.«

Posthumus ließ die Bemerkung unkommentiert. Ja, er hatte vor ein paar Monaten einen Fall von de Boer gelöst, aber er hatte es für Anna getan, nicht für den Kommissar.

»Wir müssen Olssens Identität natürlich noch bestätigen«, fuhr de Boer fort. »Aber ich habe gerade erfahren, dass er seit Dienstagabend seine Schlüsselkarte nicht mehr benutzt hat, daher ist es interessant, dass er an diesem Abend noch mit jemandem Kontakt hatte, wie Sie sagten. Ich glaube, wir können davon ausgehen, dass das unser Mann ist.«

»Und ihm geht es so schlecht, dass er seine Identität nicht bestätigen kann«, sagte Posthumus. Es war mehr eine Feststellung als eine Frage.

»Ich warte noch auf weitere Testergebnisse aus dem Krankenhaus, aber es wird sich wohl bestätigen, dass wir es mit schwerer Körperverletzung, wenn nicht gar mit versuchtem Mord zu tun haben.«

Posthumus lehnte sich auf seinem Stuhl zurück. Es würde keine angenehme Aufgabe werden, Gabi oder Christina diese Nachricht zu übermitteln. Und er vermutete, dass er derjenige sein würde – nachdem er die Dinge in Gang gebracht und den Mantel gegenüber Cornelius erwähnt hatte. So viel zu seinen Bemühungen, bei Christina gut anzukommen.

»Wegen Ihrer Freunde sind Sie natürlich persönlich betroffen«, sagte de Boer. »Aber die Sache hat auch einen beruflichen Aspekt. Dieser ...«

Er zögerte. Posthumus spürte, wie de Boers Gedanken kurz abschweiften, bevor er zum Thema zurückkam.

»Dieser Frans Kemp«, fuhr de Boer fort. »Wenn der Mantel auf eine Verbindung zwischen den beiden Männern schließen lässt, brauchen wir vielleicht den Leichnam. Dann müsste ich eine Autopsie veranlassen.«

»Die Beerdigung ist für Montag angesetzt«, sagte Posthumus. »Er wird schon dafür vorbereitet.«

De Boer fluchte leise. »Immer diese verdammte Eile.«

»Offensichtlich hatte Kemp eine lange Vorgeschichte, eine Überdosis war daher absehbar«, sagte Posthumus. »Aber wie bei solchen Todesfällen üblich bekommt er ein flaches Grab, falls eine Exhumierung nötig sein sollte. Ich kann das aber auch gleich absagen. Beim Bestatter ist sicher noch jemand da, es ist ja erst kurz nach fünf.«

»Ja, das wäre gut«, sagte de Boer. »Und am besten stoppen Sie auch die Einbalsamierung, wenn das noch geht.«

Posthumus sah zu Sulung hinüber. »Könntest du Hendrik Nieuwenhuis bei Olympia anrufen?«

Sulung griff nach dem Telefonhörer.

Posthumus wandte sich wieder de Boer zu. Körperverletzung, hatte er gesagt, aber warum brauchte man Tests, um das zu bestätigen? Die Spuren müssten doch sichtbar sein. Er klopfte mit dem Zeigefinger auf die Schreibtischkante und sagte: »Gift!«

De Boer sah ihn scharf an. »Es wäre mir lieb, wenn Sie das einstweilen für sich behielten.«

Posthumus hielt dem Blick stand und legte beide Hände flach auf den Schreibtisch. »Irgendetwas muss ich Gabrielle und Christina aber erzählen.«

»Ich würde gern selbst mit ihnen sprechen«, sagte de Boer. »So bald wie möglich.«

Posthumus sah de Boer weiter in die Augen. Er war schon einmal in dieser Situation gewesen, nach Zigs Ermordung im Gästehaus. Seine Einmischung damals hatte beinahe zu einem Zerwürfnis mit Anna geführt. Jetzt hatte er das Gefühl, dass der Kummer, der Gabi und Christina bevorstand, seine Schuld war, obwohl er doch wieder nur hatte helfen wollen. Völlig unlogisch, das wusste er, aber das Mindeste, was er tun konnte, war, ihnen die schlechte Nachricht persönlich zu überbringen.

»Christina wird mich wahrscheinlich heute Abend sowieso anrufen«, sagte er. »Da die beiden ständig bei irgendwelchen Veranstaltungen sind, spricht sie womöglich mit mir, bevor Sie sie erreichen können. Dann muss ich etwas sagen. Ich habe Cornelius von dem Mantel erzählt, Gabrielle und Christina werden also danach fragen. Gut möglich, dass sie Olssens Abwesenheit bereits bemerkt haben, zumal er ja gestern nicht zum Mittagessen mit Christina gegangen sein kann. Außerdem fühle ich mich verpflichtet ...«

Posthumus brach ab, sah de Boer aber weiter direkt an. De Boer war ihm etwas schuldig. Das hatte er selbst gesagt. De Boer schwieg.

»Falls sie ein Alibi brauchen, das kann ich ihnen geben«, redete Posthumus weiter. »Die beiden waren am Dienstagabend mit mir zusammen. Es wurde ziemlich spät.«

De Boer schüttelte den Kopf. »Wir wissen, dass der Angreifer ein Mann war.« Er zögerte. »Also gut, aber ich verlasse mich darauf, dass Sie als Profi und Kollege die Informationen auf ein Mindestmaß beschränken. *Ihnen* muss ich ja nicht sagen, dass ein Großteil unseres Gesprächs nicht für die Allgemeinheit bestimmt ist.«

Posthumus nickte. »Was darf ich ihnen denn sagen?«, fragte er.

»Sagen Sie ihnen, dass Olssen im Krankenhaus liegt, dass er extrem schwach ist und schwere Atemprobleme hat. Und dass ich mit beiden sprechen möchte.« De Boer reichte Posthumus eine Visitenkarte. »Hier ist meine Nummer. Es wäre gut, wenn mich die beiden gleich morgen früh anrufen könnten.«

»Alles geregelt«, meldete sich Sulung von der anderen Seite des Büros. »Die haben da einen personellen Engpass. Außerdem musste ein anderer Leichnam vorgezogen werden. Sie haben also gerade erst Phase zwei abgeschlossen.«

»Die Eingeweide sind noch an Ort und Stelle, und das Blut ist wohl auch noch nicht abgelassen«, erläuterte Posthumus für de Boer.

»Gut«, sagte de Boer.

Posthumus beugte sich über seinen Schreibtisch und sah den Kommissar prüfend an. »Gift, aber offenbar eines, das nicht leicht – oder sofort – zu identifizieren ist.«

De Boer warf ihm erneut einen warnenden Blick zu, grinste aber dabei. Posthumus rollte auf seinem Stuhl vom Schreibtisch weg und drehte sich Richtung Fenster.

»Und Olssen muss irgendwo gefunden worden sein, wo man ihn um seinen Mantel und seinen kompletten Besitz erleichtern konnte, ohne groß aufzufallen. Irgendwo im Freien? In einem Park? Irgendwo, wo nicht viel los war.«

De Boer antwortete nicht. Stattdessen fragte er: »Was war sonst noch bei Kemps Sachen?«

Posthumus drehte sich zu ihm um. »Nicht viel. Eigentlich fast nichts. Sein Spritzbesteck und sein Handy. Aber die Sachen haben die Polizisten behalten, die ihn gefunden haben. Das wäre das Beursstraat-Revier.«

»Wurde uns alles bereits übermittelt«, sagte de Boer.

»Ein altes Portemonnaie war noch dabei, das ziemlich sicher Kemp selbst gehört hat. Allerdings mit recht viel Geld, mehr als ich erwartet hätte, über hundert Euro.«

Er beugte sich vor, griff nach dem braunen Umschlag und leerte den Inhalt auf den Schreibtisch.

»Diese kleine Innentasche im Mantel, in der ich die Visitenkarte gefunden habe«, sagte Posthumus, »wahrscheinlich war das Geld auch darin.«

De Boer betrachtete die abgewetzte Stoffbörse. »Ja, die

scheint eher einem Junkie als einem Konferenzteilnehmer zu gehören. Ich nehme sie trotzdem mit.«

Er klappte den Aktenkoffer auf und holte einen großen Beweisbeutel und mehrere kleinere heraus. Posthumus sah, dass abgesehen von einem Tablet nicht viel im Koffer war. De Boer hielt den großen Beutel auf und nickte zum Mantel hinüber.

»Könnten Sie?«, fragte er Posthumus. »Sie haben ihn ja bereits angefasst. Und dann den Rest, in die kleineren Beutel?«

Posthumus glaubte ihm keine Sekunde lang. Der Kommissar war bloß zimperlich und wollte den Mantel nicht anfassen. Trotzdem kam Posthumus der Bitte nach. De Boer dankte ihm und Sulung und verabschiedete sich.

Posthumus gönnte seinen Händen noch einen Spritzer Desinfektionsgel und ging zu Sulungs Schreibtisch.

»Also, das ist ja noch ein ziemlich turbulenter Tag geworden«, sagte er und verrieb das Gel in seinen Händen.

Unten fiel die Tür ins Schloss.

»So, wie wäre es jetzt mit einem Spaziergang und einem kleinen Drink?«

Posthumus' Handy klingelte. Er wedelte schnell seine Hände trocken. Die Nummer kannte er nicht, wahrscheinlich Gabi oder Christina. Sie hatten Cornelius' Nachricht wohl inzwischen gehört. Er wappnete sich und nahm den Anruf entgegen.

»Hallo, Herr Posthumus?«

Die Stimme eines jungen Mannes.

»Hier ist Niels Klaver ... Gabrielle Lantings Assistent.«

Posthumus ging schnell zum Fenster. Vielleicht war de Boer noch zu sehen.

»Moment, Niels«, sagte er. »Hier ist jemand, der mit Gabi sprechen will. Oder besser gesagt, ›war‹, er ist gerade gegangen, aber vielleicht erwische ich ihn noch.«

»Gabrielle ist beschäftigt«, sagte Niels. »Sie hat mich gebeten, ihre SMS zu checken, sie hat keinen Moment Pause. Die SMS von Gabrielles Mann – Sie brauchen Christina Walravens Nummer? Etwas mit einem Mantel?«

Posthumus verzog das Gesicht. Er wollte das nicht über Niels erledigen.

»Die Lage hat sich etwas verändert«, sagte er. »Ich muss wirklich mit den beiden reden. Könnten Sie mir eine von ihnen geben, am liebsten Gabrielle?«

»Nein, das geht echt nicht. Sie sind in einer Art Meeting.«

»Eine *Art* Meeting? Und wann ist das vorbei? Es ist wirklich wichtig.«

»Es ist eher so ein Cocktail-Ding, und danach gibt es noch ein Dinner«, sagte Niels. »Wir sind im Conservatorium. Das geht wahrscheinlich ziemlich lang.«

»Ein ›Cocktail-Ding‹?«

»Ich kann wirklich nicht mehr dazu sagen, sorry«, sagte Niels.

Posthumus seufzte. Zu Fuß brauchte er etwa zwanzig Minuten zum Hotel Conservatorium. Verdammt, er würde einfach hingehen. Er sah zu Sulung hinüber, der bereits die Jacke anzog.

»Sagen Sie ihnen, ich komme vorbei«, sagte Posthumus. »Ein paar Minuten werden sie wohl erübrigen können.«

Niels zögerte. Er hatte wahrscheinlich die Verärgerung in Posthumus' Stimme herausgehört.

»Gabrielle hätte vielleicht so um halb sieben kurz Zeit«, sagte er. »Das Abendessen ist erst Viertel nach sieben, und ich bin um halb mit ihr in der Lobby verabredet, für ein Update. Vielleicht kann sie Sie für zehn Minuten oder so reinquetschen.«

Posthumus sah wieder zu Sulung. Sie könnten zusammen zum Conservatorium gehen, über die Reguliersgracht, da war es schön ruhig. Vielleicht ließ Sulung sich sogar überreden, mit ins Hotel zu kommen.

»Ich werde da sein«, sagte Posthumus.

Er beendete das Gespräch und wandte sich an Sulung, um ihm die Situation zu erklären.

Hinter de Boer schloss sich die Tür des Bestattungsamtes automatisch mit einem Klicken. Unten war niemand mehr gewesen. Die scharfe junge Empfangsdame mit den langen Beinen war schon gegangen. Er schaute die Gracht entlang. Ein Motor sprang an, und der junge Polizist, der de Boer hergefahren hatte, lenkte den Wagen aus einer Parkbucht. De Boer wartete.

Der Mann im Krankenhaus war also Ben Olssen. Was hatte Frans Kemp mit alldem zu tun? Wie war er zu dem Mantel gekommen? De Boer zog sein Polohemd wieder aus der Hose. Das uralte Nokia gehörte eindeutig Kemp. Die Anrufliste hatte nicht viel mehr ergeben als ein paar Nummern, die bekannten kleinen Dealern gehörten. Das Spritzbesteck würde er genauer untersuchen lassen. Und er musste sehen, was die Autopsie ergab, wie der Junkie gestorben war und ob es da eine Verbindung gab …

Der Zivilwagen fuhr vor, und de Boer stieg ein. Er sah auf die Uhr. »Danke fürs Warten. Hat länger gedauert, als ich dachte.«

Er drehte sich um und legte die Beweisbeutel auf den Rücksitz. »Könnten Sie mich auf dem Rückweg am Hauptbahnhof absetzen und das zur KTU bringen?«, fragte er. »Das spart mir Zeit.«

Es wäre gut, wenn er heute mal früher zu Hause wäre. Die ehelichen Warnlampen leuchteten bereits rot. De Boer ahnte, dass er in den nächsten Tagen bis spät in den Abend arbeiten würde und dass ihm deswegen Ärger drohte. Wenn er den Zug um 17.52 Uhr bekäme, wäre er um Viertel vor sieben daheim. Oder … wenn er den um 18.20 Uhr nahm, blieb noch Zeit, sich ein bisschen am Bahnhof umzusehen. Was hatte

Olssen in der Unterführung gemacht? Hatte *das* etwas mit Kemp zu tun? Eine Verbindung zum Drogenmilieu?

De Boer lächelte säuerlich. Logisch, dass dieser Posthumus eigene Schlüsse zog. Und größtenteils auch noch die richtigen. Er wusste, dass die Kollegen im Beursstraat-Revier Posthumus' Spitzfindigkeiten unerträglich fanden. Aber sie hatten ja auch ständig mit ihm zu tun. Das Rotlichtviertel gehörte zu ihrem Revier, und das bedeutete jede Menge Todesfälle, die oft auf Posthumus' Schreibtisch landeten: Prostituierte, die niemand kennen wollte, hin und wieder ein allzu konsumfreudiger Tourist mit Herzversagen oder eben Junkies wie Frans Kemp. Allerdings war Posthumus' Vermutung, Olssen sei an einem einsamen Ort überfallen worden, vollkommen falsch. Das war ja das Verblüffende, vor allem, wenn es mehr war als ein einfacher Überfall, und da war sich de Boer ziemlich sicher. Jemanden umzubringen war selbst in der dunklen Unterführung unglaublich riskant. Da musste man sehr schnell und routiniert vorgehen. Er konnte sich nicht vorstellen, dass Kemp dazu in der Lage gewesen war. Und falls es eine Milieutat war, hätte man bestimmt nicht jemanden wie Kemp beauftragt. Vielleicht war er ein Handlanger, den man anschließend kurzum entsorgt hatte? Warum – und wie – musste er am Ende sterben? Und selbst wenn Kemp womöglich nur an einer Überdosis gestorben war, der Anschlag auf Olssen konnte nicht bloß ein schiefgegangener Raubüberfall sein.

Der Wagen hatte die Brücke über die Amstel überquert und schob sich in den dichten Verkehr auf dem Rokin. Am Grachtengeländer hing noch ein Banner von der Demonstration am Nachmittag. De Boer spielte mit der Zigarettenschachtel in seiner Jackentasche. Vielleicht hatte das alles gar nichts mit Kemp zu tun. Vielleicht ging es um Earth 2050. Schließlich nahm Olssen daran teil. Und er übernachtete im Krasnapolsky, am Dam, quasi im Mittelpunkt des Geschehens. Auf welcher Seite stand er? Sicher nicht auf der Seite der Demonstranten, wenn er in einem Nobelhotel wie dem Krasnapolsky abstieg. De Boer musste mehr über Olssen wissen und griff nach seinem Handy. Er hatte Hans gesagt, er werde ihn zurückrufen, das war jetzt schon über fünfzehn Minuten her. Aber erst mal las er die letzten SMS und E-Mails. Noch nichts von van Rijn zum Schwedischen. Er sah auf. Seit sie auf dem Rokin waren, ging es kaum noch voran, und gleich kam auch noch ein Nadelöhr, wo sich Autos und Straßenbahnen wegen einer Baustelle die Fahrbahn teilen mussten: der nicht enden wollende Bau der Nord-Süd-Metro. Der junge Polizist deutete zum Blaulicht auf dem Armaturenbrett und dann zum Autodach.

»Soll ich's einschalten?«

De Boer schüttelte den Kopf. »Ich gehe zu Fuß. Ist wahrscheinlich schneller.«

Er stieg aus und ging Richtung Dam. Hinter sich hörte er ein kurzes Aufheulen der Sirene, als der junge Polizist einen U-Turn machte.

Posthumus hatte gesagt, Olssen hätte am Dienstagabend Kontakt zu einer der beiden Frauen gehabt. Dem würde er nachgehen. Er musste wissen, ob es sich um einen Anruf gehandelt hatte – eine SMS hätte auch jemand anders schicken können. De Boers Handy klingelte.

»Hans!«, sagte er. »Ich wollte dich gerade anrufen. Gibt's was Neues? Hast du mehr über Olssen rausgefunden?«

»Ich bin im Krasnapolsky«, sagte Hans. »Kannst du herkommen? Das musst du dir ansehen.«

4

Marty Jacobs rieb sich die juckende Stelle an der Leiste. Die Begegnung mit Henks Jungs war schon über einen Monat her, aber seine Hand tat immer noch weh. Eins musste man Henk de Kok lassen: Wenn er etwas machte, dann machte er es richtig. Oder zumindest seine Jungs. Und Marty war jetzt auch einer seiner Jungs. »Eine Feuerprobe«, hatte Henk gesagt. Marty wusste nicht so genau, was er damit meinte. Die Jungs hatten ihn nicht wegen des Feuers zusammengeschlagen, sondern weil er die Sache mit Marloes und dem Gästehaus versaut hatte. Aber das war – Henk hatte das klargestellt – jetzt Schnee von gestern. Marty hatte für seinen Fehler bezahlt.

Seitdem war Henk nett zu ihm gewesen. Er hatte sogar »Martin Jacobs Management« übernommen, die Firma, die er für Marty gegründet hatte. Auf dem Papier gab es sie immer noch, aber Marty musste sich um nichts kümmern; die Steuern und der ganze Juristenscheiß, das war alles geregelt. Marty unterdrückte einen Rülpser und befingerte das Geldscheinbündel in seiner Hosentasche. Er hatte gerade die Miete von seiner *eigenen* Fensterreihe kassiert. Der Großteil war natürlich für Henk, aber er bekam seinen Anteil. Und Respekt von den Mädchen. Endlich mussten sie ihn respektieren. Marty Jacobs war jetzt wer. Vielleicht würde er sich auch so eine schöne schwarze Lederjacke besorgen, wie Henk sie immer trug.

Marty kippte seinen Stuhl nach hinten, bis er die Wand berührte. Die Beine knarrten bedenklich. Er sah sich um.

Das Milord war leer. Bis auf die drei alten Knacker, die anscheinend jeden Donnerstagnachmittag hier waren und mies gelaunt die Stripperin anstarrten. Aber wahrscheinlich immer noch besser, als im Altersheim rumzulungern, vermutete Marty. Das Mädchen wirkte ziemlich gelangweilt. Sie wusste, dass sie von den dreien kein Geld bekommen würde, andererseits konnten jeden Moment die Feierabendgäste kommen, die auf dem Heimweg hier kurz reinschlüpften. Marty gab ein keuchendes Kichern von sich: »reinschlüpfen«. Das musste er sich merken. Den Gag konnte er mal bei Henk anbringen. Marty ließ die Vorderbeine des Stuhls wieder auf den Boden knallen. Das war jetzt seine Welt. Die Metzgerei Jacobs würde bald ohne ihn auskommen müssen. Schon jetzt nahm er sich manchmal die Vormittage frei. Da hätte man seine Mutter mal hören sollen! Diese vertrocknete alte Eidechse, die zur Abwechslung mal selbst frühmorgens arbeiten musste, statt den ganzen Vormittag mit der Zigarette im Mund auf der Sonnenbank zu liegen. Sie war schon stinksauer gewesen, als er vermöbelt worden war und nicht arbeiten konnte. Kaum ging es ihm besser, fing die Meckerei von vorne an, in voller Lautstärke: »Fauler Hund«, »elender Nichtsnutz«, der übliche Scheiß. Sie redete mit den Kunden über ihn, als ob er nicht da wäre. Marty stülpte die Unterlippe über den Schnauzbart, den er sich seit einigen Wochen wachsen ließ. Es waren auch graue Barthaare darunter, obwohl er erst zweiunddreißig war. Er kaute darauf herum. Der alten Eidechse verschlug es dann aber doch die Sprache, als er erzählte, dass er jetzt für Henk arbeitete. Ganz still war sie geworden. Sie hasste Henk. Sie hatte Marty lange finster angestarrt, sich dann eine Kippe angezündet und war mit diesem typischen säuerlichen Lächeln die Treppe hinaufstolziert. Er hatte sich immer gesagt, dass er es ihr eines Tages zeigen würde, und jetzt war es so weit. Und dabei wusste sie höchstens die Hälfte.

Das ältliche Pärchen, das die Live-Sex-Show machte, kam in den Laden und ging gleich nach hinten durch. Die beiden blieben immer für sich, sie waren ein richtiges Paar, ja sogar verheiratet, und das schon ziemlich lange. Wie sie das bloß hinkriegten, Abend für Abend. Wahrscheinlich Viagra. Oder sie waren einfach echt gute Schauspieler. Marty winkte der Kellnerin mit seinem leeren Glas. Er war ein anderes Kaliber als die beiden. Ein Mann von Bedeutung in Henks Organisation. Vor allem jetzt, nach seiner »Mission«, wie er es nannte. Der Auftrag war seine Chance gewesen, sich zu beweisen, zu zeigen, was er »draufhatte« (Henks Worte). Aber wieder spürte Marty einen plötzlichen Stich in der Magengrube, als würde ihm gleich schlecht werden. Er stellte sein Glas hin und wischte sich schnell den Schweiß von der Stirn. Sie kam immer wieder, diese Panik, sobald er daran dachte, was passiert war. Er konnte nichts dagegen tun. Verdammte Scheiße, sie hatten jemanden umgebracht. Marty versuchte, sich nichts anmerken zu lassen und ruhig zu atmen. Es war gut, alles war in Ordnung. Mission erfüllt.

Die Kellnerin stand neben ihm. Marty zögerte einen Moment, dann bestellte er noch eine Cola. Immerhin war nicht er derjenige gewesen, der den Mann auf dem Gewissen hatte. Er hatte nur den Weg versperrt und dann die Sachen genommen – wie vereinbart. Der Ausländer, der hatte es getan. Der war sofort getürmt, ab nach Schiphol und von da zurück nach Lappland, oder wo immer er herkam. Aber trotzdem ... Das Wort »Mittäter« ging ihm nicht aus dem Kopf, aus irgendeiner Krimiserie oder so. Er rief die Kellnerin zurück und änderte seine Bestellung in Tomatensaft und Chips.

»Mit einem Löffel«, fügte er hinzu. »Und Wodka im Tomatensaft.«

Normalerweise machte er das nur zu Hause, aber es musste jetzt einfach sein: Er krümelte die Chips in den Tomatensaft und aß dann die Pampe. Er würde den letzten Rest nicht mit den Fingern rauskratzen, eigentlich war das nämlich das Beste, aber auch so würde es ihn beruhigen. Und der Wodka auch. Eine echte Neuheit: der Marty-Cocktail. Er musste nur aufpassen, dass er fertig war, bevor Henk kam.

Marty verlagerte sein Gewicht auf dem Stuhl und trommelte mit den Handflächen auf seine Knie. Ja, Mission erfüllt. Er umklammerte seine Knie. So gut wie erfüllt. »Just make sure you burn the fucking harddrive«, hatte ihm dieser scheiß Alexi zugebrüllt, bevor er am anderen Ende der Unterführung verschwunden war. Aber Marty wusste nicht, wie. Er wollte Henk das Zeug geben, aber der hatte ihn nur scharf angesehen und gesagt: »Keine Ahnung, wovon du redest. Ich habe nichts mit der Sache zu tun, verstanden? Hauptsache, alles ist geregelt.« Marty hatte den Pass, die Kreditkarten und die anderen Sachen verbrannt, aber der Laptop und das Handy ... sie waren richtig schön. So gut wie neu. Teuer. Das Handy hatte ihn am Anfang fast wahnsinnig gemacht, immerzu klingelte und summte es, bis er die kleine Karte rausnahm und wegschmiss. Aber er hatte keine Ahnung, wie er den Laptop hinten öffnen sollte, außerdem wusste er nicht, wie eine Festplatte aussah. Er hatte erst noch versucht, den Computer und das Handy zu benutzen, aber dafür brauchte man Passwörter. Trotzdem sorgte er dafür, dass seine Mutter ihn mit den Sachen sah. Sollte sie doch ruhig glauben, dass sie ihm gehörten. Er würde das Handy einfach in so ein Fachgeschäft bringen. Die konnten es bestimmt entsperren. Er schaffte es einfach nicht, das Ding kaputt zu schlagen.

Die Kellnerin brachte den Tomatensaft und die Chips. Marty nahm einen großen Schluck, dann drückte er mit dem Daumen auf der Chipstüte herum und zerbröselte den Inhalt. Aber das waren doch auch Beweisstücke, oder? Wieder dieser Stich im Magen. Er musste das Zeug loswerden, ja, unbedingt. Heute Abend, sobald er zu Hause war oder sobald es dunkel genug war, würde er das Handy und den Computer in einen Müllsack stecken, vielleicht mit Steinen oder so, und den Sack dann in eine Gracht werfen. Genau, so würde er es machen. Dann musste diese Festplatte doch kaputt sein, oder? Marty schüttete die Chipskrümel in den Tomatensaft, bis das Glas voll war, und griff nach dem Löffel, um umzurühren. Aber da war noch dieser Junkie ... Wenn man genauer darüber nachdachte, war die ganze Mission schon ziemlich chaotisch gelaufen.

»Interessant. Hast wohl Hunger, hm?«

Marty sah auf. Dafür dass Henk so massig war, bewegte er sich erstaunlich leise.

»Nur ein Experiment«, sagte Marty und schob das Glas so heftig weg, dass es fast vom Tisch gefallen wäre.

»Wir sind wohl ein bisschen abenteuerlustig, was, Fettie?«

»Nein, nein ... ich meine, eigentlich ja. Wenn es nötig ist, jedenfalls.«

Das kam schnell. Er hatte sich aus der Schlinge gezogen. Fast wäre er ins Schleudern geraten. Henk sagte nichts. Marty fiel sein Witz von vorhin wieder ein.

»Scheint so, als wären die drei alten Knacker mal wieder hier reingeschlüpft.« Henk lächelte nicht mal.

»Ich habe vielleicht etwas für dich, Fettie. Noch ein kleines Abenteuer, für das man mehr Masse als Hirn braucht. Das heißt, falls du deine Arbeit ordentlich gemacht hast.«

Marty mochte dieses »Fettie« nicht. Und irgendwann würde er Henk das sagen.

»Die Mieten?«, sagte er stattdessen. »Ja, alles hier, alles erledigt. In Rekordzeit.« Er zog das dicke Bündel Scheine aus seiner Jackentasche.

»Nicht hier, du Idiot.«

Henks Stimme war ausdruckslos. Er hätte auch »Im Moment nicht, danke« zu einem Anrufer sagen können. Aber Marty sah das Glitzern in seinen Augen.

»Bring es später in mein Büro. Wie viel?«

»Ist alles da, bis auf den letzten Cent. Sogar von der alten Agnes und den Mädchen bei der Kirche.«

Marty war stolz. Diese Agnes war ein harter Brocken. Schon seit Jahren dabei, hatte sie immer eine Ausrede parat, wenn es ans Zahlen ging. Die meisten anderen trauten sich das nicht.

Henk gab der Kellnerin ein Zeichen. Sie zuckte kurz zusammen.

»Bring dem Fettie einen Whisky«, sagte er mit einem angeekelten Blick auf den Marty-Cocktail. »Aufs Haus. Wir können nicht zulassen, dass er hier so einen Scheiß in sich hineinlöffelt.«

Posthumus legte seine Hand auf Sulungs Schulter. »Vergiss das nicht. Und am Sonntag Abendessen bei mir, ja?«

»Vielen Dank, Piet«, sagte Sulung und stieg in die Straßenbahn, kurz bevor die Türen zugingen.

Es war ein intensiver Spaziergang gewesen. Posthumus erzählte Sulung von Willem und von den Schuldgefühlen, die er nach Willems Tod gehabt hatte. Er sprach in einer Weise über seinen Bruder, wie es ihm bisher kaum mit Anna gelungen war, nicht einmal mit seiner Nichte Merel. Obwohl Merel ihm in den letzten Monaten sehr dabei geholfen hatte, sich endlich seinen Gefühlen zu stellen. Posthumus' Offenheit erleichterte Sulung den Einstieg. Er erzählte Posthumus von seiner Frau und davon, wie sehr ihn der Gedanke quälte, er hätte nicht genug für sie getan. Sie standen noch lange da, am Geländer der Prinsengracht in der Abenddämmerung, unterhielten sich und schauten von der Brücke hinab auf die Grachten, die sich in vier Richtungen erstreckten. Jetzt war Posthumus spät dran. Es ging bereits auf Viertel vor sieben zu.

Posthumus lief eilig von der Straßenbahnhaltestelle in den Innenhof des Hotels. Durch eine Glaswand sah er Christina und Gabi auf einer Couch in der riesigen Lobby sitzen. Der nervige Assistent war auch da. Gabi winkte Posthumus zu, als er Kurs aufs Foyer nahm.

Am Eingang versperrte ihm ein Portier höflich den Weg.
»Sind Sie heute Abend bei uns zu Gast?«

»Das geht in Ordnung, er gehört zu mir«, sagte Gabi, die hinter dem Mann aufgetaucht war. Sie hakte sich bei Posthumus ein und lotste ihn durch die Lobby.

»Das ist alles wegen Du-weißt-schon-wem«, sagte sie mit gesenkter Stimme. »Was war denn bei dir los? Wir haben nicht mehr viel Zeit. Ich wollte dir gerade eine Nachricht schicken.«

»Probleme im Büro, sorry. Und von wegen du weißt schon wer – ich habe keine Ahnung, wen du meinst.«

Christina saß sehr aufrecht und in einem Designerkleid auf der Couch und tippte eine SMS. Niels stand neben ihr, das Handy in der einen Hand, während er mit der anderen den Reißverschluss seiner Jacke zuzog.

»Regeln Sie das einfach, okay?«, sagte er mit einem Augenrollen, das auch Posthumus mit einschloss, als wollte er ihn zum Komplizen im Streit gegen die Idiotie am anderen Ende der Leitung machen.

Posthumus nickte ihm zu. Christina schickte schwungvoll ihre Nachricht ab, sprang auf und gab Posthumus drei Küsschen auf die Wangen.

»Immer noch holländisch genug für *drei* Küsse, selbst nach all den Jahren in London«, stellte Posthumus fest.

»Oh, bei gutaussehenden Holländern erinnere ich mich immer gerne daran«, sagte Christina. Sie senkte das Kinn und lieferte damit eine überzeugende Imitation des Blicks, der Lauren Bacall so berühmt gemacht hatte.

Posthumus geriet ein bisschen aus dem Konzept.

»*Das* ist Du-weißt-schon-wer«, sagte Gabi.

Sie zeigte ihm ihr Smartphone. Posthumus betrachtete

das Foto, das Gabi anscheinend selbst gemacht hatte. Gabi und Christina waren darauf zu sehen und zwischen ihnen jemand, der ihm entfernt bekannt vorkam. Alle drei strahlten um die Wette. Posthumus lächelte, sagte aber nichts.

»Du weißt nicht, wer das ist, oder?«, fragte Gabi. Sie warf Christina einen übertrieben verzweifelten Blick zu.

»Sie haben die *Harry-Potter*-Filme nicht gesehen?«, fragte Christina.

»Den ersten, glaube ich«, sagte Posthumus.

»Hoffnungslos! Absolut hoffnungslos!«, sagte Gabi und steckte lachend ihr Handy ein.

»Heißt das, euer Promi-Angeln für die Green Alliance war erfolgreich?«, fragte Posthumus.

Gabi legte den Finger an die Lippen. »Noch haben wir keine feste Zusage, aber es ist so gut wie sicher. Heute Abend beim Essen besprechen wir die letzten Punkte.«

Sie wandte sich an Niels. »Das sieht alles supergut aus«, sagte sie. »Danke fürs Bleiben. Den Rest können wir morgen klären.«

»Und bis dahin habe ich auch mit Bill gesprochen, je nachdem, in welcher Zeitzone er sich gerade befindet«, sagte Christina.

Posthumus fragte sich, ob sie wirklich Clinton oder Gates meinen konnte.

Niels salutierte scherzhaft, »Tschüs zusammen«, und eilte zur Tür. Ein Kellner konnte gerade noch ausweichen, die Gläser auf seinem Tablett klirrten gefährlich.

»Komm, setz dich, wir haben noch Zeit für einen schnellen Drink«, sagte Gabi zu Posthumus.

Sie winkte einem anderen Kellner, und Posthumus schloss sich der Runde an und bestellte einen Wein. Er hockte sich auf die Kante eines steifen Designersessels, der im rechten Winkel zur Couch stand.

»Also, was ist nun das große Geheimnis?«, fragte Gabi.

»Niels sagte, es sei dringend, und Cornelius meinte, du hättest eine Überraschung. Irgendwas mit einem Mantel?«

Posthumus spürte, wie sein Nacken heiß wurde. Natürlich, Cornelius wusste ja auch noch nicht, wie es weitergegangen war.

»Ich fürchte, die Dinge haben sich ein bisschen geändert, seit ich mit Cornelius gesprochen habe.«

Gabi reagierte auf den ernsten Ton in seiner Stimme und stellte ihr Glas ab.

»Es gibt da einen Mantel, ja«, sagte Posthumus. »Er gehörte Ben Olssen.« Er rutschte unbehaglich auf dem harten Sessel herum.

»Ben?«, sagte Gabi und neigte fragend den Kopf, dann schien sie für einen Moment zu erstarren. »Gehörte? Oh mein Gott, er ist tot!«

Christina wirkte verwirrt, dann führte sie die Finger zum Mund. »Natürlich ... Ihre Arbeit«, sagte sie. Sie sank in sich zusammen.

»Nein, nein, es geht ihm gut«, sagte Posthumus. »Also zumindest ist er nicht tot. Als ich ›gehörte‹ sagte, meinte ich nur, dass er den Mantel nicht mehr hat. Ich habe ihn von einem Junkie, der vorgestern an einer Überdosis gestorben ist. Ich habe herausgefunden, dass der Mantel wahrscheinlich Ben gehörte, aber als ich mit Cornelius sprach, kannte ich noch nicht die ganze Geschichte.«

»Und wie lautet die ganze Geschichte?«, fragte Christina. Sie war ganz blass geworden. »Wie ist ein *Junkie* an seinen Mantel gekommen? Und wo ist Ben jetzt?«

»Ich fürchte, er wurde überfallen. Er liegt im Krankenhaus. Wahrscheinlich hat der Junkie den Mantel gestohlen.«

»Aber wie kam Ben ins Krankenhaus, und in welchem ist er?«, fragte Gabi. »Was ist passiert?«

»Er ist im OLVG, er hat Probleme beim Atmen und ist wohl sehr schwach.«

»Wir müssen ihn besuchen und herausfinden, was passiert ist«, sagte Christina.

Sie wollte aufstehen. Gabi zog verzweifelt die Augenbrauen zusammen.

»Oh nein, nicht jetzt, nicht heute Abend«, sagte sie. Sie legte die Hand auf Christinas Knie. »Es tut mir leid«, sagte sie. »Das ist furchtbar egoistisch, ich weiß, aber ich brauche dich hier! Bitte!«

Sie ließ den Blick durch die Lobby schweifen. Am Fuß der Treppe, die zu einer Tür auf dem Zwischengeschoss führte, hatte sich bereits ein Grüppchen versammelt.

»Ben ist im Delirium, er kann kaum sprechen, und was er sagt, ergibt wohl keinen Sinn«, sagte Posthumus. »Wahrscheinlich würde er nicht mal merken, dass ihr da seid. Die Beamten haben nichts aus ihm herausbekommen. Wenn der Mantel nicht bei mir gelandet wäre, wüsste die Polizei noch nicht mal, wer er ist.«

»Die Polizei?«, fragte Gabi.

Sie beugte sich vor und griff nach Christinas Hand. Die Anspannung in ihrer Stimme spiegelte sich auf ihren Gesichtern.

»Ich weiß nicht, wie ich das sagen soll.« Posthumus zögerte. »Anscheinend ist an dem Überfall irgendetwas seltsam. Viel mehr weiß ich nicht, und die Polizei wohl auch nicht, aber der ermittelnde Kommissar möchte, dass ihr beide ihn morgen Vormittag anruft. Sie versuchen, so viel wie möglich über Ben in Erfahrung zu bringen.«

Er holte de Boers Visitenkarte aus der Tasche und reichte sie Gabi.

»Bis dahin könnt ihr wirklich nicht viel tun«, sagte er. »Ich würde sagen, dass das, was ihr heute Abend vorhabt, wichtiger ist.« Er sah schnell zu Christina.

»Also langfristig gesehen und für mehr Menschen«, fügte er hinzu.

»Wie furchtbar. Der arme Ben«, sagte Gabi.

Sie ließ sich zurück ins Sofa sinken. Christina saß wieder aufrecht da, die Farbe kehrte in ihr Gesicht zurück. Sie starrte durch die Glaswand im Atrium.

»Er wollte mich warnen«, sagte sie. Ihre Stimme klang weit entfernt.

Gabi und Posthumus sahen sie an.

»Irgendetwas beunruhigte ihn«, fuhr Christina fort und sprach jetzt deutlicher. »Er beharrte regelrecht darauf, dass wir uns am Dienstagabend treffen, obwohl ich sagte, dass das schlecht passt. Er wollte einfach kein Nein akzeptieren, er sagte, er müsse mir etwas sagen. Wir haben uns dann im Bahnhofscafé verabredet. Das war am praktischsten, weil ich ja mit dem Zug von der Cocktailparty kam.«

Sie lachte schwach, aber Posthumus sah, dass sie mit den Tränen kämpfte.

»Und ich dachte, er wäre einfach verrückt nach mir«, sagte sie, »dass er nach all den Jahren immer noch verliebt war. Als ich gestern nichts mehr von ihm hörte, nahm ich an, dass er sauer war, weil ich ihn versetzt hatte …«

Ihre Stimme verlor sich. In die Gruppe am anderen Ende der Lobby kam Bewegung. Ein paar Leute gingen die Treppe zum Zwischengeschoss hinauf, auch der Mann auf dem Foto mit Gabi und Christina. Jetzt fiel Posthumus auf, dass die Leute in der Lobby beinahe alle zur Treppe schauten oder so taten, als würden sie es nicht tun.

»Wenn das eure Verabredung zum Abendessen ist, solltet ihr jetzt wohl besser hochgehen«, sagte er zu Gabi.

Christina stand auf, strich ihr Kleid glatt, fasste sich ins Haar und tupfte sich die Augenwinkel. »Ich muss mich kurz frisch machen«, sagte sie.

Auch Gabi stand auf und legte Christina die Hand auf den Unterarm. »Danke, Chris«, sagte sie. »Ich sage meine Termine für morgen Vormittag ab. Da ist nichts wahnsinnig Wichtiges dabei, nur eine Podiumsdiskussion in einer unwichtigen

Arbeitsgruppe. Wenn du Zeit hast, können wir zusammen ins Krankenhaus fahren.«

Christina umarmte sie kurz. »Bin gleich wieder da«, sagte sie. »Wir treffen uns an der Treppe. Ciao, Pieter.«

Sie ging Richtung Toiletten. Posthumus sah ihr nach und dachte: Der Überbringer schlechter Nachrichten wird geköpft. Gabi griff nach ihrem Smartphone. »Sorry, Piet«, sagte sie, »aber ich muss Niels wegen morgen anrufen, und dann muss ich dich allein lassen.«

Posthumus nickte. Sein Wein war noch nicht gekommen, doch als er sich umschaute, um seine Bestellung rückgängig zu machen, sah er einen Kellner mit einem einzelnen Weinglas auf dem Tablett, der auf sie zusteuerte.

Gabi hielt mit der einen Hand ihr Handy ans Ohr und schlang den anderen Arm fest um ihre Taille. »Niels? Tut mir leid, wenn ich schon wieder nerve, wahrscheinlich hast du gerade gedacht, das war's für heute, aber ich muss diese ›Öl oder Wasser?‹-Sache morgen Vormittag absagen. Es ist etwas Furchtbares passiert …«

In der Lobby des Hotels Krasnapolsky wimmelte es von Leuten mit Earth-2050-Ausweisen um den Hals. Kein Hans weit und breit; wahrscheinlich war er in Olssens Zimmer. De Boer wollte gerade an der Rezeption fragen, ob man ihn nach oben bringen könne, als ihm ein Polizist in Uniform zuwinkte, den er vom Revier Beursstraat kannte. Er kam zu ihm herüber.

»Zimmer 256«, sagte der Beamte. »Ich muss zurück aufs Revier, aber der Concierge bringt Sie hoch. Seine Schicht endet gerade, und er hat am Dienstag mit Olssen gesprochen.«

Ein großer Mann mittleren Alters kam hinter dem Pult hervor. Ein Alkoholiker, dachte de Boer, ganz eindeutig: aufgedunsenes Gesicht, rötliche Haut, wie aufgekratzt, übergroße Poren. Er stellte sich vor. Seine blassen blauen Augen wirkten wie von der Sonne ausgebleicht.

»Jonas Keizer«, sagte er, ohne de Boer die Hand zu geben.

Die beiden Männer gingen durch die Lobby zum Fahrstuhl.

»Sie haben am Dienstag mit Olssen gesprochen?«

»Irgendwann nachmittags«, sagte Keizer. »So gegen vier, glaube ich. Er hat sich nach einem Lokal erkundigt, irgendwo in der Nähe des Hauptbahnhofs. Ich schlug das Café Eerste Klas vor, das ist direkt am Bahnsteig.«

De Boer nickte. Der Concierge drückte den Fahrstuhlknopf.

»Hat er sonst noch etwas gesagt?«, fragte de Boer.

»In dem Moment nicht, er war gerade am Telefonieren. Und dann hat er einen Regenschirm aus unserem Ständer genommen und das Hotel verlassen.«

Der Fahrstuhl war gedrängt voll. Schweigend fuhren sie nach oben.

»In dem Moment nicht, sagten Sie? Sie haben also später noch einmal mit ihm gesprochen?«, fragte de Boer, als sie den Fahrstuhl verlassen hatten und allein auf dem Flur standen.

»Kurz nach sieben. Er wollte gerade los und kam noch einmal zu meinem Pult und fragte, ob ich ihm einen Computerreparaturdienst empfehlen könne.«

»Und das war alles?«

»Wir haben ein bisschen über Helsinki geredet«, sagte Keizer. »Er kam gerade von dort. Meine Mutter war Finnin, ich habe immer noch Verwandte dort. Aber er war nicht eben redselig. Er schien es eilig zu haben, war angespannt. Aber worum geht es hier eigentlich?«

Keizer wirkte mit einem Mal gereizt, typisch Alkoholiker, diese plötzlichen Stimmungswechsel. Der Ärger färbte sein Gesicht noch röter.

»Ich habe das alles schon Ihrem Chef erzählt«, fügte er hinzu.

De Boer lächelte schmallippig. Hans war älter als er, und es war nicht das erste Mal, dass jemand dachte, de Boer wäre Hans' Mitarbeiter. Kommissarinnen (die wenigen, die es gab) hatten das gleiche Problem. Allerdings gehörte Hans zu den wenigen älteren Kollegen, die kein Problem mit de Boers Alter hatten.

Sie blieben vor einer Tür stehen, Keizer klopfte an, und Hans öffnete sofort.

»Guten Abend, Chef«, sagte Hans wie aufs Stichwort – und mit einem kleinen Zwinkern, wahrscheinlich hatte er Keizer durch die Tür gehört.

»Vielen Dank«, sagte de Boer zu Keizer. »Das war's fürs Erste. Wir werden uns wahrscheinlich in den nächsten Tagen noch einmal bei Ihnen melden.«

Er trat an Keizer vorbei in den kleinen Gang, der zwischen dem Bad und einem Einbauschrank ins eigentliche Zimmer führte.

»Irgendwelche Neuigkeiten aus dem OLVG?«, fragte Hans und schloss die Tür.

De Boer schüttelte den Kopf. »Nein. Was bedeutet, dass er immer noch nichts Brauchbares gesagt hat. Und das einzig Neue zum Gift ist, dass es ein Nervengift war.«

»Tja ... Sieh dir das mal an«, sagte Hans.

Es gab tatsächlich so einiges zu sehen. Das Zimmer war komplett demoliert. Auf die gegenüberliegende Wand war mit roter Farbe eine riesige liegende Acht gesprayt. De Boers Blick huschte hin und her, er nahm alles in Momentaufnahmen auf und speicherte es ab, wie eine altmodische Kamera mit Blitzlicht: das zerknüllte Bettzeug, Decke und Kissen aus den Überzügen gezerrt, eine Matratze schief auf dem Lattenrost, die beiden Hälften des Doppelbetts auseinandergeschoben, ein großes Foto von Amsterdam von der Wand gerissen, Lampen zertrümmert, das Schränkchen mit der Minibar aufgebrochen, der kleine Kühlschrank umgekippt auf dem Boden, ringsum Fläschchen, ein Hartschalenkoffer, aufgeklappt und umgestülpt, der Inhalt in einem Haufen daneben. De Boer warf einen Blick zum Kleiderschrank.

»Leer«, sagte Hans. »Er hatte wohl noch nicht ausgepackt.«
»Und der Safe?«

»Offen und leer«, sagte Hans. »Wurde aber nicht aufgebrochen.«

Olssen hatte ihn also entweder gar nicht benutzt oder derjenige, der ihn geöffnet hatte, kannte sich aus.

»Und das Zimmer sieht seit *zwei Tagen* so aus?«, fragte de Boer.

»Das ›Bitte nicht stören‹-Schild hing draußen an der Tür, außerdem lief Musik, die Dusche war leicht aufgedreht, und die Badezimmertür war zu«, sagte Hans. Er lachte leise. »Guter Trick«, sagte er. »Selbst wenn das Zimmermädchen misstrauisch geworden wäre und ins Zimmer geschaut hätte, hätte sie das sicher abgehalten. Und von der Tür aus sieht man nicht viel, nur den Kleiderhaufen auf dem Boden.«

»Musik, hast du gesagt?« De Boer sah an Hans vorbei auf das Kästchen neben der Tür. Um Strom zu haben, mussten die Gäste hier ihre Schlüsselkarte reinstecken. Eine Plastikkarte ragte aus dem Schlitz.

»Eine Kundenkarte von Albert Heijn«, sagte Hans. »Der Schlitz reagiert auf Druck, man braucht keinen Magnetstreifen.«

»Überwachungskameras?«

»Nicht im Gang. Es gibt eine vor dem Fahrstuhl, auf die Lifttür gerichtet, aber da geht es zu wie auf dem Hauptbahnhof.«

»Wir sehen uns die Aufzeichnungen trotzdem an. Hast du die KTU angefordert?«, fragte de Boer.

Die Kundenkarte der Supermarktkette war zumindest ein Anhaltspunkt.

»Ich dachte, ich warte, bis du da bist.«

De Boer hoffte, dass sein Seufzer nicht zu hören war. Manchmal brauchte selbst Hans einen Tritt in den Hintern.

»Könntest du das dann jetzt bitte tun?«

Wahrscheinlich gab es hier Hunderte von Fingerabdrücken, nur nicht an den Stellen, auf die es ankam. Er schaute wieder zur Wand. Diese liegende rote Acht hatte er vor kurzem irgendwo als Graffito gesehen, das mathematische Symbol für »unendlich«. Aber einer seiner jüngeren Kollegen hatte gesagt, es sei auch das Erkennungszeichen einer Gang. Er habe es schon als Tätowierung gesehen, in der Kuhle zwischen Daumen und Zeigefinger. Interessant. Man konnte also nichts ausschließen, noch nicht. Auch nicht die üblichen Gründe für ein derartiges Chaos.

»Diebstahl?«, sagte er, bevor Hans anfing zu telefonieren. »Jemand, der etwas Bestimmtes sucht?«

»Tja, Wertsachen sind jedenfalls keine da. Abgesehen vom Koffer, den Kleidern und dem Waschzeug gehört alles zum Hotel«, meinte Hans.

Also hatten sich entweder die Vandalen bedient ... oder Olssen hatte seine Wertsachen bei sich gehabt, als er überfallen worden war. Drogen? De Boer hob mit dem Fuß den Koffer hoch. Die Innentasche aus Stoff zwischen den beiden Kofferhälften war herausgerissen worden, und der Koffer selbst hatte keine Innenfächer. De Boer zog den Fuß zurück und sah sich wieder um. Die Zerstörung im Zimmer wirkte mutwillig. Als ob eine Rockband gewütet hätte. Oder als ob man Olssen irgendwie bestrafen, ihm eine Lektion erteilen, ihn einschüchtern wollte. Andererseits: Das Bettzeug war aus den Überzügen gezerrt worden, das Bild von der Wand gerissen, der Kühlschrank aus der Verankerung gelöst. Vielleicht hatte hier jemand nach etwas gesucht. De Boers Blick wanderte zum Sekretär an der Wand. Die vom Hotel bereitgestellte Obstschale war zertrümmert, das Obst verstreut. Auf einem kleinen Teller lagen ein vertrocknetes Apfelkerngehäuse und eine schwärzliche Bananenschale, daneben eine umgestoßene Flasche Mineralwasser. Es war noch Wasser darin. Wer immer daraus getrunken hatte, hatte die Flasche danach wieder fest verschlossen. De Boer wartete, bis Hans sein Telefonat beendet hatte.

»Ich möchte, dass das Obst und das Wasser analysiert werden«, sagte er. »Auch der Apfelrest, die Bananenschale und die Waschsachen. Zahnpasta, Mundwasser, Duschgel – sein eigenes und das vom Hotel. Alles, was er benutzt hat, sämtliche Medikamente, falls er welche nahm. Und ich möchte, dass überall im Zimmer Proben genommen werden und alles auf chemische Substanzen untersucht wird.«

De Boer sah auf die Uhr. Der Zug um 17.52 Uhr war schon lange weg. Und den um 18.20 Uhr würde er auch nicht mehr erreichen.

Martys Tomaten-Chips-Cocktail stand unangerührt auf dem Tisch. Er war bei seinem dritten Glas Whisky: aufs Haus. Er lächelte vor sich hin. Die Mädchen konnten Marty Jacobs nichts vormachen, von wegen, es wäre nichts los gewesen. Er war viel unterwegs. Hielt die Augen offen. Und Marty hatte alles dabei, bis auf den letzten Cent. Nicht mal einen Zehner zweigte er für sich ab. Kam nicht in Frage. Jemanden wie Henk betrog man nicht. Nicht, wenn es ums Geld ging, auf gar keinen Fall. Und Henk war zufrieden mit ihm. »Whisky aufs Haus«, ja wirklich!

Marty fühlte sich gut. Seine Mission sah er jetzt auch etwas entspannter. Er wusste ja nicht mal, wer der Typ in der Unterführung gewesen war. Ihm konnte man also nichts anhängen. Vielleicht würde er das Handy doch behalten. Den Computer entsorgen, aber das Handy behalten. Er hatte Hunger und sah auf die Uhr. Längst Zeit fürs Abendessen. Das Essen im Milord, wenn man es überhaupt so nennen konnte, war scheiße. Und teuer. Er stürzte den restlichen Whisky hinunter, stemmte sich vom Stuhl hoch und watschelte ein bisschen unsicher zum Ausgang. Henk war sicher in seinem Zimmer hinter der Kasse am Eingang. Er würde auf dem Weg nach draußen kurz reinschauen und das Geld abliefern.

Marty nickte dem alten Knacker an der Kasse gnädig zu, quetschte sich an ihm vorbei, klopfte einmal an die Tür und öffnete sie. Henk stand in seinem Büro. Er telefonierte gerade, und wenn es nicht Henk de Kok gewesen wäre, hätte Marty gesagt, dass er ängstlich wirkte. Zumindest angespannt.

»Wie meinen Sie das, es hat nicht funktioniert?«, sagte Henk gerade. »Das war nicht mein Fehler, das ist *sein Problem*.«

Henk hielt inne und hörte der Person am anderen Ende der Leitung zu. Er hatte Marty reinkommen sehen. Marty fummelte das Bündel Geldscheine aus der Tasche und legte es auf den Schreibtisch, dann hob er eine Hand zu einem schlaffen Winken und machte einen Schritt zurück.

»Ich habe doch gesagt, da ist *nichts*, worüber Sie sich Sorgen machen müssen«, sagte Henk. Er grub eine Hand tief in die Tasche seiner schwarzen Lederjacke. »Ich habe doch auch ein Interesse daran.«

Er warf Marty einen Blick zu, den Marty nicht richtig deuten konnte.

»Nein, kein Problem. Dieses Element kann man ... entsorgen«, sagte Henk.

5

Posthumus saß allein mit einem vollen Weinglas in der Hotellobby. Der Trubel war abgeebbt, der Star hatte sich samt Gefolge – darunter auch Gabi und Christina – ins Zwischengeschoss begeben und verschwand nun hinter einer dunklen Glastür. Gabi winkte ihm noch einmal kurz zu.

Posthumus sah sich um und ließ die Lobby auf sich wirken. Seit Monaten hatte er sich das neue Hotel anschauen wollen, nachdem so viel Aufhebens um die Umgestaltung der ehemaligen Musikhochschule gemacht worden war. Gut, dass die schönen Backsteinmauern und auch die Fliesen aus dem 19. Jahrhundert erhalten und restauriert worden waren. Und das weiträumige Atrium machte auf jeden Fall Eindruck, zumal in einer Stadt, die normalerweise auf klein und gemütlich setzte. Er sah auf die Uhr. Viertel nach sieben, mit Merel war er erst um halb neun am Schreierstoren verabredet. Hinter einem gläsernen Raumteiler, der auch als Regal diente, in dem strahlend weißes Porzellan ausgestellt war, standen große Bambuspflanzen, und man hörte Besteck klappern. Er würde sich hier ein schnelles kleines Abendessen gönnen, warum auch nicht? Er stand auf und nahm sein Weinglas mit zu einem Tisch in der Brasserie.

»Entschuldigen Sie bitte?«

Die Kellnerin stand offenbar schon eine Weile neben ihm, während er dasaß, die Hand auf der Karte, die er noch nicht einmal aufgeschlagen hatte.

»Tut mir leid, ich war in Gedanken«, sagte Posthumus.

Er bestellte, trank einen Schluck Wein und lehnte sich zurück. Konnte das stimmen, was Christina gesagt hatte, dass Olssen versucht hatte, sie zu warnen? Genau das Wort hatte sie benutzt, »warnen«. War sie ebenfalls in Gefahr, oder meinte sie nur, dass Olssen Angst gehabt hatte, dass er wusste, dass etwas Schlimmes passieren könnte? Posthumus fragte sich, womit genau Olssen sein Geld verdiente und warum er zur Konferenz gekommen war. Auf der Visitenkarte, die er in der Manteltasche gefunden hatte, stand etwas von Consulting und »Strategische Planung und Entwicklung«, aber das konnte alles heißen – ausgenommen wohl die Rettung von Tigern wie im Fall von Christina. Das brächte einen kaum in derartige Schwierigkeiten, obwohl sie ihm erzählt hatte, dass mit Tigerprodukten viel Geld gemacht wurde, ähnlich wie mit Nashornprodukten. Er runzelte die Stirn und nahm noch einen Schluck Wein.

Und wie passte Frans Kemp in diese Geschichte? Schmuggelte Olssen Drogen, oder hatte er sich auf einen Deal eingelassen, der schiefgegangen war? Auch das passte nicht so recht: Posthumus konnte sich nicht vorstellen, dass jemand, den Gabi und Christina kannten und mochten, in etwas so Zwielichtiges verstrickt war. Ein Joint oder zwei vielleicht, das hatten sie wahrscheinlich alle irgendwann mal gemacht, aber das war es dann auch. Und was Kemp betraf, genügte ein Blick auf seinen ausgemergelten Körper in der Leichenhalle, um zu erkennen, dass er ein Drogen*opfer* war, aber bestimmt kein Drogen*boss*. Da war sich Posthumus sicher.

Ein Korb mit Brot wurde serviert. Posthumus rückte ihn zurecht, damit er parallel zur Tischkante stand, und nahm dann eine Scheibe. Und ziemlich unvorstellbar, dass Kemp jemanden überwältigte und vergiftete, noch dazu mit irgendeiner seltenen Substanz. Aus de Boers Reaktion war klargeworden, dass Posthumus mit seinen Schlussfolgerungen über das Gift recht gehabt hatte. Aber wenn die Polizei Olssens Identität nicht ermitteln konnte, musste er ohne Papiere und Wertgegenstände gefunden worden sein: kein Telefon, kein Ausweis, nichts. Der logische Grund dafür wäre, dass ihm alles beim Überfall weggenommen worden war.

Abgesehen von dem Mantel hatte Kemp nichts bei sich gehabt, das Ben Olssen gehört haben könnte. Die kaputte Brille vielleicht? Sie schien nichts Besonderes zu sein. Allerdings hatten sie erstaunlich viel Geld bei Kemp gefunden, womöglich eine Art Schweigegeld? Doch was war dann mit den anderen Sachen von Olssen geschehen?

Posthumus brach ein Stück Brot ab, legte es aber gleich wieder hin. De Boer hatte nicht reagiert, als Posthumus vorhin im Büro gesagt hatte, der Überfall müsse im Freien stattgefunden haben, in einem Park vielleicht. Aber er hatte Überwachungskameras erwähnt … also kein Park; die Aufnahmen seien aus größerer Entfernung gemacht worden und von schlechter Qualität … also irgendein Ort, der von den Kameras nicht ausreichend erfasst wurde. Christina war mit Olssen im Café im Hauptbahnhof verabredet gewesen; Kemp wurde in derselben Nacht ganz in der Nähe gefunden, in De Wallen. Der Überfall musste also aller Wahrscheinlichkeit nach irgendwo in der Umgebung passiert sein. Und anscheinend ohne Zeugen. Wo um alles in der Welt konnte man in Bahnhofsnähe jemanden überfallen und sich mit seinem Mantel und seinen Wertsachen davonmachen, ohne dass jemand etwas davon mitbekam, und dann auch noch so, dass der Überfall nicht von den Überwachungskameras erfasst wurde? War Olssen vielleicht bei einer Prostituierten gewesen und Kemp eine Art Mittelsmann? Aber gerade der Rotlichtbezirk wurde gut überwacht, nicht nur die Straßen, sondern auch die engen Durchgänge zwischen den Häusern. Zumindest sagten das die Leute, die behaupteten, die Frauen, die in den Fenstern arbeiteten, seien sicher. Wieder runzelte Posthumus die Stirn.

»Ihre Jakobsmuscheln.«

Mit Zitronenrisotto. Posthumus stocherte mit der Gabel an einer Zucchiniblüte herum. Es kam selten vor, dass er beim Essen derart abgelenkt war. Bei seiner Arbeit rekonstruierte er tagtäglich die Lebensgeschichten Verstorbener, seiner Klienten – aus ihren Büchern und Fotos, ihren CDs und Briefen, den Bildern an den Wänden ihrer Wohnung. Er suchte nach dem Menschen dahinter, erstellte ein Porträt für den Nachruf auf der Trauerfeier. Meistens stellte er selbst bei den traurigsten oder ärmlichsten Schicksalen fest, dass die einzelnen Teile zusammengesetzt eine Geschichte erzählten. Man erkannte sie nicht immer auf Anhieb, aber sie war da, nach ein bisschen Stochern und Überlegen. Maya im Büro hielt das natürlich für pure Zeitverschwendung, aber Cornelius verstand, was ihn umtrieb – er machte es für seine Gedichte genauso. Aber manchmal verhakten sich die einzelnen Teile auch und ließen sich nicht ineinanderfügen. Doch Posthumus konnte die Dinge nicht auf sich beruhen lassen, er musste so lange suchen, bis er den Fehler gefunden hatte und ein Ganzes entstand. Das Gefühl war fast körperlich, es ließ ihn nicht mehr los, und dieses Unbehagen spürte er auch jetzt, wenn er an Ben Olssen dachte. Das war mehr als ein Raubüberfall. Wenn es, wie de Boer angedeutet hatte, keine Anzeichen von Gewaltanwendung gab, musste das Gift ziemlich schnell gewirkt haben, sonst hätte Olssen sich bestimmt gewehrt, als man ihm seine Habseligkeiten wegnahm. Aber warum? Wozu das Ganze?

Posthumus arbeitete sich methodisch durch sein Essen (nicht schlecht, allerdings hätte er etwas weniger Zitronenschale verwendet) und legte dann seine Serviette auf den Tisch. Vielleicht ging es ja eigentlich um die Tat selbst. Mittel und Zweck in einem? Vielleicht wollte jemand alles haben, was Ben Olssen besaß, alles, was Informationen über ihn lieferte, *und* ihn besinnungslos und ohne Identität zurücklassen. Posthumus spürte ein Prickeln im Nacken. Oder ihn *tot* zurücklassen?

Er bezahlte und eilte hinaus zur Straßenbahnhaltestelle.

Merel wartete bereits auf der kleinen Plattform am Eingang des Schreierstoren. Der Himmel war jetzt wolkenlos. Der gedrungene Turm mit seinem kleinen spitzen Dachhut erhob sich hinter ihr in der rosa und blauen Abenddämmerung wie eine sanft hinterleuchtete Glasscheibe und eine erste Andeutung auf die langen Sommerabende, die bald kommen würden. Als sie Posthumus sah, warf sie den Kopf zurück und fuhr sich mit den Fingern dramatisch durch die Haare.

»Ich komme mir hier oben vor wie eine weinende Ehefrau, die den auslaufenden Schiffen nachwinkt«, sagte sie.

Posthumus stieg lachend die Stufen hinauf. »Eigentlich bezieht sich ›schreiers‹ gar nicht aufs Weinen«, sagte er. »Es kommt wahrscheinlich von dem alten Wort ›scray‹, was ›rittlings‹ bedeutet, weil sich der Turm über zwei Kais spannte.«

»Nun sei nicht so pedantisch, PP!« Sie küsste ihn auf die Wangen. »Und wozu ist dann das hier?« Sie deutete auf den Giebelstein über der Tür. Neben der Jahreszahl 1569 war eine weinende Frau zu sehen.

»Ein schlimmes Jahr für den Handel in Amsterdam. Sie ist der Geist der Stadt, der dieses Schicksal beklagt.«

»Wo ist dein Sinn für Romantik geblieben? Selbst wenn die Geschichte nicht stimmt, gefällt sie mir besser. Stell dir doch mal vor, wie sich die Frauen hier versammelt haben und ihren Männern nachwinkten, wenn die in ihren winzigen Schiffen bis an den Rand der bekannten Welt segelten, um erst nach Jahren oder niemals mehr zurückzukehren.«

Merel hielt den Blick auf das östliche Hafengebiet gerichtet, wo über Jahrhunderte die Schiffe der Niederländischen Ostindien-Kompanie in See gestochen waren.

»Sieht heute ein bisschen anders aus«, sagte sie.

Der Verkehr rauschte dicht am Turm vorbei; Busse rumpelten über eine niedrige Brücke zum Hauptbahnhof oder verschwanden in der Gleisunterführung; Scharen von Radfahrern drängten auf jeder Straßenseite in beide Richtungen, und weiter hinten tuckerten zwei Touristenboote zum ehemaligen Hafen. Vor dem Bahnhof herrschte ein Durcheinander aus Baucontainern, Absperrungen und Baggern – die Endlosbaustelle der neuen Metrolinie, für die neue Tunnel in den Untergrund getrieben wurden; auf der anderen Seite des Wassers, in scharfem Kontrast zur Altstadt, erhoben sich die glitzernden Hochhausblöcke der neuen Musikhochschule, der Stadtbibliothek und anderer Renommierbauten, die auf den östlichen Inseln in rasantem Tempo emporgewachsen waren.

»Nicht gerade romantisch, das muss ich zugeben«, sagte Merel und wandte sich wieder zur Tür des Schreierstoren. »Und du meinst, wir können einfach reingehen? Da scheint eine Privatveranstaltung zu sein.«

Sie zeigte auf das Schild an der Tür.

»Das ist schon in Ordnung«, sagte Posthumus. »Der Manager erwartet uns. Das ist nur so ein Umtrunk, die sollten ohnehin bald fertig sein.«

Heutzutage beherbergte der Turm eine Bar. Annas fünfzigster Geburtstag stand bevor. Vielleicht war das ja der richtige Ort für ihre Party. Sie hatte mal erwähnt, dass sie schon ihr ganzes Leben lang daran vorbeigegangen, aber noch nie hineingegangen war. Bei seinem ersten Besuch vor ein paar Wochen fühlte er sich zu sehr an die mittelalterlichen Ursprünge des Turms erinnert – dicke Ziegelmauern, kaum Licht, alles braun in braun. Aber er wollte erst noch Merels Meinung hören, bevor er eine endgültige Entscheidung traf. Vielleicht hatte sie ja eine Idee, wie man das Lokal ein bisschen heller und freundlicher gestalten konnte. Die Sache mit Ben Olssen versuchte er vorerst zu verdrängen.

Sie gingen hinein. Ein paar Gäste mit Earth-2050-Anhängern um den Hals waren noch da. Der Manager stand hinter dem Tresen und begrüßte Posthumus.

»Ihre Tochter?«, sagte er mit einem Lächeln zu Merel.

»Nichte«, sagte Posthumus.

»Man sieht die Ähnlichkeit.«

Posthumus fragte sich, ob das Bild von Willem, das gerade wieder in seiner Erinnerung aufblitzte, dasselbe war, das Merel (die beim Tod ihres Vaters noch ein kleines Mädchen gewesen war) von ihm hatte. Ein Mann, für immer in dem Alter erstarrt, das sie jetzt erreicht hatte.

»Ich bin sofort bei Ihnen, Sie können sich gerne umschauen. Möchten Sie etwas trinken?«, fragte der Manager.

Posthumus und Merel schlenderten durch das Lokal, beide mit einem Glas Wein in der Hand.

»Ah, jetzt verstehe ich, was du mit dem Braun meinst«, sagte Merel. »Es ist zwar ganz gemütlich, aber nicht gerade festlich, vor allem nicht für eine sommerliche Party im Juni.«

Posthumus folgte ihr durch eine Tür in einen kleineren lichtdurchfluteten Raum mit großen Fenstern und zwei Terrassen, die hinaus auf die Gracht hinter dem Turm gingen.

»*Das* ist natürlich etwas anderes«, sagte Merel. »An wie viele Leute hast du gedacht?«

»Ich weiß nicht, so um die vierzig, fünfzig.«

»Dann wäre genug Platz für alle auf den Terrassen, wenn das Wetter mitspielt, und wenn nicht, dann machen wir es hier drin.«

Merel ging zum Fenster.

»Ich habe eine Idee«, sagte sie. »Das könnte ganz witzig sein. Ich habe einen Freund, der ist Bühnenbildner und Bildhauer, er hat diese tollen schwimmenden Skulpturen für Gay Pride gemacht. Ich könnte ihn fragen, ob er etwas draußen auf der Gracht macht und vielleicht auch hier drin, um das Ganze ein bisschen aufzupeppen, damit es etwas ganz Besonderes für Anna wird. Vielleicht was mit Velvet Underground oder alten Schallplatten.«

Für ihre leidenschaftliche Überzeugung, dass Vinyl das einzig Wahre sei, wurde Anna oft von ihren Freunden aufgezogen, aber ihre New-Wave-Sammlung war tatsächlich ziemlich eindrucksvoll, fast schon ein Archiv.

»Wir könnten uns was mit Plattencovern überlegen, vielleicht alles in Samt hüllen oder Teller aus alten Schallplatten machen lassen«, fuhr Merel fort.

»Jetzt aber mal im Ernst«, sagte Posthumus.

»Nein wirklich! Ich rede mit Kamil. Das wäre dann mein Geschenk für Anna.«

Posthumus lächelte seine Nichte an, während sie ihn mit weiteren Ideen bombardierte. Mein Gott, wenn sie von etwas begeistert war, erinnerte sie ihn noch mehr an Willem. Er ging zum Manager und machte den Termin fest.

Als Posthumus zurückkehrte, saß Merel an einem Tisch und blickte gedankenverloren aufs Wasser. Er setzte sich zu ihr und rechnete mit einer weiteren Flut von Ideen, doch was sie dann sagte, überraschte ihn.

»Ich habe mich heute mit Aissa getroffen.«

Posthumus schwieg einen Moment. Seine Nachforschungen zum Tod eines jungen Mannes, der vor einem Jahr in einer Gracht ertrunken war, hatten ebenso wie Merels Enthüllungen über illegale Umtriebe des Geheimdienstes dazu geführt, dass Aissas Familienleben zerstört worden war, und auch die beginnende Freundschaft zwischen den beiden jungen Frauen hatte darunter gelitten. Es war eine schwierige Zeit für Merel und eine schmerzliche für Aissa gewesen, doch Posthumus vermutete, dass beide versuchen wollten, die Freundschaft zu kitten.

»Und?«, sagte er nach einer Weile.

»Es lief ganz gut. Auf jeden Fall besser als letztes Mal.«

»Das freut mich«, sagte Posthumus. »Wirklich. Gibt es Nachrichten von Najib?«

Aissas Bruder hatte sich abgesetzt, nach Pakistan.

»Na ja, gute und schlechte, glaube ich. Wenigstens mailt er Aissa ab und zu. Er will immer noch nicht zurück nach Amsterdam, aber immerhin ist er weg aus der Madrasa, nach Indien. Er macht jetzt irgendwas mit Computern in Bangalore. Das wirkt alles ein bisschen obskur, und Aissa macht sich immer noch Sorgen.«

»Wenigstens haben sie wieder Kontakt«, sagte Posthumus. »Das ist auf jeden Fall ein Schritt.«

»Aber er will nicht sagen, warum er nach Bangalore gegangen ist oder für wen er dort arbeitet, und zu allem, was in Amsterdam passiert ist, beantwortet er absolut keine Fragen. Sie haben nur eine Hotmail-Adresse, mehr nicht.«

Posthumus runzelte die Stirn. »Und Mohammed?«

Najibs Vater war ihm sympathisch gewesen, und es belastete ihn, dass Mohammed glaubte, Posthumus habe ihn irgendwie verraten.

»Er ist immer noch fix und fertig. Wenn du mich fragst, ist es Aissa, die alles zusammenhält.«

Ein Klopfen kam aus Posthumus' Tasche.

»SMS«, sagte er, als Merel ihn fragend ansah.

»Lies sie ruhig«, sagte sie.

»Darf ich? Es könnte wichtig sein.«

Posthumus erklärte ihr die Sache mit Ben Olssen, dann holte er sein Handy heraus.

Cornelius.

Meine Frau diniert mit einem Filmstar; mein Sohn übernachtet bei Freunden, und was mache ich mit meiner köstlichen Freiheit? Hocke daheim und lese. Wärst du einem Gläschen im Dolle Hond zugeneigt?

Posthumus lächelte und zeigte Merel die Nachricht. »Sollen wir noch in den Dolle Hond?«

Merel lachte. »Cornelius ist bestimmt der einzige Mensch, der in einer SMS ein Semikolon verwendet. Geh du nur, ich sollte besser nach Hause. Ich muss morgen früh raus. Meine Mutter kommt von Maastricht nach Hertogenbosch, und ich hab ihr versprochen, dass wir vormittags etwas zusammen unternehmen.«

Posthumus schwieg. Er hatte sich zwar endlich seinen Schuldgefühlen wegen Willems Tod gestellt, aber Merels Mutter weigerte sich immer noch, mit ihm zu sprechen, und er war noch nicht so weit, sich damit auseinanderzusetzen. Dass Merel jetzt wieder zu seinem Leben gehörte, reichte vorerst.

»Ich glaube, ich gehe noch hin«, sagte er. »Ich habe morgen einen ADV-Tag, also was soll's.«

Der vom Gesetzgeber vorgeschriebene Arbeitszeitverkürzungstag hatte den angenehmen Nebeneffekt, dass er morgen ausschlafen konnte. Er schrieb Cornelius zurück:

Warum nicht? Ich habe morgen frei. Bis gleich.

Nichte und Onkel leerten ihre Gläser und verabschiedeten sich vom Manager. Während Posthumus darauf wartete, dass Merel ihr Fahrrad aufschloss, schaute er zum Bahnhof. Wo, fragte er sich, war Ben Olssen überfallen worden? Er küsste Merel zum Abschied dreimal auf die Wangen und wandte sich, als sie losradelte, zurück zur Gracht, ging am Schreierstoren vorbei und dann weiter, bis er nach fünf Minuten den Dolle Hond erreichte.

Anna winkte Posthumus von der Theke aus zu. Es war viel los. Die kleine Tina von Annas Gästehaus half hinter der Bar aus. Posthumus sah sich um. Kaum bekannte Gesichter. Die

Gesprächsfetzen, die er auf dem Weg zur Bar aufschnappte, waren alle englisch, aber mit den unterschiedlichsten Akzentfärbungen. Und da saß doch tatsächlich ein Gast auf seinem Platz. Anna lachte, als sie Posthumus' Blick bemerkte.

»Da drüben, in der Ecke«, sagte sie und drückte ihm ein Glas mit neuseeländischem Sauvignon in die Hand, den sie extra für ihn einkaufte. Sie musste den Wein eingeschenkt haben, als sie ihn am Fenster vorbeigehen sah. Auf dem kleinen Podest, wo früher Pauls Band gespielt hatte, stand seit dem Brand ein großer Gemeinschaftstisch. Das »Reserviert«-Schild war allerdings neu.

»Für Stammgäste«, sagte Anna. »Wir können ja nicht zulassen, dass Earth 2050 unser Leben komplett durcheinanderbringt.«

Posthumus drückte sich an Frau Pling vorbei, die wie immer schweigend den Spielautomaten bediente. Er lächelte ihr zu und nickte einen Gruß, den sie wortlos erwiderte. Selbst nach dem Brand, als sie beim Aufräumen und Saubermachen geholfen, ihnen Suppe gebracht und auf wundersame Weise die große Delfter Vase repariert hatte, die jetzt wieder auf einem Bord über dem Spielautomaten stand, hatte sie kein Wort gesagt. Er und Anna wussten immer noch nicht, wie sie hieß.

»Viel Glück«, wünschte er im Vorbeigehen.

Marie, die Eigentümerin der neuen Boutique eine Straße weiter, saß am einen Ende des Tisches mit ihrer Freundin (er konnte sich nicht an ihren Namen erinnern) und mit John von der Snackbar auf dem Dam. Posthumus grüßte sie, setzte sich aber ans andere Ende – eine dieser subtilen Distanznahmen, die in einer kleinen, dicht besiedelten Stadt wie Amsterdam jedoch nicht unhöflich wirkten. Die anderen akzeptierten die Geste und setzten ihre Unterhaltung fort. Posthumus saß still da und betrachtete die Wand neben der Küchentür. Ein Handwerker aus England hatte die verkohlte Holzvertäfelung so geschickt restauriert, dass man die neuen Teile kaum von den alten unterscheiden konnte. Sehr eindrucksvoll. Posthumus fuhr mit dem Zeigefinger an der Tischkante entlang, hielt inne, als er eine Kerbe im Holz fühlte, und klopfte mit dem Finger darauf. Gift. Er ließ den Finger in der V-förmigen Vertiefung ruhen. Das Gift passte einfach nicht zu einem Überfall. Es ergab keinen Sinn. Wenn man jemanden vergiftete, wollte man ihn normalerweise töten. Und das tat man nicht auf offener Straße. Er drückte kräftig in die Kerbe. Seit seinem Gespräch mit de Boer am Nachmittag hatte er ein vages Bild im Kopf. Ein merkwürdiges Bild, als wäre es aus dem Fokus geraten und er müsste die Linse wieder scharf stellen, um es richtig zu erkennen.

Seit Jahren, schon zu Zeiten als er noch bei der Internen Revision gearbeitet hatte, vertrieb sich Posthumus an ruhigen Abenden zu Hause die Zeit mit Gedächtnisübungen. Er hatte sein Gedächtnis trainiert, um Ideen festzuhalten, Assoziationen zu bilden, Verbindungen herzustellen. Er verknüpfte einzelne Bilder mit Ereignissen, Konzepten oder bedeutenden Fakten: nützliche Symbole, die sich platzsparend speichern ließen und bei Bedarf Gedankengänge und Erinnerungen in Bewegung setzten. Manchmal wurde eins dieser Bilder plötzlich durch ein äußeres Ereignis getriggert. Wenn das passierte, wusste Posthumus, dass er es nicht ignorieren durfte. Er starrte weiter auf die Holzvertäfelung und versuchte, das schemenhafte Bild in seinem Kopf schärfer zu sehen. Ein Mann auf einer Brücke. In London. Gekleidet, wie sich heutzutage kein Engländer mehr kleidete: mit einem Bowler-Hut auf dem Kopf und einem Schirm unterm Arm. Posthumus hob die Augenbrauen.

»Charon, mein lieber Charon! Dürfte ich in deine Welt eintreten oder dich zurück in die unsrige locken?«

Posthumus sah auf. Cornelius stand neben ihm und schlüpfte gerade aus dem Mantel. Posthumus merkte, dass der Spitzname, mit dem Cornelius ihn angesprochen hatte, am anderen Ende des Tisches für neugierige Blicke sorgte. Auch Cornelius entging das nicht. Er wandte sich an Marie.

»Der Fährmann, meine Liebe, der Fährmann über den Styx«, sagte er.

Posthumus hatte den Eindruck, dass diese Erklärung Marie auch nicht weiterhalf.

»Du warst aber schnell«, sagte er, als Cornelius einen Stuhl heranzog. Zum zweiten Mal an diesem Abend verdrängte Posthumus den Gedanken an Ben Olssen.

»Rund um die Erde zieh ich einen Gürtel in viermal zehn Minuten!«, sagte Cornelius. »Na ja, oder von Zuid in vierzehn.« Er setzte sich und lehnte sich zurück. »Ein Glas vom guten Roten, denke ich«, fügte er hinzu.

Posthumus lächelte und stand auf, um Cornelius den Wein zu holen. Der Dichter spendierte nur selten eine Runde, doch Posthumus akzeptierte das mittlerweile, es gehörte einfach zu Cornelius, und davon abgesehen war er wirklich ein guter Kerl. Außerdem verdiente er nicht viel und gab das Geld seiner Frau nur ungern für sich selbst aus. Anna ließ Posthumus vor, hatte aber keine Zeit zum Plaudern. Er bestellte den Wein für Cornelius, ließ sich selbst nachschenken und ging zurück zum Tisch.

»Was *on earth* ist denn hier los?«, fragte Cornelius und deutete auf das geschäftige Treiben an der Bar.

Posthumus sah das amüsierte Funkeln in seinen Augen. Der Dolle Hond lag in einer Nebenstraße am Rande des Rotlichtbezirks und lockte eine eigentümliche Gästeschar an – eine bunte Mischung aus Einheimischen, die seit Jahrzehnten kamen, ab und zu eine Prostituierte oder ein Polizist vom nahegelegenen Beursstraat-Revier, wobei Anna streng darauf achtete, dass die anderen Gäste nicht behelligt wurden, und gelegentlich ein paar neugierige Touristen –, aber selten waren so viele Ortsfremde auf einmal hier.

»Genau«, sagte Posthumus. »Eine Heimsuchung der Earth-2050-Teilnehmer.«

»Das ist überall in der Stadt so«, sagte Cornelius. »Man findet keine Ruhe, nicht einmal am heimischen Herd, Gott sei's geklagt.«

»Gabrielle ist ganz schön eingespannt«, sagte Posthumus.

»Sie kämpft an allen Fronten«, sagte Cornelius. »Bemüht sich verzweifelt, den Magnaten und Mogulen überzeugende Argumente zu präsentieren, und muss doch feststellen, dass die Vernunft angesichts der Vorgänge draußen auf der Straße kaum Chancen hat. Und die Demonstranten werfen ihr auch noch vor, sie würde die Sache verraten und sich dem Mammon unterwerfen. Ein endloser Kampf.«

»Das muss hart für sie sein«, sagte Posthumus. »Sie hat mit der Green Alliance wirklich etwas bewirkt in der breiten Öffentlichkeit, aber ich schätze mal, dass sie viele Hardliner persönlich kennt, aus alten Zeiten.«

»Und jetzt verbringt sie unendlich viel Zeit damit, mit ihnen zu diskutieren. Meine Gabrielle ist sehr passioniert. Genau wie ihr überaus emsiger junger Assistent.«

»Fühlt sich da etwa jemand vernachlässigt?«, fragte Posthumus.

Cornelius lachte, nahm einen Schluck Wein und setzte sich bequemer hin. »Lukas und ich fühlen uns etwas an den Rand gedrängt, ja.«

»So war sie doch schon, als wir alle noch jung waren. Immer volle Kraft voraus«, sagte Posthumus. »Und sie stand auch wirklich dahinter. Leute wie Anna und ich, wir sind diejenigen, die die Sache verraten haben. Gabi ist nur ein bisschen pragmatischer im Erreichen ihrer Ziele geworden.«

»Ah, aber zum Pragmatismus gehört auch Mäßigung, und für Mäßigung ist in der aktuellen Situation kein Platz, behaupten die Demonstranten. Lösungen müssen radikal sein, sonst sind sie keine wirklichen Lösungen«, sagte Cornelius.

»Ich muss zugeben, ich kann deren Standpunkt schon verstehen, und wahrscheinlich geht es meiner Frau im Grunde genauso.«

Posthumus platzierte sein Glas sorgfältig auf einem Bierdeckel und drehte es mit den Fingern am Stiel hin und her. Dann ließ er los.

»Ich fürchte, ich habe heute Abend indirekt noch zu euren Problemen beigetragen«, sagte er.

Er informierte Cornelius darüber, was seit ihrer Begegnung am Nachmittag passiert war. Er umriss kurz, was er Gabi und Christina über Ben Olssen erzählt hatte, sagte aber nichts von seinen Grübeleien.

»Höchst unglücklich«, sagte Cornelius. »Ich erinnere mich zwar nicht, dass ich dem jungen Mann je begegnet wäre, aber ich weiß, dass Gabrielle ihn mochte, als sie mit ihm zusammenarbeitete. Und die schöne Christina auch, nach allem, was man hört. Hat es die beiden sehr getroffen?«

»Christina schon. Gabi auch, aber sie musste sich auf heute Abend konzentrieren.«

»Ah, das berühmte Gesicht, das womöglich schon bald die Plakate von Green Alliance zieren wird. Ich glaube nicht daran, dass das der Sache helfen wird. Es könnte Gabrielles Ansehen bei den Hardlinern sogar noch mehr schaden. Du weißt schon, sich mit dem Showbiz gemeinmachen und andere Ruchlosigkeiten.«

»Mir sagt das eh alles nichts. Ich wusste nicht mal, wer das sein soll.«

Cornelius lachte leise.

»Aber ich bin froh, dass die Nachricht sie nicht aus der Bahn geworfen hat«, fuhr Posthumus fort. »Selbst Christina ist zum Abendessen geblieben, um das Promi-Projekt weiter voranzutreiben. Sie wollen morgen so früh wie möglich ins Krankenhaus und schauen, wie es Ben Olssen geht und ob sie sonst etwas tun können.«

»Und du, mein lieber Charon, musst feststellen, dass dein ritterliches Vorhaben mit dem Mantel grausam durchkreuzt wurde.«

Posthumus zuckte kurz mit den Schultern.

»War das ein reuiges Lächeln, wie man so schön sagt?«, fragte Cornelius. »Ich dachte, du hoffst auf die Gunst der Dame.«

»Nicht wirklich«, sagte Posthumus. »Ich habe nur auf einen kleinen schmeichelhaften Flirt reagiert. Im Nachhinein ziemlich unpassend.«

»Flirten scheint Christinas Modus Operandi zu sein«, sagte Cornelius und sah Posthumus über seine Brille hinweg an. »Ein bisschen flatterhaft, scheint mir, zugegeben: sehr attraktiv, ein verwöhntes reiches Mädchen, das die berufstätige Frau spielt, in Wirklichkeit aber vom Geld des Vaters und der Familienbank lebt.«

»Welcher Bank?«

»Walraven, mein lieber Charon, Walraven.«

»Natürlich! Der Zusammenhang war mir ganz entgangen«, sagte Posthumus.

Die Walraven-Bank. Eine dieser ehrwürdigen alten Familienbanken, die im 17. Jahrhundert, dem Goldenen Zeitalter der Niederlande, gegründet wurden und in den prächtigen alten Patrizierhäusern an der Herengracht residierten. Altes Geld.

»Und Christina hat es nicht erwähnt«, fuhr Posthumus fort und warf Cornelius einen Blick zu, den man als tadelnd bezeichnen konnte.

»Oh, die Familie hat die Bank in den achtziger Jahren verkauft und nur eine Minderheitsbeteiligung behalten«, sagte Cornelius. »Sybrand, Christinas Vater, war der jüngste Sohn; er ging in den diplomatischen Dienst. Außerdem geriet die Bank, glaube ich, in der Finanzkrise heftig ins Trudeln, da gibt es also nicht mehr viel, womit man prahlen könnte.«

»Das würde sie sowieso nicht tun.«

»Stets der Gentleman. Aber ich hätte erwartet, dass du Frauen mit etwas mehr Substanz bevorzugen würdest.«

»Oh, ich denke schon, dass Christina Substanz hat.«

»Du meinst, da ist mehr dahinter als nur Daddys Geld und das rührende Bedürfnis, niedliche Pelztierchen zu retten?«

»Das ist unfair. Sie bringt die Dinge in Bewegung. Außerdem hat sie Gabi wahrscheinlich einen prominenten Botschafter für Green Alliance besorgt.«

Cornelius hob entschuldigend die Hände. Dann griff er nach seinem Glas. »Auf die Galanterie und die subtile Kunst der Verführung«, sagte er.

»Dem kann ich nur zustimmen! Auf echte Gentlemen«, rief Marie von der anderen Seite des Tisches.

»Und auf empfängliche Damen«, sagte John mit einem Anflug von Zweideutigkeit.

»Wie herrlich altmodisch«, sagte Cornelius. Er tastete seine Tasche nach seinem klingelnden Handy ab und fand es schließlich. »Gabrielle.« Er hörte zu. »Mein Liebling! Das sind ja hervorragende Neuigkeiten.« Cornelius strahlte. »Der Promi ist an Bord«, sagte er zu Posthumus. Dann hielt er das Handy wieder ans Ohr. Seine Miene verdüsterte sich etwas. »Oh, aber ich kann nicht«, sagte er. »Ich treffe mich doch mit den Leuten von der LIRA-Stiftung, um über Zuschüsse für die Bestattungsgedichte zu reden. Es würde keinen guten Eindruck machen, wenn ich absage.« Cornelius schwieg erneut. Dann sah er Posthumus verschmitzt an. »Vielleicht hat Piet ja Zeit. Er hat morgen frei. Er sitzt gerade neben mir.« Cornelius hielt Posthumus das Handy hin. »Sie will mit dir reden.«

Posthumus nahm das Handy. »Gabi! Das klingt, als ob man gratulieren sollte.«

»Ja, ist das nicht wunderbar?«, sagte Gabi. »Ich bin hin und weg. Und genau deswegen wollte ich auch mit dir sprechen: Morgen Vormittag gibt es noch ein Treffen, für eine offizielle

Presseerklärung und Fotoaufnahmen, da kann ich auf keinen Fall fehlen …«

Posthumus hörte im Hintergrund eine Frauenstimme.

»Unsinn, Chris«, sagte Gabi. »Piet geht mit dir hin, da bin ich mir sicher … Das machst du doch, nicht wahr, Piet? Christina hat gerade mit dem Polizisten gesprochen, dessen Karte du uns gegeben hast. Er meint, wir könnten morgen früh zu Ben, außerhalb der Besuchszeiten. Und jetzt findet genau dann dieses Shooting statt. Ich fühle mich echt mies dabei, Christina im Stich zu lassen, nachdem sie mir so geholfen hat. Sie weiß noch nicht mal, wie sie zum Krankenhaus kommt.«

»Ich kann ein Taxi nehmen, verdammt noch mal!« Christinas Stimme war jetzt deutlicher zu hören, anscheinend stand sie näher bei Gabi.

»Ich akzeptiere kein Nein, Christina!«, sagte Gabi. »Piet, sie sollte wirklich nicht allein ins Krankenhaus gehen. Besteht irgendeine Chance, dass du sie begleitest? Schließlich steckst du eh schon in der Sache drin.«

»Ich bin erwachsen, Gabs. Ehrlich, das ist kein Problem!« Wieder Christinas Stimme. Gabi ignorierte sie.

»Ihr müsstet um halb zehn im Krankenhaus sein«, sagte sie zu Posthumus. »Christina wohnt im Hotel Estheréa am Singel.«

So viel zum Ausschlafen. Aber auf die Schnelle fiel Posthumus keine Ausrede ein. Außerdem fühlte er sich wirklich mitverantwortlich für die ganze Sache. Und es gab deutlich Schlimmeres, als ein, zwei Stunden mit Christina zu verbringen. Er wollte gern helfen. Und, das musste er zugeben, er wollte auch mehr über Ben Olssen erfahren.

»Okay, ich hole Christina um neun im Hotel ab«, sagte er und beendete das Gespräch. »Du kannst es wohl einfach nicht lassen«, meinte er zu Cornelius und gab ihm das Handy zurück.

»Wie gesagt, eine sehr passionierte Frau, meine Gabrielle«, sagte Cornelius. »Die Arbeit hat immer Vorrang.«

»Das ist hier aber nicht der Punkt.«

Posthumus lächelte und fragte sich, wie de Boer wohl auf einen Anruf um zehn Uhr abends reagiert hätte.

»*Hoi*, Herr P., noch was zu trinken?«

Tina war an ihren Tisch gekommen und sammelte die leeren Gläser ein.

»Ich glaube, der ›Herr P.‹ hier sollte mir einen ausgeben«, sagte Cornelius.

»Eher umgekehrt, würde ich sagen«, meinte Posthumus. »Schließlich kann ich deinetwegen morgen nicht ausschlafen.« Er sah Tina an. »Noch einmal dasselbe, Tina, bitte. Schreib's einfach für mich an«, fügte er hinzu.

»Ja, ich weiß. Und 'nen Spezialwein nur für Sie gibt's auch noch.«

Posthumus lächelte. »Wie kommt's, dass du heute hinterm Tresen stehst?«

Tina warf einen Blick über die Schulter und beugte sich verschwörerisch vor. »Ich glaube, Anna passt das eigentlich auch nicht, aber heute ist unglaublich viel los, und dieser Simon, der sonst kommt, konnte nicht, also bin ich hier. Und hab noch keinen einzigen Fehler gemacht.«

»Das freut mich«, sagte Posthumus. »Habe ich dir nicht gesagt, dass alles gut wird?«

Tina nickte. »Und das mit morgen klappt auch, Herr P.?«

Posthumus antwortete nicht sofort.

»Sie haben's doch nicht vergessen?«, fragte Tina. Ihre Stimme klang leicht panisch.

Um ehrlich zu sein, hatte Posthumus es tatsächlich vergessen. Sein freier Tag löste sich allmählich in Luft auf. »Aber sicher klappt das, allerdings erst gegen Mittag«, sagte er. »Bist du nebenan?«

Tina nickte.

»Ich schicke dir eine SMS, okay?«

Tina ging und holte ihre Getränke.

»Was habt ihr morgen vor?«, fragte Cornelius.

»Ich gehe mit ihr aufs Einwohnermeldeamt, sie ist hier noch nicht gemeldet«, sagte Posthumus. »Anna will ja immer alles ganz korrekt haben. Als sie das mit Tina mitbekommen hat, ist sie an die Decke gegangen. Die arme Tina hat's nicht so mit Behörden.«

»Selbst bei so einer Kleinigkeit?«, fragte Cornelius.

Posthumus zuckte mit den Schultern. Er verstand Tina und ihre Angst vor den verborgenen Mechanismen staatlicher Autorität.

»Ganz ehrlich, Charon«, fuhr Cornelius fort, »ich frage mich schon manchmal, wo du dein weißes Pferd und die schimmernde Rüstung versteckt hast.«

Posthumus lachte. »Allein dafür musst jetzt definitiv du die nächste Runde zahlen.«

Freitag, 20. April

6

Posthumus wachte um halb acht auf, früher, als er erwartet hatte. Er duschte, schlängelte sich im Bademantel die metallene Wendeltreppe hinunter, machte sich in der Küche einen schnellen Espresso zum Wachwerden und ging dann wieder nach oben, um sich anzuziehen. Die Frühlingssonne wärmte die Wohnung. Die Dachbalken des dreihundert Jahre alten ehemaligen Lagerhauses an der Gracht knarzten bei der ersten Berührung mit der neuen Jahreszeit. An solchen Tagen war Posthumus überzeugt, dass ein schwacher Hauch von Gewürzen aus dem Holz kam.

Er entschied sich für ein blaugraues Strickhemd aus Kaschmir, etwas dunklere Hosen und ein Paar Loafer von Church (Christina wusste das bestimmt zu schätzen). Dazu die Trachtenjacke aus Ziegenleder, die er auf dem Flohmarkt auf der Waterlooplein für praktisch kein Geld erstanden hatte; das reichte bei dem Wetter. Vielleicht noch ein Schal als Farbklecks. In der Küche machte er sich ein leichtes Frühstück, und da er noch reichlich Zeit hatte, nahm er den Kaffee und sein Müsli mit zur Fensterfront im Wohnzimmer, öffnete die Flügel des großen Bogenfensters – ein bodentiefes Fenster, das einmal eine Tür gewesen war, durch die die Waren ins Lagerhaus gehievt worden waren – und zog sich einen Stuhl heran, um mit Blick auf die Gracht zu frühstücken.

Draußen war es noch still. Amsterdam erwachte spät. Posthumus hatte das Sicherheitsgeländer vor dem Fenster entfernen lassen, das beim Umbau des Hauses angebracht worden war. Er genoss den freien Blick. Die Giebelhäuser, die bucklige Brücke (vollgestellt mit Fahrrädern), die Hausboote und die Gracht, alles schien reglos, beinah wie auf einer Fotografie. Die Bäume hatten erst zögernd Blätter angesetzt, doch man erkannte schon das typische Frühlingslicht, das den Ziegelsteinen und Giebeln Farbe verlieh, statt sie ihnen zu nehmen, wie es im Winter oft der Fall war. Ein einsamer Fußgänger überquerte die Brücke.

Posthumus musste wieder an das Bild denken, das er gestern im Dolle Hond vor Augen gehabt hatte, bevor Cornelius gekommen war: ein Mann mit Bowler-Hut und zusammengerolltem Regenschirm auf einer Brücke in London. Und er dachte auch wieder an die Bedeutung dieses Bilds, archiviert in den verborgenen Schubladen seines Gehirns. Er musste grinsen. Anna sagte manchmal, die Nebensächlichkeiten, die er sich merkte, die ungewöhnlichen Momente und Informationsfetzen, die er abspeicherte, glichen dem, was andere Männer in ihrem Geräteschuppen aufbewahrten: Kartons und Kisten, vollgestopft mit Dingen, die man vielleicht eines Tages gebrauchen könnte. Und dieses eine Bild konnte tatsächlich ein bisschen Licht auf die Ben-Olssen-Sache werfen.

Posthumus schwang sich vom Stuhl, brachte sein Geschirr in die Küche und ging zu seinem Schreibtisch unter der Wendeltreppe. Er musste ja nicht alles ganz ohne Hilfe ausgraben. Er tippte ein paar Suchbegriffe ein. Da war es schon: Waterloo Bridge. Posthumus klickte eine Website an. Interessant. Er scrollte nach unten. Sehr interessant. Er las ein bisschen weiter, dann schaltete er den Computer aus, griff nach seiner Ziegenlederjacke, schloss die Wohnung ab und eilte die drei Stockwerke zur Straße hinunter. Das Hotel war nicht weit weg, aber er hasste es, zu spät zu kommen.

Auf der Brücke beugte sich Posthumus vor, um sein Fahrrad vom Geländer loszuketten, und hielt abrupt inne, als er seine Hände auf dem schweren Bügelschloss sah: Die Haut war nicht länger glatt und fest, sondern transparent und knittrig wie dünnes Pergament. Die Hände seines *Vaters*. Wann um alles in der Welt war das passiert? Er seufzte kurz und heftig, stieg aufs Rad und fuhr über die Brücke und dann weiter auf der anderen Seite der Gracht.

Er brauchte kaum mehr als zehn Minuten bis zum Hotel Estheréa an der Singelgracht. Eine gute Viertelstunde vor der verabredeten Zeit stieg er die Stufen zur Lobby hinauf. Zwei Rezeptionisten standen vor einem altmodischen Schlüsselbrett, jeder Schlüssel war mit einem schweren Holzanhänger versehen. Posthumus sah sich in der Lobby um: viel Plüsch und Rosa und wilde Muster, an jeder Wand eine andere Tapete, falsche Kirschblüten und echte Orchideen, Kronleuchter und Rüschenlampenschirme. Nicht unbedingt Christinas Stil, würde man meinen, aber das Ganze hatte auch etwas augenzwinkernd Ironisches, seltsam Liebenswertes – Opulenz auf dem schmalen Grat zwischen Ironie und Kitsch. Er beschloss, nicht in ihrem Zimmer anzurufen, sondern hier unten auf sie zu warten. Er steuerte auf ein Sofa zu und wäre dabei fast mit Christina zusammengestoßen, die gerade aus dem Fahrstuhl kam. Sie wirkte ungehalten.

»Sie sind früh dran.«

Es klang wie ein Vorwurf. Posthumus versteifte und wich einen Schritt zurück.

»Ich hätte schon bis neun gewartet, bevor ich Sie anrufen lasse«, entgegnete er, schroffer als beabsichtigt. Christina legte ihm die Hand auf die Schulter und küsste ihn dreimal auf die Wange.

»Sorry, sorry, sorry«, sagte sie. »Ich habe eine schlimme Nacht hinter mir und bin noch nicht ich selbst.«

Gemeinsam gingen sie zur Rezeption, wo Christina ihren Schlüssel abgab.

»Sie haben nicht zufällig ein Aspirin?«, fragte Christina den Rezeptionisten.

»Aber sicher«, sagte der Mann und holte einen kleinen Erste-Hilfe-Kasten hervor. »Soll ich Ihnen etwas Wasser bringen?«

»Nein danke, ich habe eine Flasche dabei.« Christina tätschelte ihre große Handtasche. Nicht die Hester-van-Eeghen-Tasche, die sie bei ihrer ersten Begegnung dabeigehabt hatte, aber genauso modisch und geometrisch.

»Wir können so ziemlich jede Straßenbahn vorne an der Ecke nehmen, und dann steigen wir um in die Sieben«, sagte Posthumus.

»Um Gottes willen, nein, ich habe gestern Abend ein Taxi bestellt.«

»Das Taxi wartet bereits.« Der Rezeptionist wies auf einen kleinen vierschrötigen Mann, der geduldig neben der Tür stand.

»Dann los«, sagte Christina und schob Posthumus Richtung Tür. Sie nickte dem Fahrer im Vorbeigehen zu, und Posthumus vergewisserte sich, dass der Mann wusste, wo er sie hinbringen sollte.

»Sehr markante Deko«, sagte Posthumus beim Hinausgehen. »Alt-Amsterdam meets Edelbordell.«

Christina lachte und schien sich ein bisschen zu entspannen.

»Mein Zimmer sieht auch so aus«, sagte sie. »Die Einrichtung verstößt gegen jede Designregel, aber ich finde das einfach großartig. WildCat hat das Hotel gebucht, und die haben nicht so viel Geld. Ich selbst wäre nie auf den Gedanken gekommen, mir so ein Hotel auszusuchen.« Sie blieb kurz am Fuß der Treppe stehen und ließ den Fahrer vorbei. »Normalerweise lege ich noch ein bisschen was drauf und gönne mir ein wirklich schönes Hotel, aber die sind ja alle komplett belegt. Und eigentlich bin ich froh, dass ich hier gelandet bin. Es ist ganz reizend.«

Der Fahrer hielt ihnen die Tür zu einem schwarzen Mercedes auf, der halb auf dem Gehweg geparkt war, damit die anderen Autos in der schmalen Straße vorbeifahren konnten. Der Wagen hatte Taxi-Nummernschilder, aber kein Schild auf dem Dach: Ein privater Fahrdienst, der wohl auch nicht im Budget von WildCat inbegriffen war. Christina stieg hinten ein und rutschte durch, holte ihre Wasserflasche aus der Tasche und nahm ein Aspirin. Posthumus setzte sich neben sie. Christina steckte die Wasserflasche wieder ein, stellte die Tasche dicht neben sich und legte einen Arm auf den Bauch. Sie lehnte sich zurück, schloss die Augen und atmete langsam aus.

»Sie sind bestimmt ziemlich durcheinander, oder?«, sagte Posthumus, als der Wagen losfuhr.

»Wenn wir bloß wüssten, was mit ihm los ist.«

Posthumus hielt sich zurück, seine eigenen Vermutungen hätten Christina nur unnötig aufgeregt. Er würde warten, bis sie im Krankenhaus waren und mehr wussten. Er unterdrückte den Impuls, ihr beruhigend die Hand zu drücken.

»Ist es okay, wenn wir über die Stadhouderskade fahren?«, fragte der Fahrer mit Blick in den Rückspiegel. »Das ist ein bisschen weiter, aber trotzdem schneller. Der Dam ist zurzeit ein einziges Chaos.«

»Ja, prima«, sagte Posthumus.

Christina setzte sich auf und sah Posthumus an. »Tut mir leid«, sagte sie. »Diese ganze Geschichte mit Ben hat mich total aus der Bahn geworfen, ich weiß auch nicht, warum. Das ist so albern. Ich meine, ich mochte Ben wirklich gern, als wir alle zusammen bei Greenpeace waren. Und ich hatte mich sehr darauf gefreut, ihn nach so langer Zeit wiederzusehen. Aber der kleine Flirt, den wir damals hatten, na ja, es war eben nur ein kleiner Flirt. Außerdem ist das ewig her.«

»Als Sie zusammen bei Greenpeace waren?«

»Nein, später. Ist aber trotzdem schon ein paar Jahre her. Ein verrücktes Wochenende in Venedig, bei einer Konferenz, und danach noch ein paar aufregende Wochen. Und jetzt bin ich hier und fühle mich, ich weiß auch nicht, so ...«

Posthumus sah sie an. »Verstört?«

Christina wandte den Kopf ab.

»Das ist wirklich nicht ungewöhnlich, wissen Sie. Sie müssen mit etwas fertigwerden, das völlig unerwartet kam.«

Der Fahrer hupte ein Paar an, das vor dem Wagen herumbummelte, als wäre die Straße an der Gracht ein Fußgängerweg, murmelte etwas wie »Verdammte Touristen« und gab abrupt Gas, wobei er nur knapp einen Radfahrer verfehlte.

Posthumus warf einen ärgerlichen Blick in den Rückspiegel und redete weiter: »Wir rechnen nicht damit, dass solche Dinge jemandem zustoßen, den wir kennen. Und wenn es doch passiert, erinnert es uns daran, dass wir alle verwundbar sind.« Er wollte nicht noch mehr in Plattitüden verfallen oder Phrasen wiedergeben, die er in einem Seminar zur Vorbereitung auf seine Arbeit im Bestattungsteam gelernt hatte. Also schwieg er lieber.

Christina sah zu ihm und lächelte schwach. »Und Sie sind da irgendwie auch reingerutscht. Wirklich bizarr, dass Bens Mantel ausgerechnet bei Ihnen gelandet ist.«

»Eigentlich nicht«, sagte Posthumus. »Das bringt meine Arbeit so mit sich. Und ich bin froh, dass ich Ihnen helfen kann ... irgendwie.« Er spürte, dass er leicht errötete.

»Solche Sachen passieren also öfter?« Ihr Lächeln vertiefte sich. Christina hob die Brauen und machte große Augen.

Posthumus rutschte auf seinem Sitz herum. Sie machte sich über ihn lustig, wenn auch auf nette Art. Der Fahrer fuhr in letzter Millisekunde über eine gelbe Ampel und bog auf die breite, geschäftige Raadhuisstraat.

»Amsterdam ist eine kleine Stadt«, sagte Posthumus, »und wir leben alle dicht aufeinander. In vielerlei Hinsicht ist es ein Dorf. Daher kommt es hin und wieder vor, dass meine Klienten mir nicht völlig fremd sind.«

»Aber haben Sie dann nicht das Gefühl, im Leben der anderen herumzuschnüffeln?«

»Manchmal«, sagte Posthumus. »Zum Beispiel hat ein Nachbar, den ich nicht näher kannte, aber oft auf dem Markt gesehen habe, Selbstmord begangen und einen Abschiedsbrief für denjenigen hinterlassen, der ihn finden würde. Aber sonst sollte niemand von seinen Motiven erfahren.«

»Das ist Ihnen passiert? Wie grausig.«

»Wie gesagt, das bringt meine Arbeit so mit sich. Man lernt, was man besser für sich behält und was nicht.«

»Dort vorn sehen Sie das Anne-Frank-Haus«, sagte der Fahrer. »Und die Westerkerk, wo Rembrandt begraben ist.« Sie fuhren über die Prinsengracht und passierten die Kirche mit dem schlanken, hohen Turm und der glänzenden goldenen Krone obenauf.

Posthumus und Christina starrten auf den Hinterkopf des Fahrers. War der Mann auf Autopilot? Hielt er sie für Touristen? Sie sahen sich an und schwiegen, während das Taxi über die Brücke fuhr.

Nach einer Weile meldete sich Posthumus wieder zu Wort. »Gestern Abend sagten Sie etwas Merkwürdiges. Sie vermuteten, Ben habe Sie warnen wollen.«

Christina schaute ihn an.

»Gutes Gedächtnis. Ich nehme an, das bringt Ihre Arbeit ebenfalls so mit sich.«

Posthumus legte den Kopf schräg und nickte. »Was meinten Sie mit ›warnen‹?«, fragte er. »Dass *Ihnen* etwas zustoßen könnte?

»Nein, nein, überhaupt nicht«, sagte Christina. »Warnen ist vielleicht auch das falsche Wort. Es war eher so, dass Ben mir unbedingt etwas sagen wollte. Er bestand hartnäckig darauf, dass wir uns treffen, und zwar unbedingt am Dienstagabend.« Das Lächeln verschwand aus ihrem Gesicht. »Ich fürchte, ich war ein bisschen egoistisch. Ich nahm sein ›ich muss dich unbedingt sehen‹ als Kompliment. Aber jetzt, im Rückblick ...« Sie schaute nach draußen.

»Aber was denken Sie, warum war die Sache so dringend? Was könnte so wichtig gewesen sein?«

»Ich weiß nicht, aber ich mache mir große Vorwürfe. Ständig frage ich mich, was er mir wohl sagen wollte. Wenn ich ihn wie vereinbart im Café getroffen hätte, wäre das alles vielleicht nicht passiert.«

»So etwas dürfen Sie nicht mal denken«, sagte Posthumus. Sie fuhren an einer Straßenbahnhaltestelle vorbei, und Posthumus betrachtete die Wartenden, die sich neben dem Unterstand drängten. Wäre es sowieso passiert? War der Täter so entschlossen, Ben Olssen zu überfallen, dass ihn selbst Christinas Anwesenheit nicht davon abgehalten hätte? Oder hätte sie den Überfall verhindern können? Das Taxi fuhr über eine belebte Kreuzung und bog links ab, in den Berufsverkehr auf der Nassaukade, der wichtigsten Umgehungsstraße um die Altstadt.

»Was macht Ben eigentlich genau?«, fragte Posthumus.

»Zurzeit? Er berät Unternehmen, sogar Länder, in Sachen Energiepolitik, glaube ich. Und er ist so eine Art Lobbyist. Gabi weiß mehr darüber, sie hat seine Laufbahn genauer verfolgt. Als ich ihn das letzte Mal traf, war er noch bei Shell.«

»Von Greenpeace zu Shell? Das ist ungewöhnlich, oder?«

»Viele Leute sagten, er hätte sich verkauft. Aber Ben war der Ansicht, dass er sich ins Lager der Wirtschaftsbosse begeben und ihre Sprache sprechen müsse, um die grüne Agenda wirklich voranzutreiben.«

»Und hat er? Hat er es wegen des Geldes gemacht?«

»Es war nicht nur leeres Gerede, aber die meisten Leute kauften es ihm nicht ab, und manche haben ihm diesen Wechsel nie verziehen«, sagte Christina. »Und er machte es auch wegen des Geldes, ja. Er sagte, er habe die Nase voll davon, sich wie ein Student irgendwie über Wasser zu halten.«

Sie sah wieder nach draußen, die eine Hand an die Wange gepresst. »Der arme Ben.«

»Glauben Sie, das alles könnte etwas mit der Konferenz zu tun haben?«, fragte Posthumus.

Christina zuckte mit den Schultern.

»Jemand, der eine alte Rechnung offen hatte oder ein Exempel statuieren wollte?«, mutmaßte Posthumus weiter.

»Angeblich hatte er was mit Fracking zu tun«, sagte Christina und sah ihn an. »Da schlagen die Wogen ziemlich hoch.«

»Das Rijksmuseum«, verkündete der Fahrer.

»Wir kennen die Sehenswürdigkeiten, danke«, sagte Christina in einem so scharfen Ton, dass der Fahrer Posthumus im Rückspiegel ansah und mitleidig die Augenbrauen hob. Posthumus ignorierte ihn. Christina legte den Kopf wieder zurück an die Kopfstütze und schloss die Augen. Sie hatte die Hände gegen die Hüften gepresst, die Finger abgespreizt. Posthumus schwieg. Nach einer Weile entspannte sich Christina etwas und lächelte Posthumus reumütig an.

»Mein Temperament!«, sagte sie. »Mein Vater nannte mich immer ›kleiner Feuervogel‹.«

»Ich bin daran gewöhnt«, sagte Posthumus. »Kenne ich alles zur Genüge.«

Das stimmte. Anna war eine gute Zuhörerin, wenn sie im Dolle Hond hinter der Bar stand, aber sie hatte auch das Temperament ihrer Mutter geerbt, und wenn sie mit Dummheit oder Ignoranz konfrontiert wurde, konnte sie ihren Ärger nur schwer im Zaum halten. Posthumus hatte schon früh gelernt, ihre Ausbrüche zu ignorieren.

Christina schwieg und sah wieder aus dem Fenster.

»Damals in Venedig, das war … eine der besten Zeiten meines Lebens«, sagte sie schließlich, halb seufzend, halb lachend, und wandte sich wieder zu Posthumus. »Mein Gott, wie sich das anhört. Das totale Klischee. ›Verliebt in Venedig, die beste Zeit meines Lebens.‹»

»Trotzdem«, sagte Posthumus. »Venedig ...«

»Und dann New York, eine stürmische Romanze.«

»Lebt er dort?« Posthumus erinnerte sich an die amerikanische Vorwahl auf der Visitenkarte, die er in Olssens Mantel gefunden hatte.

»Heute ja. Damals nicht. Das war eine verlängerte Geschäftsreise.«

»Er ist Amerikaner?«, fragte Posthumus.

»Eigentlich Schwede, aber er hat schon überall gelebt, spricht praktisch alle Sprachen.«

»Auch Holländisch? Das wäre ja mal was ganz Neues.«

Christina lächelte. »Nur ein bisschen, aus der Zeit, als er hier gearbeitet hat. Aber Sie wissen ja, wie das bei einer Organisation wie Greenpeace ist, Kollegen aus aller Welt, und jeder kann Englisch. Ben und ich haben immer Englisch miteinander geredet, also ist es wohl auch meine Schuld, dass sein Holländisch nicht besser ist. Es ist schon komisch, ich lebe schon so lange in England, dass mir das Holländische langsam entgleitet, als wäre es eine Zweitsprache und nicht meine Muttersprache. Selbst mit meinem Vater spreche ich oft Englisch. Verrückt.«

Sie waren beinahe beim Krankenhaus. Christina nahm ihr Smartphone und ging ihre Nachrichten durch. Sie war erstaunlich lange ohne ihr Handy ausgekommen. Posthumus ließ sein eigenes bewusst in der Tasche.

»OLVG-Krankenhaus«, sagte der Fahrer und bog auf einen kleinen Parkplatz ab. Dann trat er so abrupt auf die Bremse, dass Posthumus und Christina gegen die Vordersitze geschleudert wurden. Eine alte Frau mit Rollator war plötzlich zwischen den parkenden Autos aufgetaucht. Der Fahrer murmelte etwas, das klang wie »demente alte Kuh«.

»Was haben Sie da gerade gesagt?«, fuhr Christina ihn an.

»Ich hab mich wohl verhört!« Der Fahrer antwortete nicht, sondern warf Posthumus nur einen mürrischen Blick im

Rückspiegel zu. »Wie können Sie das nur als Schimpfwort verwenden«, sagte Christina. Ihre Stimme war wieder ruhig, jedes Wort knapp bemessen. »Demenz ist eine furchtbare Krankheit.«

Der Fahrer drehte sich um und murmelte Posthumus etwas zu, aber Posthumus konzentrierte sich auf Christina. Ihre Stimme klang dringlich. Die alte Frau schlug mit der Hand auf die Motorhaube des Mercedes und ging langsam weiter. Der Fahrer fuhr noch ein paar Meter und hielt dann deutlich sanfter an. Posthumus griff nach seiner Geldbörse und suchte den Taxameter. Vergebens.

Christina wedelte ungeduldig mit der Hand. »Ich nutze den Fahrdienst die ganze Woche. Ich habe ein Konto«, sagte sie, öffnete die Tür und stieg aus, ohne ein weiteres Wort an den Fahrer zu richten.

Posthumus folgte ihr. Es dauerte eine Weile, bis sie zu einer doppelten Glastür gelangten. Hinter der Sicherheitstür war eine Luftschleuse. Ein junger Mann war gerade auf der anderen Seite hineingegangen, und sie mussten warten. Christina hatte die Arme fest um sich geschlungen und stampfte ungeduldig mit den Füßen. Die Tür glitt auf. Wieder mussten sie warten, dieses Mal in dem Zwischenraum, bevor sie endlich in die Eingangshalle des Krankenhauses gelangten. Links von ihnen, direkt um die Ecke, war eine große Drehtür, eindeutig der Haupteingang.

»Das ist doch nicht zu glauben!«, sagte Christina. »Dieser idiotische Fahrer!«

»Ich glaube nicht, dass man direkt vor dem Krankenhaus halten kann«, sagte Posthumus.

»Aber das hätte er uns doch sagen können.«

Ein langer Empfangstresen mit Schaltern, von denen nur zwei besetzt waren, erstreckte sich direkt vor ihnen, aber Christina stürmte zu einer Informationstafel gegenüber, überflog sie rasch und verkündete: »Erster Stock, in der Lichtstraat, wo immer das ist. Hoffentlich in diesem Gebäude, verdammt noch mal.«

Anscheinend wollte sie direkt nach oben, aber Posthumus ging zum Empfangstresen. Olssen lag schließlich auf der Intensivstation, und außerdem kamen sie außerhalb der Besuchszeiten.

Ein pummeliges Mädchen mit zu viel Make-up, gelangweiltem Blick und einem Gesichtsausdruck, den sie sich vermutlich von einem Filmsternchen abgeschaut hatte, sah träge von ihrem Bildschirm auf.

»Wir möchten zu Ben Olssen«, sagte Posthumus und buchstabierte den Nachnamen.

Das Mädchen tippte auf der Tastatur herum. »Kein Besuch.«

»Wir haben eine Sondererlaubnis«, sagte Posthumus. Christina stand jetzt hinter ihm.

Eine einzige Taste. »Unmöglich. Er ist auf der Intensiv.«

»Wenn Sie dort vielleicht anrufen könnten? Wir werden erwartet«, sagte Posthumus.

Das Mädchen zog die Augenbrauen zusammen, gleichzeitig bogen sich die Mundwinkel nach unten. Sie rührte den Computer nicht einmal an. »Kommen Sie nach drei Uhr wieder.«

»Himmelherrgott, sagen Sie uns einfach, wie wir dorthin kommen!«, rief Christina.

Die Besucher der Espressobar auf der anderen Seite des Foyers schauten in ihre Richtung.

»Ich glaube, ich kann Ihnen helfen«, ertönte eine Stimme hinter ihnen. Kommissar de Boer. Er schien überrascht, Posthumus zu sehen.

»Gabrielle Lanting konnte nicht kommen«, erklärte Posthumus. »Also bin ich eingesprungen.« Er stellte Christina vor.

»Tut mir leid«, sagte sie zu de Boer. »Das ist mal wieder so ein Morgen voller kleiner Ärgernisse. Und dann genügt schon eine Kleinigkeit, um mich auf die Palme zu bringen. *It's a girl thing.*«

De Boer nickte und zeigte der Angestellten hinter der Theke seine Polizeimarke. »Das ist so vereinbart«, sagte er und wandte sich, ohne eine Antwort abzuwarten, zu Christina und Posthumus. »Hier lang«, sagte er und ging zu den Aufzügen.

Das Mädchen sagte nichts, sah aber aus, als würde sie die Augen verdrehen, sobald sie ihr den Rücken zuwandten. Christina bombardierte den Kommissar sofort mit Fragen.

»Als Erstes kann ich Ihnen sagen, dass Olssen aller Wahrscheinlichkeit nach wieder auf die Beine kommt«, sagte de Boer. »Ich bin zuversichtlich, dass er schon bald eine Aussage machen kann. Wir verfolgen verschiedene Ermittlungsansätze und hoffen sehr, dass er selbst ein bisschen Licht in die Sache bringen kann.« Er drückte den Aufzugknopf. »Ich habe gerade mit dem toxikologischen Labor telefoniert.« Er drehte sich zu Christina. »Sie wissen, dass Ben Olssen vergiftet wurde?« Christina schüttelte den Kopf. De Boer sah Posthumus anerkennend an, die professionelle Diskretion gefiel ihm offenbar. »Er hat zwar immer noch Probleme beim Atmen und ist mit Beruhigungsmitteln vollgepumpt«, fuhr de Boer fort. »Aber wir dürfen davon ausgehen, dass er außer Gefahr ist.«

»Es war also kein Rizin«, sagte Posthumus mehr zu sich selbst. Der Kommissar schien kurz die Fassung zu verlieren.

»Wie kommen Sie denn darauf?«

Posthumus erwähnte den Vorfall, der bis heute Morgen nur ein verschwommenes Bild in seinem Kopf gewesen war. Es war im Kalten Krieg gewesen. Eine ziemlich abenteuerliche Geschichte, wie in einem Spionagethriller. Jemand – wahrscheinlich ein russischer Agent – hatte einen bulgarischen Dissidenten vergiftet, der in London für die BBC arbeitete, einen gewissen Georgi Markow. Markow wartete auf der Waterloo Bridge auf den Bus. Mit einer präparierten Regenschirmspitze injizierte man ihm Rizin, am helllichten Tag, mitten in der Rushhour. Markow bekam hohes Fieber und Atemprobleme. In aller Öffentlichkeit vergiftet und dann noch die Sache mit dem Atmen: Das hatte Posthumus vermutlich an das Regenschirmattentat erinnert und die Bilder von Bowler-Hüten und Regenschirmen wachgerufen, wie er nun erklärte. De Boer sah ihn verblüfft an. Die Fahrstuhltüren öffneten sich mit einem Pling, und die drei stiegen ein. Sie waren allein. De Boer drückte den Knopf für den ersten Stock.

»Manchmal, Posthumus, finde ich Ihre Geistesblitze etwas beunruhigend«, sagte er. Er sah Posthumus in die Augen. »Die Methode war nicht unähnlich, allerdings handelte es sich bei dem verwendeten Gift um ein Neurotoxin, eine modifizierte Form des Giftes, das man in Kugelfischen findet.«

»Wie entsetzlich«, sagte Christina. Sie war ganz blass geworden.

Der Fahrstuhl hielt. Christina stieg vor ihnen aus.

»Also kein Fugu?«, fragte Posthumus. Die Geschichten über leidenschaftliche Gourmets, die nach dem Verzehr der japanischen Delikatesse verstorben waren, faszinierten ihn. »Das ist normalerweise tödlich, oder?«

De Boer blieb stehen und hielt die Fahrstuhltüren auf. »Nicht in kleiner Dosis. In unserem Fall ist nur sehr wenig TTX – so heißt das Gift – in Olssens Blutkreislauf eingedrungen, allerdings genug, um Lähmungen und Atemprobleme zu verursachen.« Er hielt kurz inne und sprach dann leise weiter. »Das Gift wurde Olssen seitlich in die Taillengegend injiziert, in einer Titankapsel, die wohl nicht richtig funktionierte. Anscheinend war Olssens ›Hüftgold‹ seine Rettung. Die geplatzten Fettzellen verschlossen vermutlich die Löcher in der Kapsel und hielten so das Gift zurück. Zum Glück wurde die Kapsel bei einer Computertomographie entdeckt und entfernt, bevor sie noch mehr Schaden anrichten konnte.«

Die beiden Männer folgten Christina zum kleinen Empfang der Intensivstation gegenüber der Fahrstuhltür.

»Es wurde allerdings genügend Gift freigesetzt, um ihn sehr schnell außer Gefecht zu setzen oder zumindest seine Muskeln zu lähmen und den Herzschlag drastisch zu senken«, fuhr de Boer fort. »Er brach zusammen, konnte sich nicht mehr artikulieren und hatte anscheinend Schmerzen in der Brust, weshalb die Sanitäter von einem Herzinfarkt ausgingen. Aber wie gesagt, obwohl es kein Gegenmittel für TTX gibt, sollte er sich von der Menge, die er abbekommen hat, wieder erholen. Das stimmt doch, Schwester?«

De Boer sah die Frau am Empfang an, die ihn erkannte und nickte.

»Wir haben begründete Hoffnung«, sagte sie. »Er kann immer noch nicht selbständig atmen, kommt aber zusehends zu Kräften. Wir versuchen es jetzt für ein paar Stunden mit NIV.«

De Boer sah sie fragend an.

»Nichtinvasive Beatmung«, sagte die Schwester. »Also über eine Beatmungsmaske statt über einen Schlauch. Das heißt, dass er eventuell sprechen kann.«

Christina ging weiter zu einem Zimmer mit einer Glaswand, hinter der zwischen Infusionsbeuteln und Computermonitoren ein gutaussehender Mittdreißiger in einem Bett lag, leicht gebräunt und mit einem vollen braunen Haarschopf. Christina blieb kurz an der Tür stehen und trat dann ein. De Boer und Posthumus wollten hinterher.

»Tut mir leid, nicht mehr als zwei Besucher auf einmal«, sagte die Schwester.

Posthumus' Blick huschte von der Schwester – freundlicher als das Mädchen unten am Empfang, aber genauso resolut – zu Christina, die mit einigem Abstand zu Bens Bett stehen blieb.

»Jemand, den sie kennt, sollte bei ihr sein«, sagte er zu de Boer.

Der Kommissar ging mit ihm bis zur Tür von Olssens Zimmer. Er öffnete und ließ Posthumus vorbei. Über die Schulter gewandt sagte er zur Schwester: »Wenn er etwas sagt, will ich dabei sein. Und ich hätte Herrn Posthumus gern bei mir.«

»Es tut mir leid, aber die Regeln sind ...«, sagte die Schwester.

»Sie können ja jemanden rufen und nachfragen, wenn Sie unbedingt wollen«, sagte de Boer und folgte Posthumus.

Das Zischen und Klicken des Beatmungsgeräts sowie gelegentliches Piepsen und Klingeln füllten die Stille. Ben Olssen lag mit geschlossenen Augen im Bett; Schläuche führten zu seinem Körper, Computer und glänzende Geräte umringten sein Bett wie aufmerksame Trauergäste.

»So viele Maschinen, er sieht ganz klein aus«, sagte Christina kaum hörbar. Sie stand direkt neben der Tür, als ob von Olssens Bett ein Kraftfeld ausginge, das sie davon fernhielt.

»Heutzutage wird alles automatisch kontrolliert«, sagte de Boer. Sein Ton war freundlich und beruhigend, doch Christina rührte sich immer noch nicht.

»Er ... wirkt gar nicht wie ein Mensch zwischen all den ...«, sagte sie und brach ab.

Posthumus legte ihr sanft die Hand auf den Rücken. »Vielleicht sollten Sie etwas zu ihm sagen«, schlug er vor.

Christina schüttelte den Kopf. Posthumus hatte den Eindruck, dass sie Tränen wegblinzelte.

»Es könnte ihm helfen«, ergänzte er.

Christina trat einen Schritt vor und beugte sich zum Bett. Sie sprach leise auf Englisch. »Ben? Ben? Geht es dir gut?« Sie richtete sich wieder auf. »Mein Gott, was sage ich da, das ist ja lächerlich.«

Ben Olssen bewegte sich. Er drehte den Kopf zu Christina, die Augen immer noch geschlossen. Seine Haare waren heller, als Posthumus zuerst gedacht hatte, und lagen feucht auf dem Kissen. Schweißperlen bildeten sich plötzlich auf seiner Stirn und an den Schläfen.

»Ben, oh Ben, es tut mir so leid«, sagte Christina. »So unglaublich leid. Ich hätte da sein sollen.«

Bens Lippen bewegten sich stumm unter der Beatmungsmaske, als wollte er ein Wort sagen, dessen Aussprache er nicht ganz beherrschte. Christina berührte seine Hand mit den Fingerspitzen.

»Ruh dich aus«, sagte sie. »Du musst nichts sagen.«

Ben warf den Kopf hin und her und wandte ihn dann Christina zu, als ob er versuchen würde, ihre Stimme zu orten. Seine Lider flackerten, er öffnete kurz die Augen und schloss sie wieder. Ein Arm zuckte und drohte einen Infusionsschlauch abzustreifen. Ein seltsam kindliches Jammern kam aus seinem Mund. Christina schreckte zurück.

»Ich kann das nicht«, sagte sie. Sie drehte sich zu Posthumus um und sagte leise: »Ich ertrage es einfach nicht, ihn so zu sehen. Sorry, aber es geht nicht. Wir hätten ihn nicht stören sollen. Das ist unerträglich.« Sie umklammerte Posthumus' Unterarm und sah zu de Boer. »Es war ein Fehler herzukommen, tut mir leid. Können wir ihn nicht einfach in Ruhe lassen, bitte?« Mit Tränen in den Augen schaute sie wieder zu Posthumus und ging schnell hinaus.

Ben warf den Kopf herum, als die Tür zufiel. Posthumus wollte Christina folgen, aber de Boer hielt ihn zurück und nickte zum Bett hinüber. Wieder bewegte Ben die Lippen. Unter der Maske war seine Stimme kaum zu hören. De Boer trat ans Bett und beugte sich hinunter.

»Was meinen Sie, Ben?«, sagte de Boer. »Was wollen Sie uns sagen?«

Die Worte waren kaum zu verstehen, zuerst ein weiches »FFFF«, dann etwas, das wie »Felix« klang. Ben strengte sich noch mehr an: »Far... fara.« Oder vielleicht »Farda«. Mehr nicht.

»Fara«, sagte de Boer und richtete sich auf. »Das hat er schon einmal gesagt, und dazu noch einen englisch klingenden Namen, ›Humbert‹ oder ›Hubbard‹ oder so, aber nichts Zusammenhängendes.« Er wandte sich zu Posthumus. »Auf dem Revier hat sich jemand die Aufnahme angehört. Auf Schwedisch heißt das ›Gefahr‹.«

»Für mich bitte einen Espresso«, sagte de Boer zu Posthumus.
»Nur ein Wasser«, sagte Christina.

Ben hatte nichts mehr gesagt, und wenig später war eine aufgebrachte Schwester mit dem Stationsarzt gekommen, und Posthumus und de Boer hatten das Zimmer verlassen. An der Espressobar im Eingangsbereich trafen die beiden wieder auf Christina. Sie hatte sich die Haare zurückgebunden und ihr Make-up aufgefrischt, lehnte aber vollkommen kraftlos an einem der Stehtische. Posthumus ging zum Tresen und holte die Getränke.

»Haben Sie denn *irgendeine* Spur?«, fragte Christina gerade, als er zurückkam.

»Wir haben bisher so gut wie keine Anhaltspunkte«, sagte de Boer. »Wir hatten gehofft, dass Sie und Frau Lanting uns mehr über Olssen erzählen könnten.«

»Tut mir leid, ich weiß wirklich nicht mehr als das, was ich Ihnen gerade gesagt habe«, erwiderte Christina. »Ich würde Ihnen gern helfen, aber es ist schon eine Weile her, seit ich ihn das letzte Mal gesehen habe. Gabrielle kann Ihnen sicher mehr darüber sagen, was er beruflich macht. Was seine Familie betrifft ... ich meine, dass seine Eltern tot sind. Ich glaube, es gibt einen Bruder in Schweden, aber die beiden standen sich wohl nicht sehr nahe.«

»Und er machte keine Andeutungen, warum er Sie am Dienstag sehen wollte?«, fragte de Boer. »Abgesehen vom Offensichtlichen, meine ich.«

Er lächelte Christina an. Posthumus stellte die Getränke

vorsichtig auf der kleinen Tischplatte ab, zwischen Christinas und de Boers Handys und einer bunten Plastikfigur, die zu Spenden für die Klinik-Clowns aufrief.

Christina schüttelte den Kopf. »Er hat gar nichts gesagt. Außer dass es unbedingt noch an dem Abend sein musste. Aber wir schrieben uns nur SMS, wissen Sie, ganz kurz. Wir haben nicht miteinander gesprochen.«

»Und zum letzten Mal haben Sie kurz nach acht von ihm gehört?«

»Wir haben uns für den nächsten Tag zum Mittagessen verabredet, nachdem ich ihm geschrieben hatte, dass ich es am Abend nicht mehr schaffen würde.«

Christina tippte ein paarmal auf dem Handy vor ihr herum.

»Um 20 Uhr 17, um genau zu sein«, sagte sie und hielt de Boer das Display hin. Posthumus sah, dass die letzten SMS alle von Christina waren: Gilt unsere Verabredung zum Lunch noch? – Doch kein Lunch? Bist du so sauer? – Ich dachte, du wolltest mich unbedingt sehen? Melde dich!

Mit einem »Darf ich?« griff de Boer nach dem Handy und scrollte durch die Nachrichten, notierte sich die Nummer oben auf dem Display und schob das Handy wieder zu Christina.

»Ich habe ein- oder zweimal angerufen, aber da meldete sich sofort die Mailbox«, sagte Christina.

»Ich nehme an, das ist dieselbe Nummer wie auf seiner Visitenkarte«, sagte de Boer. »Wir haben es auch probiert. In manchen Fällen geht der Dieb dran, aber hier hatten wir kein Glück. Wir warten noch auf die Erlaubnis, das Handy zu orten, für den Fall, dass es eingeschaltet ist. Man weiß ja nie.«

De Boer sah auf die Uhr. »Ich muss los«, sagte er und stürzte seinen Espresso hinunter. Zu Christina gewandt fuhr er fort: »Sie können sich wahrscheinlich denken, dass es hier um versuchten Mord geht. Alles, was wir über Ben Olssen in Erfahrung bringen können, kann von Nutzen sein, also auch Ihre Aussage und die von Frau Lanting. Haben Sie meine Karte?« Christina nickte. »Bitte kommen Sie so bald wie möglich auf dem Revier vorbei. Und falls Ihnen in der Zwischenzeit noch etwas einfällt: mit welchen Leuten er zu tun hatte, Organisationen, die ihn im Visier hatten, irgendeine Verbindung – das wäre wirklich hilfreich.«

Christina nahm ihr Handy und tippte auf ihren Terminkalender. »Ich weiß nicht, wie es bei Gabi aussieht, aber ich bin ab halb zwölf auf der Konferenz verplant. Ich könnte jetzt die Aussage machen, wenn ich kurz nach elf wieder im Kongresszentrum wäre.« Sie sah de Boer an.

»Ich kann Sie mitnehmen«, sagte er. »Und einer meiner Kollegen ruft Frau Lanting an.«

Die beiden standen auf und verabschiedeten sich von Posthumus. Christina beugte sich vor und drückte ihm die Hand.

»Danke, dass Sie mitgekommen sind«, sagte sie. »Tut mir leid, dass ich so daneben war.« Sie schlug jedoch nicht vor, ihm ein Taxi zu rufen.

Posthumus zuckte mit den Schultern und verabschiedete sich. Er sammelte die leeren Tassen und Gläser ein und brachte sie zurück zur Theke. Dann ging er hinaus, um mit der Straßenbahn zurückzufahren zu Christinas Hotel, wo er sein Fahrrad abgestellt hatte.

7

Die Linie sieben, dann die fünf und danach ein langsames Dahinkriechen, bis die Bahn schließlich stehenblieb. Posthumus sah auf die Uhr: halb elf. Er reckte den Hals und spähte den Gang entlang durchs Vorderfenster. Vor ihnen war noch eine ganze Reihe von Straßenbahnen zum Halten gekommen. Rundum drängten Fußgänger in alle Richtungen. Endlich überredete jemand den Fahrer, die Türen zu öffnen.

Die Leidsestraat war eine Fußgängerzone, selbst Radfahren war offiziell nicht erlaubt, daher zählten die Einwände des Fahrers im Hinblick auf Vorschriften und Sicherheit nicht. Es war nicht mehr weit bis zum Hotel: bis ans Ende der Straße, weiter auf die Nordseite der Singelgracht und am Spuiplatz vorbei.

Als Posthumus den Spui erreichte, sah er die Ursache des Problems. Vor der Buchhandlung Athenaeum, auf dem Teil des Platzes, der fast wie eine Verkehrsinsel zwischen der Spuistraat und dem Nieuwezijds lag, war eine Demonstration in vollem Gang. Zwischen zwei Bannern mit den Aufschriften »Don't Frack With Nature« und »You Can't Drink Money« war ein Zelt errichtet worden. Drum herum hatte sich eine bunte Truppe versammelt, viele junge Leute, aber auch ein paar gestandene Altaktivisten. Sie hatten sich untergehakt und riefen Parolen. In ihrer Mitte stand die schelmische, schmale Skulptur eines Straßenjungen ungerührt auf ihrem Podest. *Het Lieverdje* hatte bereits in den sechziger Jahren so einiges durchgemacht. Dieses Mal steckte ein Plakat mit der Aufschrift »Frack off« in einer Armbeuge.

Die Versammlung, vermutlich der Ableger einer größeren Demonstration drüben auf dem Dam und vor der Beurs, erinnerte in ihrer Unbeschwertheit an die Aktionen der sechziger Jahre: abgedrehte »Happenings« der Gegenkultur. Doch die Polizei war anscheinend überrascht worden und griff jetzt hart durch. Es waren fast so viele Beamte mit Helmen und Schutzschilden im Einsatz wie Demonstranten auf dem Platz; auch Hunde waren dabei, und ein Einsatzwagen blockierte die Straße. Posthumus trat beiseite, als er das Hufgetrappel von Pferden hinter sich hörte. Plötzlich ließen die Demonstranten einander los. Sie rannten in verschiedene Richtungen und sorgten so für Chaos, weil die Polizisten nicht wussten, wem sie nachsetzen sollten; dann hielten die Demonstranten an und schlossen sich wieder zu einem Kreis um das Zelt zusammen, um nur wenig später erneut loszulassen und in verschiedene Richtungen zu laufen. Die Demonstranten kreischten und jubelten wie Kinder beim Spielen; die Polizisten blickten grimmig und nahmen das alles sehr ernst.

Posthumus grinste. Manche Dinge änderten sich nie. Es kam ihm vor, als wäre es erst gestern gewesen, dass er in dem besetzten Haus gelebt hatte, nur ein Stück weiter die Spuistraat hinauf, und selbst Katz-und-Maus mit der Polizei gespielt hatte. Natürlich ging es um ernste Themen, zumindest nahmen einige sie sehr ernst, aber man konnte sehr überzeugt von etwas sein und trotzdem seinen Spaß haben. Was hier ablief, ging über den eigentlichen Anlass der Demonstration hinaus oder reichte tiefer, es war etwas Grundlegendes. Es ging um Offenheit und Härte, Fantasie und Kontrolle, um die Visionen der Jugend und den Zugriff der Erwachsenen. Posthumus hätte am liebsten selbst einmal kurz gejauchzt. Warum stellte er sich immer noch instinktiv auf die Seite derjenigen, die gegen die Autoritäten aufbegehrten? Na ja ... heute vielleicht auch nicht mehr so sehr. Er streckte den linken Arm aus und schaute auf seinen verknitterten Handrücken. Sieh dir das an. Er fuhr mit der Hand durch das Haar an seinen Schläfen. Grau meliert. Er wurde angerempelt, bekam einen Ellbogen ins Kreuz. Das Gedränge wurde dichter. Der Moment war vorbei, die Verbindung zu seiner Jugend abgerissen. Was blieb, war reine Nostalgie. Posthumus drehte sich um, er wollte raus aus dem Getümmel, über die Brücke und auf die andere Seite des Singel, wo sein Fahrrad stand, aber alles war voll mit Schaulustigen, er kam nicht durch.

Er beschloss, stattdessen um den Hauptteil des Platzes herumzugehen, dort schien weniger los zu sein, dann vorbei an seiner alten Bleibe in dem besetzten Haus in der Spuistraat und durch die kleine Gasse zurück zur Brücke über den Singel. Er bahnte sich seinen Weg durch die Schaulustigen und ging an den Verwaltungsgebäuden der Universität vorbei hinaus auf den Platz, wo die Standbesitzer des freitäglichen Buchmarktes die Zeit totschlugen. Wegen der Demonstration war die Kundschaft ausgeblieben. Einige Buchhändler hatten schon zusammengepackt – oder wahrscheinlich noch gar nicht ausgepackt – und standen untätig neben ihren Bücherkisten. Posthumus nickte dem einen oder anderen zu, den er vom Sehen her kannte. Er überquerte den Platz hinter dem Büchermarkt und kam an einem Café vorbei, wo die Gäste draußen saßen, ihren Kaffee tranken und die Demonstration wie eine Theateraufführung verfolgten.

Von *Het Lieverdje* war nun ein lautes Krachen und das Splittern von Glas zu hören. Aus dem Jubeln und Rufen wurden Schreie. Lauter und immer mehr. Und dann kam plötzlich Bewegung in die Menge. Es ging ganz schnell – eine Woge von Demonstranten, die von *Het Lieverdje* im Zickzack zwischen den Buchhändlern und Kaffeetrinkern hindurchrannten und sich wieder zurückzogen. Dann, begleitet von lauterem Schreien, ein dumpfes Trappeln auf Pflastersteinen, als die Polizisten von allen Seiten auf den Platz stürmten und ihn abriegelten. Vor Posthumus stolperte jemand, fiel hin, rappelte sich schnell auf und rannte weiter, das Gesicht blutverschmiert.

»Piet! Hier lang!«

Posthumus spürte eine Hand am Ellbogen, er wurde vom Platz gezogen und durch eine braune Holztür in einen dunklen Gang geschoben. Das Tor schlug hinter ihm zu, und nach wenigen Schritten stand er in einem ruhigen grünen Innenhof. Der Beginenhof. Einer von Posthumus' Lieblingsplätzen in Amsterdam. Selbst wenn draußen keine Straßenschlachten tobten und die Stadt nur von Einkaufswütigen wimmelte, war der mittelalterliche Hof mit seinen schmalen Giebelhäusern, dem grünen Rasen in der Mitte und der kleinen Kirche eine Oase dörflicher Ruhe. Heute wirkte der Kontrast fast surreal, wie in *Alice hinter den Spiegeln*. Posthumus drehte sich zu dem Mann um, der ihn weggezogen hatte, und blinzelte.

»Der schnieke Pieter! Hab ich mir doch gleich gedacht, dass du das bist, der da so am Rand vorbeischleicht und sich verdrücken will!«

Es war gut zwei Jahrzehnte her, dass Posthumus seinen alten Spitznamen zum letzten Mal gehört hatte. Allmählich kamen ihm die Gesichtszüge des Mannes bekannt vor, als ob sich das Bild langsam scharf stellen würde.

»Bin-Bag!«, sagte Posthumus.

An Bin-Bags richtigen Namen konnte er sich nicht erinnern, falls er ihn überhaupt je gekannt hatte. Bin-Bag war schon immer einfach Bin-Bag gewesen, benannt nach seiner originellen Regenmontur.

»Tut mir leid«, sagte Posthumus, »aber mir fällt nur Bin-Bag ein ...«

Bin-Bag lachte. »Heute nennt man mich meistens Freddie«, sagte er. »Aber es gibt noch ein paar, die Bin-Bag sagen. Von früher her.«

Posthumus fragte sich, ob er so deutlich gealtert war wie Bin-Bag – Freddie, dessen Haut spröde und hart aussah, als hätte er zu viele Nächte draußen in der Kälte verbracht. Seine Haare waren ausgebleicht und struppig.

»Also dann: Freddie«, sagte er. »Danke für die Rettungsaktion. Da hast du schnell geschaltet.«

»Wollte ja nicht, dass du unter die Räder kommst.« Freddie trat einen Schritt zurück. »Sieh an, der schnieke Pieter, immer noch wie aus dem Ei gepellt.«

»Pieter reicht völlig, Freddie.« Posthumus mochte seinen Spitznamen nicht; er hatte zwar früher mit den anderen darüber gelacht, war aber trotzdem gekränkt gewesen.

»Chill, chill!«, sagte Freddie und knuffte Posthumus gegen die Schulter.

Die beiden Männer standen sich gegenüber. Draußen auf dem Platz tobte noch die Auseinandersetzung zwischen der Polizei und den Demonstranten.

»Gehörst du dazu?«, fragte Posthumus.

»Nicht wirklich. Aber ein paar von denen sind bei uns untergekommen, aus Griechenland, Dänemark und so. Ich bin hin, um mir das Ganze anzusehen, und dann wurde die Spuistraat hinter mir von den Bullen abgeriegelt.«

»Du wohnst also noch in dem besetzten Haus?«

»Ja, selber Ort, selbes Leben«, sagte Freddie. »Du dagegen bist ja ein bisschen weich geworden, nach allem, was ich gehört habe. Arbeitest für die Stadt und so.«

»Stimmt, ja«, sagte Posthumus.

Nein, »dasselbe Leben« führte er sicher nicht mehr. Willems Tod und seine eigenen Schuldgefühle hatten ihn eine andere Richtung einschlagen lassen: zurück auf die Uni, dann der erste richtige Job, eine Eigentumswohnung. Aber bedeutete das, dass er sich »verkauft« hatte, dass er weich geworden war? Hielt Freddie an seinen Prinzipien fest oder war das einfach nur Stillstand? Das Schweigen zwischen ihnen dauerte ein paar Sekunden zu lang, um noch natürlich zu wirken.

»Also …«, begann Posthumus, wusste allerdings nicht, wie er den Satz fortführen sollte. Drei Touristen kamen aus der Kirche, sonst war niemand im Innenhof. Posthumus meinte, ein »awesome« zu hören: Wahrscheinlich Amerikaner, die die Kirche besichtigten, weil die radikalen Puritaner, die sich später als Pilgerväter in Neuengland ansiedelten, hier einst ihre Gottesdienste abgehalten hatten. Die Touristen näherten sich Posthumus und Freddie, die drei wollten wohl durch das Tor zurück auf die Straße.

»Ich würde da nicht rausgehen, zumindest noch nicht«, sagte Freddie auf Englisch.

Seine Erklärung, was sich draußen abspielte, sorgte für Panik.

»Wir könnten dort drüben raus, da geht es wahrscheinlich«, sagte Posthumus. »Es gibt noch einen Ausgang auf der anderen Hofseite«, erklärte er den Touristen. »Er mündet in eine Gasse, die zurück zur Haupteinkaufsstraße führt.«

»Wohin wolltest du?«, fragte Freddie Posthumus beim Hinausgehen.

»Mein Fahrrad steht auf der Singel-Brücke.«

»Ich komme mit.«

Sie verabschiedeten sich von den dankbaren Touristen und gingen zurück zur Spuistraat. Unterwegs unterhielten sie sich über die alten Hausbesetzerzeiten. Zunächst war das Gespräch schleppend, sie mussten sich über einen lange vergessenen Weg zurücktasten, doch dank einer guten Prise Nostalgie kamen sie bald in Schwung: Wer war noch dabei, wen hatte man aus den Augen verloren, erinnerte sich Pieter noch an … und wusste Freddie noch, was dieser oder jener jetzt trieb … Und wie Pieter sein Protestschild einfach einem wild gewordenen Polizisten in die Hand gedrückt hatte und der es ganz automatisch mit beiden Händen nahm, sodass Pieter sich aus dem Staub machen konnte.

Ihre ehemalige Stammkneipe, das Scruff, lag auf dem Weg.

Na ja, fast auf dem Weg. Außerdem fand Freddie, dass er sich jetzt wirklich was zu trinken verdient hatte, nach der Rettungsaktion auf dem Spui.

»Und wer weiß, vielleicht ist ja auch der alte Kees da«, sagte Freddie. »Er geht da immer noch ziemlich oft hin.« Sie hatten sich natürlich auch über Kees Hogeboom unterhalten, den damaligen Patriarchen der Besetzerszene. Kees war derjenige gewesen, der die juristischen Tricks und Kniffe kannte, der gewusst hatte, wo ein leeres Gebäude stand, das man besetzen konnte, und was zu tun war, wenn etwas schiefging. Und er war immer noch aktiv: der weise alte Mann des politischen Aktivismus und der alternativen Szene.

»Er muss doch weit über siebzig sein, wenn nicht sogar achtzig«, sagte Posthumus.

Kees war schon bei den ersten Happenings um *Het Lieverdje* dabei gewesen: 1969 hatte er zusammen mit Studenten die Universitätsgebäude besetzt, und in den achtziger Jahren war er die zentrale Figur bei den Protesten, als die Häuser des jüdischen Viertels abgerissen wurden, um Platz für die neue Oper zu schaffen. Auch auf Posthumus, der damals seine ersten Schritte in der Szene machte, hatte er großen Eindruck gemacht. Kees hatte die Bücher, von denen alle redeten, tatsächlich gelesen, er propagierte große Ideen und inspirierte viele junge Menschen: eine Vaterfigur, deren Engagement nie nachließ. Gabi verehrte ihn noch heute, das wusste Posthumus. Sie sagte, Kees habe ihr den Weg gewiesen und dafür gesorgt, dass sie diesen Weg nicht verließ. Und der alte Mann setzte immer noch Zeichen, vor allem wenn Politiker es sich auf ihren Posten zu bequem machten. Posthumus hatte in einer Zeitschrift im Vorfeld von Earth 2050 einen Artikel über ihn gelesen – er lebte wie früher auf seinem Hausboot auf der Amstel, die Haare waren zwar weiß geworden, aber noch genauso struppig wie damals. Das nostalgische Gefühl, das Posthumus am Vormittag schon einmal gespürt hatte, überkam ihn jetzt mit aller Macht. Kees war für ihn ein Fels in der Brandung gewesen, als Willems Tod ihn komplett aus der Bahn geworfen hatte. Er hatte den alten Knaben seit einer Ewigkeit nicht mehr gesehen.

Aber Kees war nicht im Scruff. Posthumus sah sich um. Seit Jahren war er nicht mehr hier gewesen. Die Kneipe hatte ihre Ecken und Kanten verloren (aber für wen galt das nicht – einige wenige wie Kees und Freddie ausgenommen?). Aus den Graffiti waren schicke Wandgemälde geworden, das bunte Sperrmüllmobiliar war einer gewollt zusammengewürfelten Ansammlung von Vintagemöbeln gewichen. Allerdings machten die Gäste nicht so recht mit und verliehen der Kneipe weiterhin eine Atmosphäre, die an die Revoluzzer und Protestler von einst erinnerte.

Freddie setzte sich in einen abgewetzten Ledersessel, und Posthumus ging an die Bar und holte die Getränke. Als er zurückkam, starrte Freddie auf den Bildschirm eines iPad, das ziemlich neu aussah. Posthumus musste schmunzeln. Freddie kleidete sich immer noch wie früher. Na ja, vielleicht verzichtete er mittlerweile auf den Müllsack als Regencape, aber Posthumus hätte schwören können, dass Freddie diesen bunt gemusterten Strickpullover schon vor zwanzig Jahren angehabt hatte. Technisch aber war er auf dem neuesten Stand. Posthumus stellte die Getränke ab und setzte sich auf einen Bugholz-Armlehnstuhl. Das war der Vorteil, wenn man jüngere Leute um sich hatte. Selbst Cornelius war dank Lukas up to date.

»Hat sich ganz schön verändert hier«, sagte Posthumus.

»Wie ganz Amsterdam, überall diese verdammten Yuppies.«

Freddie zeigte auf sein iPad. Zwei Köpfe waren zu sehen. Posthumus erkannte den Minister für Wohnungsbau, hörte aber nicht, was er sagte.

»Da wird munter an der Mietpreisbindung im Zentrum

gesägt«, sagte Freddie. »Die Preise können sich doch nur noch ausländische Bonzen und Yuppies leisten. Und natürlich Touristen. Demnächst haben wir Schilder hier: ›Nur für Besucher‹; ›Disneyland im Stadtzentrum: Hübsch, sauber und adrett‹. Amsterdam wird bald ein zweites Brügge oder Venedig.«

»Oder noch schlimmer, Den Haag«, sagte Posthumus.

Freddie lachte. »Scheiße nein!«

»Aber da kommt auch das ganze Geld her, es sind ja nicht nur die hohen Mieten, es kommen auch viele Firmen«, sagte Posthumus. »Es gibt unheimlich viel Geld in der Stadt, das musst du doch zugeben. Alle haben heute mehr als früher.«

»Du meinst wohl dich selbst«, sagte Freddie. Posthumus schaute auf das iPad und wieder zurück zu Freddie. »Okay, okay«, sagte Freddie. »Aber trotzdem, was sind das für Unternehmen, die solche Wunder bewirken? Medien, Werbung, neue Technologien. Und wer ist die treibende Kraft dahinter? Genau die Leute, mit denen wir früher abhingen, die aus der ganzen Welt nach Amsterdam kamen, weil es ungeschliffen, billig und kreativ war und die Leute inspiriert hat, weil alle anderen um einen herum genauso tickten. Und wo sind solche Leute heute, Leute, die etwas wagen und Leben in die Bude bringen?« Freddie fuhr sich mit dem Zeigefinger über die Kehle. »Weg«, sagte er. »Zu hohe Mieten.«

»Das stimmt nicht ganz«, sagte Posthumus. »Man liest doch ständig von diesen jungen Kerlen, kaum aus der Uni raus, mit aufregenden neuen Ideen, Start-ups und Projekten.«

»En-tre-pre-neu-re«, sagte Freddie säuerlich. »Aber die echte Kreativität ist abgewandert. Amsterdam wird aufgehübscht, alles muss schön glatt sein. Reich und geschniegelt, alle gleich. Die Politiker kapieren es einfach nicht. Sie begreifen nicht, dass sie die Stadt ausbluten und ihr jeden Schwung nehmen.«

»Ich weiß nicht«, sagte Posthumus. »Die Amsterdamer sind ein widerspenstiger Haufen, Widerstand liegt uns im Blut.

Wir werden uns schon wehren, wenn sie zu penetrant werden.«

»Diese Woche sind wir jedenfalls schon dabei«, sagte Freddie. »Und nicht nur wir, die ganze Stadt ist voll von Leuten aus der ganzen Welt, die lautstark zeigen, was ihnen alles nicht passt. So viele waren es schon lange nicht mehr.«

»Und genauso international wie Earth 2050«, sagte Posthumus.

»Tja, der Kampf ist ja auch international geworden, oder etwa nicht?«, sagte Freddie. »Wir kämpfen nicht mehr gegen Regierungen, sondern gegen internationale Konzerne, gegen das große Geld. Die kontrollieren alles, für die gibt es doch keine Grenzen mehr. Wusstest du, dass von den hundert größten Wirtschaftsmächten vierzig keine Staaten sind, sondern Unternehmen? Wal-Mart liegt noch vor Norwegen. Und mit ihren Lobbyisten und dicken Schecks haben sie die Regierungen sowieso in der Tasche.«

Posthumus hörte hier eindeutig Kees heraus und wappnete sich für einen längeren Vortrag, doch Freddie brach abrupt ab.

»Yes!«, rief er und hob die Hand, damit Posthumus ihn nicht unterbrach. »Schau dir das an.«

Freddie hatte während ihres Gesprächs immer wieder auf sein iPad geschielt. Posthumus sah gerade noch das Foto eines verwüsteten Hotelzimmers, dann wurde ein Reporter gezeigt, der vor dem RAI-Kongresszentrum in ein Mikro sprach. Freddie stellte lauter und schob das iPad zu Posthumus herüber. Bei mindestens drei Teilnehmern von Earth 2050 waren in den letzten Tagen die Hotelzimmer demoliert worden. Die Aktionen waren nicht gleichzeitig abgelaufen und die Betroffenen in Hotels in verschiedenen Stadtteilen untergebracht, deshalb hatte sich die Verbindung erst bei einer Veranstaltung am Vormittag herausgestellt, als alle als Referenten in derselben Diskussionsrunde saßen.

»Miese Schweine und Fracking-Nazis«, sagte Freddie mit

einem kleinen Lächeln und einem schnellen Blick zu Posthumus. »Das wird sie ziemlich umgehauen haben.«

»Und Sie haben erst heute Vormittag festgestellt, dass bei Ihnen allen die Zimmer verwüstet wurden?«, fragte der Reporter.

»Tja, bei drei von uns auf jeden Fall«, sagte der Interviewte. »Der vierte Teilnehmer der Runde ist nicht aufgetaucht, und wir können ihn nicht erreichen.«

»Ben Olssen«, sagte eine andere Stimme, während nun Fotos der vier Referenten gezeigt wurden. »Ich versuche seit Tagen, ihn zu erreichen.«

»Ben Olssen!«, rief Posthumus. Freddie starrte ihn an. »Ein Freund von Gabi«, erklärte Posthumus. »Und ihn hat es mehr als bloß ›umgehauen‹.«

Marty griff schnell nach dem Siedfleisch auf der Waage, bevor die Kundin die flackernden Zahlen auf dem Display erkennen konnte.

»Vier Euro achtzig«, sagte er und blickte finster zur Wanduhr.

Seine verdammte Mutter war schon wieder zu spät. Typisch. Es war längst halb eins vorbei, sie hätte seit einer halben Stunde im Laden sein sollen. Er wollte endlich mittagessen. Außerdem konnte jeden Moment die blöde Kester-Kuh aufkreuzen, und die würde wieder Gift und Galle spucken und ihre üblen Klatschgeschichten verbreiten, wie jeden Tag um diese Zeit. Sie plärrte immer noch rum, weil sie Lokalverbot im Dolle Hond hatte, obwohl das schon vor Monaten passiert war. Marty überraschte die Kundin mit einem hintergründigen Kichern. War ja auch kein Wunder. Die Vorstellung, wie Irene Kester, noch besoffener als sonst, sich derart in die Scheiße geritten hatte, amüsierte ihn immer wieder. Dass sie nur auf Kaution frei war und ihr ein Prozess und womöglich auch mehrere Jahre Knast drohten, gefiel ihm noch viel besser. Aber er hatte nicht die Absicht, sich das Geschwafel der alten Hexe anzutun. Geschweige denn die beiden im Doppelpack: seine Mutter, die blonde Pia (wie sie von den Kunden genannt wurde), und die alte Dampfwalze Irene, die den ganzen Vormittag wie in einer blöden Fernsehsoap laberten. »Blond«, haha. Wahrscheinlich hatte sie ihre natürliche Haarfarbe zum letzten Mal gehabt, als sie sechs Jahre alt war. Manchmal waren es nicht mal mehr ihre *eigenen* Haare. Sobald sie runterkam, war er weg, ob ihr das nun gefiel oder nicht.

Marty ließ die nächste Kundin stehen und stapfte zur Kühlkammer hinten im Laden, um Fleisch zu holen. Ja, weg. Und dann in einen Laden, wo er das Handy von dem Typ aus der Unterführung knacken lassen konnte. Er tätschelte das flache Gerät in seiner Hosentasche. Der Computer war oben in seinem Zimmer, in einem Müllsack zusammen mit einem Ziegelstein, den er im Hof gefunden hatte. Eigentlich hatte er den Computer schon gestern Abend entsorgen wollen, aber nach dem Essen und dem ganzen Whisky im Milord war er auf der Couch eingeschlafen. Und heute Morgen musste er schon um sechs raus und sich um den Laden kümmern, während seine Mutter noch vor sich hin schnarchte – eine vertrocknete Eidechse, deren grellrote Krallen unter der Bettdecke vorlugten. Marty ließ sich Zeit, kickte beim Rausgehen die Tür der Kühlkammer mit der Ferse zu und legte das Fleisch in die Vitrine, bevor er die Kundin ansah, die er hatte warten lassen.

»Ein Pfund Hackfleisch bitte.« Ihre Stimme klang scharf.

Marty war das egal. Er legte Klarsichtfolie über seine gespreizte Hand und griff dann in das Tablett mit dem Hackfleisch. Das war einer der Partytricks seines Vaters gewesen: Er konnte die gewünschte Menge bis auf fünf Gramm genau abschätzen. Noch so etwas, womit seine Mutter ihm ständig auf die Nerven ging; bei gar nichts konnte Marty mit Mister Perfect mithalten, mit dem Mann-der-Marty-nicht-sein-konnte-und-nie-sein-würde. Marty knallte das Hackfleisch so heftig auf die Waage, dass die Kundin zusammenzuckte. 430 Gramm.

»Das passt so«, sagte die Frau.

Marty packte das Hackfleisch ein. Ständig musste er an den Typ in der Unterführung denken. Er selbst hatte ja gar nichts getan, nicht wirklich. Was immer mit dem Typ passiert war, es hatte nichts mit *ihm* zu tun. Echt nicht. Trotzdem. Marty trat unruhig von einem Fuß auf den anderen und spürte, wie ihm ein Schauder den Rücken hinunterlief, wie ein glitschiger Aal. Vielleicht sollte er das Handy doch zum Computer in den Müllsack stecken.

»Zwei Euro vierzig«, sagte er und schob das Hackfleisch über die Theke.

Und der Junkie? Er hatte ihn dort nicht liegen sehen. Einen Augenblick lang sah er das erschrockene Gesicht des Junkies, hörte seinen leisen, überraschten Ausruf, als der Mantel wie ein Geschenk des Himmels auf ihn herabsegelte. Marty kicherte verschlagen und reichte der Kundin das Wechselgeld. Von dem drohte keine Gefahr. Das arme Schwein hatte keinen blassen Schimmer.

Der Laden war leer. Marty stapfte zur Tür. Er sah hinaus. Die Kester-Kuh bog gerade am anderen Ende der Straße um die Ecke. Marty zog sich schnell wieder zurück und rief über die Gegensprechanlage seine Mutter. Er hatte die Schnauze voll. Aber schon bald würde er genug Geld haben, um hier abzuhauen. Er würde sich eine eigene Wohnung mieten und nie wieder in diesem verdammten Laden arbeiten. Sollte sie doch damit machen, was sie wollte. Er wäre dann jedenfalls weg. Für immer.

»Und wir erfahren ausgerechnet aus der Presse, was hier eigentlich läuft!«

Flip de Boer merkte, wie die Erschöpfung in seiner Stimme in Wut umschlug. Konnten denn die anderen nicht *ein Mal* ihre Arbeit machen? Die Zimmer von vier Konferenzteilnehmern wurden verwüstet, und die Polizei brauchte fast genauso viele Tage, bis sie etwas davon mitbekam.

»Die Vorfälle traten separat auf, im Verlauf von drei Tagen«, sagte Hans abwehrend. »Einer wurde nicht einmal angezeigt, das Hotel hat das privat mit einer Entschädigungszahlung geregelt, man wollte den Vorfall vertuschen. Ein anderer war außerhalb der Stadt, in Zaandam, fällt also nicht in unsere Zuständigkeit. Niemand, nicht einmal die Opfer selbst, hat vor heute Morgen eine Verbindung hergestellt.«

Hans hatte ja recht. Und de Boer wollte es sich mit ihm nicht völlig verderben. Hans war einer der wenigen im Revier am IJ-Tunnel, die nicht ständig versuchten, ihm Stöcke zwischen die Beine zu werfen. Er mäßigte seinen Ton.

»Aber wir haben doch den ganzen Tag über Olssen und sein Zimmer geredet«, sagte er. »Es ist ja nicht so, dass die Kollegen hier das nicht mitbekommen hätten. Bei irgendeinem hätte es doch Klick machen müssen bei den Meldungen aus den anderen Revieren. Wer ist eigentlich unser Verbindungsbeamter für Earth 2050?«

»Ed Maartens«, sagte Hans.

De Boer sagte nichts. Das wäre eine Erklärung. Maartens gehörte zu den älteren Beamten, die sich auf de Boers Position beworben hatten.

»Also, ich will die Meldungen und Anzeigen sehen, Fotos von den Zimmern, Beschreibungen, alle verfügbaren Details. Von jetzt an gehören alle drei Fälle zu Olssen«, sagte de Boer. »Hans, ich möchte, dass das jeweils zuständige Revier jemanden zum Schutz dieser Delegierten abstellt. Ich weiß, das wird einen Aufstand geben, weil sie nicht genug Leute haben, aber das ist eben Pech. Wir können keine weiteren Olssens gebrauchen.«

Hans nickte. Er lehnte neben der Tür zur Einsatzzentrale an der Wand. Die anderen ... nun ja, de Boer hätte nicht direkt gesagt, dass sie herumhingen, aber sie saßen doch ziemlich lässig auf ihren Stühlen. Erfreut stellte er fest, dass Hintern hin und her rutschten und Rücken aufgerichtet wurden, als die Kollegen seinen Blick bemerkten.

»Und ich möchte, dass diese anderen Delegierten befragt werden«, fuhr de Boer fort. Er nickte einem jüngeren Teammitglied zu. »Wir sollten sie vor einer möglichen Gefahr warnen und ihnen raten, ein bisschen vorsichtig zu sein. Einstweilen müssen sie aber nur wissen, dass Olssen überfallen wurde. Und ich brauche mehr Informationen über ihn. Schmidt, könntest du dir seinen Terminplan bei der Konferenz vornehmen, seine Telefonate, den ganzen Krempel? Und kommt mir jetzt bloß nicht damit, dass heute Freitag ist, das interessiert mich einen Dreck.« Das leichte Murren war ihm nicht entgangen. »Ihr habt noch den ganzen Nachmittag.«

Musste er wirklich so deutlich werden? De Boer sah sich das Team an, das er zusammengestellt hatte. Nicht gerade die hellsten Kerzen auf der Torte. Schon komisch, dass die anderen Kommissare die Leute, die er haben wollte, immer schon für andere Aufgaben benötigten. Nun gut, er musste mit dem zurechtkommen, was er hatte. Sie zu Höchstleistungen anzuspornen, war ja schließlich auch Teil seines Jobs.

»Wir haben verdammt wenig, aber vielleicht kommen wir jetzt endlich weiter«, sagte er. »Wir warten immer noch auf den Bericht der Gerichtsmedizin. Murat, kannst du denen Dampf machen? Ich will den Bericht noch heute haben. Die demolierten Hotelzimmer liefern uns vielleicht endlich eine brauchbare Spur. Ich will wissen, wer die Vandalen sind und wie sie sich Zutritt verschafft haben. Die Tatorte sind über das Stadtgebiet verteilt, kann das ein Einzelner überhaupt schaffen? Oder steckt eine Gruppe dahinter, irgendwelche Fracking-Gegner womöglich? Also: Überwachungskameras, das Hotelpersonal überprüfen, jede Verbindung ist wichtig. Hans, übernimmst du diesen Teil der Ermittlungen?«

Hans wirkte erfreut.

»Etwas wissen wir bereits«, sagte er. »Alle drei Delegierten erwähnten, dass eine liegende Acht an die Wand ihres Zimmers gesprayt wurde. Wie die Acht in Olssens Zimmer, die wir auch schon draußen in der Stadt gesehen haben. Vielleicht das Erkennungszeichen einer Gang.«

»Das Symbol für unendlich«, sagte de Boer.

»Ja. Aber anscheinend steht es auch für nachhaltige Energie, eine Art Abkürzung oder Slogan, der jedoch nicht zu einer bestimmten Organisation gehört.«

»Gut zu wissen, danke, Hans. Das passt zu unserer Anti-Fracking-Hypothese.«

»Da ist noch mehr«, sagte Hans. »Die Supermarktkundenkarte, die in Olssens Zimmer im Kasten für Licht und Strom steckte, ist auf eine gewisse Frau Beatrix Oranje ausgestellt, wohnhaft auf dem Dam 1.«

Gelächter füllte den Raum, ebbte aber gleich wieder ab. Ein Witzbold, der sich als Königin Beatrix registriert hatte, mit dem königlichen Palast als Adresse. De Boer lächelte.

»Und damit kommen wir zu einem wichtigen Punkt für uns«, sagte er. »Wenn das alles mit Olssen zusammenhängt, warum wurde aus einer Scherzaktion erst Vandalismus und dann ein Mordversuch?«

Er sah sich um. Leere Gesichter. Er unterdrückte ein Seufzen und fuhr fort.

»Zunächst einmal: Olssen ist offenbar außer Gefahr.« Er informierte das Team darüber, was er am Vormittag im Krankenhaus erfahren hatte. »Aber dadurch ist der Fall nicht weniger ernst«, fuhr er fort. »Es bleibt versuchter Mord.«

Er tippte auf seinen Laptop. Auf der großen Leinwand hinter ihm erschien sein Bildschirm.

»Also, was wissen wir über Ben Olssen?«, fragte er, als die Fotokopie von Olssens Pass aufleuchtete. »Schwede. Lebt in New York. Eine Art Berater, Spezialist für strategische Planung, hat eine Firma namens Futura Consultants, mit der er für große internationale Klienten und Regierungen arbeitet. Anscheinend hat er mit Fracking-Abkommen zu tun. Wissen alle, was Fracking ist?«

Wieder leere Gesichter bei einigen Mitgliedern des Teams.

»Man gewinnt Öl und Gas aus Schiefergestein. Ihr könnt es ja mal googeln. Die Methode ist umstritten, deswegen gibt es diese Woche ja auch so viel Krawall. Für unseren Fall spielt das wahrscheinlich eine wichtige Rolle. Es gibt Verbindungen zwischen Olssen und einigen umstrittenen Fracking-Projekten in den USA. Ich kümmere mich darum, auch um seine Reisen, deren Ziele auf den ersten Blick recht ungewöhnlich sind: Liberia, Usbekistan, Weißrussland. Bemerkenswert, oder?«

De Boer ließ den Blick durchs Zimmer schweifen und sah jedem in die Augen.

»Aber vergesst nicht, dass Olssen Opfer ist und kein Verdächtiger«, sagte er. »Er erholt sich zwar langsam, ist aber sediert und kann noch nicht klar denken. Wir haben eine Tonaufnahme, die bei der ersten Untersuchung gemacht wurde, im Grunde nicht viel mehr als wirres Gebrabbel, aber laut van Rijn von unten sagt er wohl auch das schwedische Wort für Gefahr, *fara*. Heute Morgen im Krankenhaus hat er es noch einmal wiederholt. Viel mehr haben wir mit der Aufnahme nicht anfangen können, allerdings gibt es da vermutlich noch einen englischen Namen, Hubert, Humbert oder Hubbard. Die Aufnahme ist bei der digitalen Akte abgespeichert.«

De Boer verkniff sich ein »Hört sie euch mal an«. Ein bisschen Eigeninitiative musste er ihnen schon lassen.

»Olssen versteht wohl auch Holländisch, rudimentär zumindest«, fuhr er fort. »Er hat von 2000 bis 2004 in Amsterdam gelebt, zuerst war er Praktikant bei Greenpeace, später hat er für Shell gearbeitet, ein Seitenwechsel, der ihn wohl viele Freunde gekostet hat. Auch dem müssen wir nachgehen, vielleicht tauchen ja einige Namen von damals im Zusammenhang mit den aktuellen Fracking-Protesten wieder auf. Wir wissen von zwei Personen, mit denen Olssen weiterhin Kontakt hatte, die eine ist Gabrielle Lanting, wohnhaft in Amsterdam und Leiterin der Green Alliance, die andere ist eine Delegierte bei Earth 2050, Christina Walraven ...«

De Boer hörte einen leisen anerkennenden Pfiff auf der anderen Seite des Raums und unterdrückte das einsetzende Gemurmel mit einem strengen Blick.

»Beide Frauen haben heute Vormittag ihre Aussagen gemacht, allerdings haben wir nicht viel mehr als das erfahren, was ich gerade für euch zusammengefasst habe. Was die Frauen selbst betrifft, haben wir keinen Grund, sie zu verdächtigen, aber wir überprüfen natürlich ihren Background, irgendwelche Vorstrafen und so weiter, einiges wissen wir auch schon aus ihren Aussagen ...«

De Boer nickte Hans zu.

»Beide niederländisch, beide aus Diplomatenfamilien. Kannten sich schon als Kinder, als ihre Väter in der Londoner Botschaft arbeiteten«, sagte Hans. »Lantings Eltern sind in Rente und leben in Castricum. Wir nehmen die Aktivitäten der Green Alliance unter die Lupe, aber die Organisation ist ziemlich gemäßigt, es gibt keine Hinweise auf dubiose Aktionen in der Vergangenheit. Walravens Vater lebt jetzt in Brüssel, die beiden stehen sich offenbar sehr nahe; die Mutter ist verstorben. Altes Geld. Walraven selbst lebt noch immer in England und arbeitet für WildCat, eine Tierschutzorganisation, Tiger und so. Sie macht High-End-PR. Promi-Partys, solche Sachen. Passt zu ihr. Auch sie ist harmlos, engagiert sich für die Umwelt, aber immer nur für softe Themen.«

»Olssen war am Abend des Überfalls mit Walraven verabredet«, ergänzte de Boer, »aber sie war mit Lanting auf einer Party und hat ihn versetzt. Anscheinend half sie Lanting dabei, ein prominentes Aushängeschild für die Green Alliance zu finden, und sie mussten länger bleiben als geplant. Sie hat uns ihr Smartphone und die SMS gezeigt, die ihre Aussage bestätigen. Und wenn sie nicht mit Lanting auf der Cocktailparty geblieben wäre, wäre sie womöglich dabei gewesen, als Olssen überfallen wurde, das müssen wir mit einbeziehen. Im Krankenhaus heute Morgen hat Olssen wieder *fara* gesagt, vielleicht wollte er Walraven warnen, sie hatte das Zimmer kurz vorher verlassen. Walraven kann sich nicht vorstellen, dass sie selbst in Gefahr ist, aufgrund ihrer Arbeit oder warum auch immer, aber sie sagt, dass Olssen wegen irgendwas beunruhigt war, als er sie kontaktierte. Dass er sie unbedingt sehen wollte.«

Dieses Mal wartete de Boer, bis das testosteronhaltige Gemurmel im Raum von selbst verstummte.

»Das letzte Mal hat sie von Olssen gehört, als er ihr um 20 Uhr 17 am Dienstagabend eine SMS schickte«, fuhr er fort. »Natürlich kann jeder, der sein Handy hat, die SMS geschickt haben, und ihr wisst ja, dass das Handy immer noch nicht gefunden wurde, genauso wenig wie die anderen Sachen, die er vermutlich bei sich hatte, mit Ausnahme des Mantels, der später bei dem toten Junkie auftauchte. Frans Kemp. Der Mantel ist jetzt bei der KTU.«

De Boer tippte auf das Foto von Ben Olssens Mantel.

»Der Mantel ist nicht ungewöhnlich, aber er fällt auf, vielleicht erinnert sich ein Zeuge daran. Bis wir Olssen selbst befragen können, müssen wir überprüfen, was er am Tag des Überfalls gemacht hat, mit wem er Kontakt hatte, ob er in etwas hineingeraten sein könnte, das einen solchen Überfall plausibel macht. Wir nehmen Futura Consultants genauer unter die Lupe, aber wir müssen auch herausfinden, ob sich Olssen noch mit anderen Leuten in Amsterdam getroffen hat. Wir sollten nicht ausschließen, dass es sich um kriminelle Aktivitäten handeln könnte. Selbst wenn Olssen wieder vernehmungsfähig ist, wird er uns vielleicht nicht unbedingt die Wahrheit sagen. Außerdem sollten wir untersuchen, ob Walraven in Gefahr ist. Ich halte das für unwahrscheinlich, aber trotzdem müssen wir der Sache nachgehen.«

De Boer sah seine Leute an.

»Wir wissen in etwa, was Olssen nach dem Check-in im Hotel gemacht hat«, sagte er. »Wir haben die Aussage des Concierge vom Krasnapolsky, Jonas Keizer, der sagt, dass Olssen ihn nachmittags nach einem Café in Bahnhofsnähe gefragt hat. Das war für die Verabredung mit Walraven um 19 Uhr 15. Keizer empfahl das Café Eerste Klas im Bahnhof, und Olssen verließ das Hotel. Das war so gegen vier Uhr. Er war später noch einmal im Hotel. Denn um sieben sprach er erneut mit Keizer und fragte ihn nach einer Firma, die seinen Computer reparieren könnte. Dann brach er wieder auf. Ein Kellner im Eerste Klas, der Olssen auf dem Passbild wiedererkannt hat, sagte, dass er etwa eine Stunde lang allein im Café wartete, von Viertel nach sieben bis kurz nach acht. Der Kellner erinnert sich an Olssen, weil er irgendwie nervös wirkte und ›super aussah‹.«

Dieses Mal blieb das Gemurmel aus. De Boer tippte auf der Tastatur herum. Anstelle des Mantelfotos waren nun krisselige Aufnahmen einer Überwachungskamera auf der Wand zu sehen.

»Die Überwachungskameras im Bereich hinter dem Bahnhof waren außer Betrieb, aber wir haben diese Aufnahmen, allerdings aus ziemlicher Entfernung. Man sieht, wie ein Mann, von dem wir wissen, dass es Olssen ist, die Unterführung betritt, auf der Seite, die eigentlich für Fußgänger gesperrt ist. Ich glaube aber nicht, dass uns das groß weiterhilft. Es gibt dort einen schmalen Notgehweg, und es ist ein ziemlicher Aufwand, die vierspurige Straße zu überqueren, nur um auf der anderen Seite weiterzugehen, wo es erlaubt ist. Trotzdem bleibt die Frage, was Olssen überhaupt hinter dem Bahnhof verloren hatte.«

Obwohl die Techniker ihr Bestes getan hatten, war das Bild ziemlich unscharf. Olssen war kaum zu erkennen, allerdings konnte man sehen, dass er einen hellbraunen Mantel trug und anscheinend eine Laptoptasche bei sich hatte.

»Und hier haben wir aller Wahrscheinlichkeit nach den Angreifer«, sagte de Boer und zeigte auf eine Gestalt mit schwarzer Lederjacke, darunter ein Kapuzenpulli, die Kapuze tief ins Gesicht gezogen, und mit einer Umhängetasche über der Schulter. Die Gestalt folgte Olssen in die Unterführung, kam nach einer guten Minute wieder heraus und ging schnell zurück zum Bahnhof. »Danach haben wir ihn verloren. Ich denke, wir können davon ausgehen, dass es ein Er ist. Vermutlich war es ein geplantes Aufeinandertreffen, der Mann könnte aber auch einfach den Überfall beobachtet und schnell wieder kehrtgemacht haben, weil er nichts damit zu tun haben wollte. Rund um den Tatort werden jetzt Poster aufgehängt, mit der Bitte, sich als Zeuge zu melden.«

De Boer startete eine Diashow mit Fotos, die den Bereich hinter dem Bahnhof und die Seite der Unterführung zeigten, wo Ben Olssen gefunden worden war.

»Leider haben wir keine Kameras auf der anderen Seite der Unterführung, zumindest nicht für diesen Abschnitt«, fuhr de Boer fort. »Wir wissen also nicht, wer dort hineinging oder herauskam. Aber die Person, die auf unserer Seite die Unterführung verlässt, hat anscheinend keine weiteren Gegenstände bei sich. Olssen wurde ohne seinen Mantel gefunden, und auch sonst hatte er nichts bei sich. Das bringt uns zu der Frage, wie der tote Junkie Frans Kemp zu Olssens Mantel kam und ob er etwas mit dem Überfall zu tun hatte.«

»Ich glaube, ich habe da was«, sagte der Jüngste im Team. »Ich bin die Aufnahmen weiterer Überwachungskameras durchgegangen, nachdem du den Ermittlungsradius erweitert hast.« Er hielt einen Memorystick hoch. »Da sind ein paar Aufnahmen aus der Umgebung drauf«, sagte er.

De Boer deutete zum Laptop. Vielleicht war ja doch eine helle Kerze auf der Torte.

»Danke, Murat, leg los«, sagte er.

Murat steckte den Stick in den Laptop und tippte auf das Touchpad. An der Wand erschien ein deutliches Bild von Frans Kemp. Er war zu Fuß unterwegs und trug den Mantel.

»Moment, falsche Datei«, sagte Murat. »Das ist danach.«

Er hielt die Aufnahme an.

»Wo sind wir?«, fragte de Boer.

»Auf der anderen Seite der Unterführung, aber ein bisschen weiter an den Bahngleisen entlang«, sagte Murat und bewegte den Finger auf dem Touchpad. »Ein kleiner Durchgang hinter der Bibliothek, um 20 Uhr 40. Im Durchgang selbst ist keine Kamera, dafür aber an jedem Ende. Ein Typ geht mit dem Mantel auf der einen Seite hinein und kommt auf der anderen Seite ohne Mantel heraus. Und dann, nur eine Minute später, taucht Frans Kemp in voller Pracht auf, wie wir gerade gesehen haben. Da ist es, das ist die andere Kamera.«

Er tippte ein letztes Mal aufs Touchpad. Ein dicker Mann, in Eile, den Mantel über dem einen Arm und eine Laptoptasche ungeschickt unter den anderen geklemmt, während er gleichzeitig mit beiden Händen an einer Geldbörse herumfummelte.

»Ich glaub's ja nicht!«, rief Hans. »Seht mal, wen wir da haben.«

»Das ist doch der fette Metzger! Aus der Lange Niezel«, meldete sich sein Kollege. »Wisst ihr noch, wir haben ihn vor ein paar Monaten zum Brand in dieser Kneipe befragt, wie hieß die noch gleich …«

De Boer starrte auf das Bild. Oh ja, er erinnerte sich. »De Dolle Hond«, sagte er.

»Genau«, rief der andere aufgeregt. »Wir konnten ihm nichts nachweisen, aber er war total nervös und ausweichend.«

Murat wechselte zur anderen Datei, spulte zurück und zeigte den dicken Mann, wie er aus dem Durchgang kam, immer noch mit der Laptoptasche, aber ohne den Mantel. De Boer musste nur ein paar Sekunden lang überlegen, dann hatte er den Namen.

»Jacobs. Martin Jacobs. Von der Metzgerei Jacobs.«

Er legte Murat den Arm um die Schultern und schüttelte ihn. Dann sah er zu Hans.

»Also los«, sagte er, »aufgreifen und einbuchten.«

8

Posthumus sah Freddie nach, bis der bunte Strickpulli und der struppige Haarschopf am Ende der Straße verschwunden waren. Freddie wusste etwas über die demolierten Hotelzimmer, da war sich Posthumus sicher, wahrscheinlich von den anderen Hausbesetzern. Aber er wirkte schockiert, als Posthumus ihm von dem Überfall auf Ben erzählt hatte. Ja sogar verängstigt. Danach war das Gespräch bald zum Erliegen gekommen.

Posthumus ging zu seinem Fahrrad auf der Singel-Brücke. Sollte er de Boer informieren? Er fühlte sich hin- und hergerissen zwischen seinem alten Leben und dem heutigen. Der Kommissar wusste bestimmt schon von den Hotelzimmern und würde die Verbindung zu den Earth-2050-Demonstrationen und wahrscheinlich auch zu Freddie und den Hausbesetzern herstellen. De Boer kam ganz gut allein klar.

Posthumus kettete sein Fahrrad los und radelte am Singel entlang. Er brauchte schon ein bisschen mehr als nur das Gefühl, dass Freddie auf den Bericht in den Nachrichten gewartet hatte, bevor er alte Bekannte bei der Polizei anschwärzte. Doch die anderen Delegierten waren womöglich in Gefahr. Bens Anblick heute Morgen hatte ihm zugesetzt. Der Mann war schwer krank. Und irgendwo ganz hinten in Posthumus' Kopf nagten die unangenehmen Gedanken von gestern Nacht: Gift war eine absurde Wahl, wenn man jemanden ausrauben wollte. Wer immer das getan hatte, wollte Ben bewusstlos und ohne Papiere zurücklassen. Womöglich sollte er sogar sterben. Frans Kemp passte nicht in diese Rolle, auch wenn er irgendwie an Olssens Mantel gekommen war. Und trotz ihres leidenschaftlichen Engagements konnte Posthumus sich auch nicht vorstellen, dass Freddie und Konsorten so weit gehen würden. Andererseits hatte Ben etwas mit Fracking zu tun, wenngleich nur als eine Art Berater. Da kochten die Emotionen schnell hoch. Viele Leute aus seinem alten Amsterdamer Umfeld nahmen ihm das bestimmt sehr übel. Und Christina hatte gesagt, Ben habe sie vor etwas warnen wollen. Das Fahrrad bockte, als er über ein Schlagloch fuhr. Posthumus umfasste den Lenker fester und runzelte die Stirn. Es gab so viele Lücken. Als ob man ein Kartenspiel auspackte und feststellte, dass nur zehn Karten in der Schachtel waren.

Posthumus radelte weiter an der Gracht entlang Richtung Hauptbahnhof. Am besten mied er den Dam, bei all den Protesten. Er holperte über das unebene Pflaster und geriet kurz ins Trudeln. Hauchdünne Ulmensamen häuften sich um die Stämme der Bäume und an den Hausmauern und wurden bei jedem Windstoß aufgewirbelt. Vor Posthumus stieg eine ganze Samenwolke auf, als sein Vorderreifen einen Haufen aufwühlte, der sich in einer Mulde angesammelt hatte. Kindliche Freude durchfuhr ihn, und anstatt dem nächsten Haufen auszuweichen, steuerte er direkt darauf zu. Die Elefanten im Artis, dem Amsterdamer Zoo, waren ganz verrückt nach den Samen, hatte er gehört. Er bog in eine schmale Gasse hinter der großen Kuppel der Luther-Kirche ein. Eine Abkürzung auf dem Weg zum Dolle Hond, wo er Tina abholen würde, um mit ihr zum Stadhuis zu fahren, etwas früher, als er angekündigt hatte. Er könnte auch erst noch bei Anna vorbeischauen. Ein Gespräch mit ihr – über Freddie, über den Vormittag heute, über Ben Olssen – täte ihm sicher gut. Er hielt an und griff nach seinem Handy. Vielleicht würde sie auch endlich mit ihm über Paul und den Brand reden. Posthumus wollte sie aus ihrem Schneckenhaus locken, damit sie zur

Abwechslung einmal über ihre eigenen Probleme sprach. Schon seit Tagen hatten sie sich nicht mehr richtig ausgetauscht. Das fehlte ihm. Nach all den Jahren waren sie wie ein altes Ehepaar, auch wenn es hin und wieder jemand anders gab. Vielleicht war das ja das Problem: Sie waren zu sehr aufeinander fixiert. Anna nannte ihn manchmal immer noch ihren »Ex«, obwohl sie schon seit zehn Jahren getrennt waren.

Es klingelte ein paarmal, dann meldete sich Anna. »PP!«

»Bist du daheim? Ich dachte, ich hole uns was zum Mittagessen und komme vorbei«, sagte Posthumus.

»Super Idee! Gabi ist auch da.«

Tja, so viel zu seinem Wunsch nach trauter Zweisamkeit.

»Wo bist du?«, fragte sie.

»Am oberen Ende des Singel, bei der Luther-Kirche«, sagte Posthumus. Die zwei Frauen berieten sich.

»Wäre das Small World ein zu großer Umweg? Gabi ist ganz verrückt nach der scharfen Salami.«

»Nein, kein Problem. Gute Idee«, sagte Posthumus. Der Australier Sean machte seit Jahren hervorragende Sandwiches – und das schon zu einer Zeit, als man in Amsterdam kaum etwas anderes als schlaffes Weißbrot mit von Mayonnaise durchtränktem Salat bekam. »Ich bin in einer halben Stunde da.«

Es ging sogar noch schneller. Um kurz nach halb eins lehnte er sein schweres schwarzes Fahrrad ans Fenster des Dolle Hond. Er nahm gerade die Sandwichtüten aus der schwarzen Milchkiste, die er à la Miss Marple vorn an seinem Rad angebracht hatte, als Anna ihm die Tür aufmachte.

»Wir bleiben besser hier unten«, sagte sie. »Oben herrscht das totale Chaos.«

Wie so oft. Annas Hab und Gut war anscheinend der Zentrifugalkraft unterworfen, bis die Unordnung einen kritischen Punkt erreichte und die Kraft umgekehrt wurde; dann wurde alles – innerhalb von einer oder zwei Stunden intensiven Aufräumens – wieder zurück in die Schränke, Taschen, Ordner und Kisten gezogen. Doch der Wendepunkt war offenbar noch nicht erreicht.

»Bitte schön«, sagte Posthumus und reichte Anna die Tüten. »Einmal scharfe Salami mit Emmentaler, einmal Avocado mit Wasabi-Mayo und gegrilltem Gemüse, einmal Hackbraten mit Honigsenf und einmal Rote-Bete-Birnen-Salat auf Rosmarin-Focaccia, falls jemand in Experimentierlaune ist.«

»Da müssen wir nicht lange raten, *wer* das sein könnte«, sagte Anna mit einem Grinsen. »Ich hole schnell Teller. Dass die anderen Gäste mich hier mit Fastfood sehen, geht nun wirklich nicht.«

Sie verschwand in der kleinen Küche hinter der Bar: nagelneu seit dem Brand, aber immer noch kaum genutzt. Obwohl Posthumus angeboten hatte, sich Rezepte auszudenken und Vorschläge für eine kleine Karte gemacht hatte, wurden in der Küche höchstens fertige Snacks und Knabbereien ausgepackt.

Es waren kaum Gäste da. Simon, die Aushilfskraft, las hinter der Bar. Posthumus nickte ihm zu und ging zu dem Tisch am Kamin, wo Gabi bereits mit einem aufgeklappten Laptop saß und an einem Mineralwasser nippte.

»Das ist ja eine Überraschung«, sagte er und küsste sie auf die Wangen. »Ich dachte, du wärst mit deinem neuen Promi unterwegs oder bei der Konferenz.«

Gabi lachte. »Ich muss erst wieder zur großen Sitzung um zwei zurück sein, und unser Star ist inzwischen irgendwo über dem Atlantik. Aber das Fotoshooting heute Morgen war fantastisch. Ich fühle mich schon fast selbst wie ein Star, meine fünfzehn Minuten Ruhm hatte ich auf jeden Fall.«

Posthumus setzte sich.

»Hast du viel zu tun?«, fragte er mit einem Blick auf ihren Laptop. »Kannst du überhaupt eine Pause machen?«

»Nein, nein, kein Problem. Ich war gerade auf dem Revier am IJ-Tunnel und habe meine Aussage gemacht, und danach habe ich mich hier reingeschlichen, um Annas WLAN zu nutzen«, sagte sie. »Einfacher, als ins Büro zu fahren und von dort zurück zur Konferenz; übrigens vielen Dank für heute Morgen.«

Gabi beugte sich vor und drückte Posthumus am Unterarm.

»Christina hat es nicht so mit Bedanken, das weiß ich, aber ich bin mir sicher, sie war froh, dass du dabei warst. Wir sind uns gerade zufällig auf dem Revier begegnet. Sie hat mir erzählt, wie schlecht Ben aussah.«

Gabis Laptop piepte.

»Tut mir leid, das muss ich mir schnell ansehen«, sagte sie. »Das ist die Endfassung der Presseerklärung mit der großen Neuigkeit.«

»Du solltest mit Merel reden, vielleicht kann sie ein Feature oder ein Interview bringen«, sagte Posthumus. Nachdem seine Nichte eine Reihe aufsehenerregender Artikel verfasst hatte, war sie bei ihrer Zeitung jetzt schwer angesagt. Aber Gabi hörte gar nicht richtig zu.

»Niels ist echt top, er hat alles schon geregelt, er ist mir immer zwei Schritte voraus«, sagte sie. »Tamtam in den sozialen Medien und alle möglichen Online-Aktionen, die ich nur halb verstehe.«

Posthumus schwieg. Gabis penetranter junger Assistent war ihm nicht gerade sympathisch. Aber vielleicht stimmte ja, was Merel sagte, dass der professionelle Journalismus im Sterben lag. Was immer Niels da tat – Wirkung und Reichweite waren auf jeden Fall größer als bei Merels Artikeln. Posthumus sah auf, Anna kam mit dem Essen.

»Ich habe alles durchgeschnitten, dann können wir mischen und tauschen«, sagte sie. »Möchtest du was trinken, PP?« Sie schnüffelte, als sie die Teller auf den Tisch stellte, und sagte: »Anscheinend hattest du heute schon was.«

Posthumus lächelte. »Ein Bier, glaube ich«, sagte er und drehte sich zu Simon.

»Bier?«, fragte Anna. Ihre Überraschung war echt.

»Gelegentlich trinke ich Bier«, verteidigte sich Posthumus.

Er erzählte ihnen von seiner zufälligen Begegnung am Vormittag.

»Bin-Bag!«, rief Anna. »Den Namen habe ich wirklich schon lange nicht mehr gehört.«

»Tja, inzwischen heißt er auch Freddie«, sagte Posthumus. »Aber es war nett, ihn nach so langer Zeit mal wiederzusehen. Wir haben im Scruff was getrunken, um der alten Zeiten willen. Freddie dachte, wir würden dort vielleicht den alten Kees treffen, aber leider war er nicht da.«

Gabis Gesicht wurde weich, und sie klappte den Laptop zu.

»Kees hat wahrscheinlich die Stellung gehalten und ist bei der Podiumsdiskussion zum Thema ›Öl oder Wasser?‹ gewesen, die ich ausfallen lassen musste«, sagte sie lächelnd und trank einen Schluck. »Ich sollte ihn wirklich mal wieder besuchen, wir haben uns ewig nicht mehr gesehen.« Sie nahm ihren Laptop vom Tisch und lehnte ihn gegen ein Stuhlbein. »Und jemand sollte ihm auch von Ben erzählen. Kees hatte immer eine Schwäche für ihn, er will ihn bestimmt besuchen.«

»Woher kennen sich die beiden?«, fragte Posthumus. Seine Hand blieb über einem Sandwich schweben. Ein unbehagliches Gefühl überkam ihn. »War Ben früher auch im Haus an der Spuistraat?« Freddie hatte mit keinem Wort gesagt, dass er Ben kannte.

»Nein, nein, sie kennen sich von Greenpeace. Sie mochten einander, beide diskutierten gern. Ben sah zu ihm auf, er nannte ihn ›Guv'nor‹«, erzählte Gabi. »Und Kees war für ihn da, als Ben sich damit herumplagte, ob er zu Shell gehen sollte. Er sagte, Kees sei der Einzige, der wirklich verstand, worum es ihm ging.«

Sie legte ein halbes Salami-Sandwich auf ihren Teller. Simon kam mit dem Bier. Posthumus spielte mit dem Glas, trank aber nicht.

»Das Treffen mit Freddie endete dann allerdings etwas merkwürdig«, sagte er. Er erzählte von den verwüsteten Hotelzimmern.

»Aber das ist ja furchtbar«, sagte Gabi. »Davon hat die Polizei gar nichts gesagt. Weiß man, wer das war? Wurden die drei anderen auch überfallen?«

»Anscheinend nicht«, sagte Posthumus. »Aber da ist eindeutig etwas im Gang. Du hast nichts gehört? Gerüchteweise, meine ich, dass jemand noch einen draufsetzen will?«

»Kein Wort, aber ich bin mittlerweile ziemlich außen vor, was diese Form von Aktivismus angeht. Ich könnte ein paar jüngere Kollegen im Büro fragen, aber die meisten von uns halten solche Aktionen eher für kontraproduktiv.«

»Wehe, die kommen auf die Idee, so was nebenan zu versuchen«, sagte Anna zwischen zwei Bissen Hackbraten. Sie legte ihr Sandwich hin und sah Posthumus mit zusammengekniffenen Augen an.

»Du verfällst doch nicht etwa wieder in alte Gewohnheiten, oder?«

Posthumus zögerte. Er konnte die Puzzleteile einfach nicht liegen lassen, er musste sie zusammensetzen, musste die Geschichte dahinter finden, selbst wenn er nur wenige Bruchstücke hatte; er musste weitermachen, bis alles einen Sinn ergab. Diese Marotte hatte zu einem der größten Zerwürfnisse in ihrer Freundschaft geführt, als vor einigen Monaten der junge Zig im Gästehaus nebenan getötet worden war. Er studierte Annas Gesichtsausdruck. Aber ihre Augen leuchteten, und ein leichtes Kräuseln ihrer Lachfältchen verriet sie. Sie hatte ihm also endgültig verziehen.

»Christina hat da etwas gesagt, das mir keine Ruhe lässt«, sagte er zu Gabi. Anna seufzte resigniert und wuschelte ihm dann kurz durchs Haar. »Sie habe das Gefühl gehabt, dass Ben sie vor etwas warnen oder ihr zumindest etwas Wichtiges sagen wollte. Dir hat sie nicht zufällig mehr darüber erzählt?«

Gabi schüttelte den Kopf.

»Hast du eine Idee, worum es gehen könnte?«, fragte Posthumus weiter. »Wer könnte es auf Ben abgesehen haben?«

»Na ja, das muss wohl mit Fracking zu tun haben. Nach dem zu schließen, was passiert ist. Aber soweit ich weiß, ist Ben gar kein überzeugter Fracking-Anhänger. Sein Ansatz ist eher ganzheitlich: Fracking als Zwischenschritt, aber nicht als Lösung; er will damit Zeit gewinnen, bis wir mehr erneuerbare Energien nutzen. Für ihn ist Fracking kein Allheilmittel gegen die schwindenden Ölvorkommen.«

»Die Leute übertreiben immer bei den Zahlen, die ihre eigenen Argumente stützen«, sagte Anna.

»Also ich glaube, das nächste heiße Thema ist nicht Öl, sondern Wasser«, sagte Gabi. »Aber das nur nebenbei. Der springende Punkt ist, dass Ben beim Fracking-Panel heute Morgen aus der Reihe gefallen wäre. Er ist weder dafür noch dagegen.«

»Also könnte er für beide Seiten ein Feind sein«, sagte Posthumus.

»Aber reicht das, um ihn umbringen zu wollen?«, fragte Anna.

Posthumus rückte mit dem Stuhl näher an den Tisch. Er wurde das Bild von Ben im Krankenhaus nicht los. Ein schweißgebadeter, fiebriger Ben, der anscheinend mit Christina reden wollte und »fara«, Gefahr, murmelte.

»Gibt es vielleicht etwas, was Christina uns nicht erzählt hat?«, fragte er. »Oder ist sie vielleicht selbst in Gefahr, und kann deshalb nicht ganz offen sein?«

»Ich wüsste nicht, warum«, sagte Gabi. »Ich meine, sie hat mit der ganzen Sache überhaupt nichts zu tun. Selbst bei der Tigergeschichte; was Christina macht, ist eher zahm. Events,

Partys, da geht es nur um Socializing. Sie würde mich echt niedermachen, wenn sie mich hören könnte, aber das ist alles ziemlich oberflächlich. Sie tut, als ob, und das macht sie perfekt, aber eigentlich ist sie nur zum Netzwerken hier. Und sie hat sich erst im letzten Moment entschieden herzukommen.«

»Und sie wirkt nicht irgendwie nervös oder angespannt?«, fragte Posthumus.

Gabi schwieg einen Moment.

»Stimmt schon, in den letzten Tagen war sie irgendwie verändert«, sagte sie schließlich. »Auch wenn man das nicht gleich merkt. Chris war schon immer gut darin, den Schein zu wahren. Aber ich habe mir ein bisschen Sorgen gemacht. Ich glaube allerdings nicht, dass es etwas mit Ben zu tun hat. Das hat schon vorher angefangen, seit sie hier ist. Vermutlich geht es um ihren Vater. Sie waren sich schon immer sehr nahe.«

»Er war Diplomat, oder?«, fragte Anna.

»Heutzutage ist er eher als Lobbyist tätig«, sagte Gabi. »Aber es ist nichts Berufliches. Ich glaube, er ist krank, aber Christina macht völlig dicht, wenn ich sie darauf anspreche.«

Posthumus legte die Fingerspitzen aufeinander. Christinas heftige Reaktion am Morgen im Taxi, als es um Demenz ging – das passte ins Bild.

»Aber sie hat nichts darüber gesagt, dass sie sich irgendwie bedroht fühlt?«, sagte er.

»Wenn überhaupt, macht sie sich Vorwürfe«, sagte Gabi.

»Ja, das habe ich heute Morgen auch mitbekommen«, sagte Posthumus.

»Warum denn Vorwürfe?«, fragte Anna.

»Weil sie nicht rechtzeitig von der Party wegging. Wenn sie sich mit ihm getroffen hätte, wäre das alles vielleicht nicht passiert«, erklärte Gabi. »Sie sagt, sie hätte nicht darauf bestehen sollen, dass wir brave grüne Mädchen sind und den

Zug nehmen, dann wären wir viel schneller zurück gewesen. Wir sind ja erst ziemlich spät aufgebrochen.«

»Was für ein Blödsinn. Das ist pure Selbstgeißelung«, sagte Anna. »Sie soll kein solches Drama daraus machen, das kannst du ihr sagen.«

Posthumus musste lächeln. Ihrem Ruf als Meisterin der liebevollen Strenge wurde Anna durchaus gerecht.

»Wie auch immer, bei der Party hat sie nicht mehr viel getan, nachdem sie mich den anderen vorgestellt hatte. Sie blieb nur, um mich zu unterstützen, damit die Dinge in Gang kommen. Also wenn man jemandem die Schuld geben muss, dann wohl eher mir«, sagte Gabi.

»Das ist doch totaler Schwachsinn, und das weißt du auch«, sagte Anna.

Ein Klopfen draußen am Fenster. Posthumus drehte sich um und sah Tina, die die Hände an die Scheibe gelegt hatte und hineinspähte. Sie grinste und winkte ihm dann zu.

»Also ehrlich, dieses Mädchen. Sie könnte doch einfach reinkommen, statt wie ein Gassenjunge gegen die Scheibe zu hauen«, sagte Anna. »Keine Ahnung, wie du mich überreden konntest, sie hierzubehalten.«

»Ach komm, sie leistet Großartiges nebenan, das musst du zugeben«, sagte Posthumus. Er ließ den Zeigefinger über den Sandwiches kreisen und signalisierte Tina: »in fünf Minuten«.

»Das arme Ding kann nicht mal allein ins Stadhuis gehen und sich beim Einwohnermeldeamt registrieren«, sagte Anna zu Gabi.

»Manche Menschen brauchen eben ein bisschen Hilfe, um sich aus dem Sumpf zu ziehen«, sagte Posthumus.

»Er verhätschelt sie«, sagte Anna, doch ihre Stimme klang jetzt weicher.

Gabi sprang auf. »Mein Gott, fast Viertel nach eins. Ich muss los. Ich habe Christina versprochen, sie vor der Hauptsitzung heute Nachmittag zu treffen, damit wir zusammen reingehen können.« Sie schob ihren Laptop in die Aktenmappe und verabschiedete sich eilig.

»Vielleicht fragst du sie noch mal, ob sie eine Idee hat, wer es auf Ben abgesehen haben könnte«, rief Posthumus ihr hinterher. »Nachdem jetzt die Sache mit den Hotelzimmern herausgekommen ist.«

»Also wirklich, du kannst es einfach nicht lassen«, sagte Anna, gab Posthumus einen Klaps auf den Hinterkopf und fing dann an, den Tisch abzuräumen.

Posthumus stand ebenfalls auf. »Soll ich dir helfen?«

»Nein, geh du nur«, sagte Anna und griff nach Posthumus' vollem Bierglas. »Du hast dein Bier ja nicht mal angerührt!«

»War irgendwie nicht mehr in der Stimmung«, sagte Posthumus.

Er küsste Anna auf die Wange und ging zur Tür.

Draußen stand Tina neben seinem Fahrrad und stampfte mit den Füßen gegen die Kälte an. Von der Beurs her hörte man Polizeisirenen, und am Ende der Straße drängten sich Passanten. Wahrscheinlich irgendetwas im Occupy-Lager.

»Ich glaube, wir nehmen lieber den Zeedijk«, sagte Posthumus. »Hast du ein Fahrrad?«

Tina schüttelte den Kopf. »Ich kann mich doch hinten bei Ihnen draufsetzen. Dann tun wir so, als ob Sie mich zur Schule bringen.«

Posthumus holte die Schlüssel aus der Tasche. Verrücktes Mädchen. Er hätte sich denken können, dass sie kein Fahrrad hatte.

»Okay«, sagte er. »Fahren wir.«

Er radelte langsam Richtung Zeedijk. Tina trippelte neben ihm her, sprang dann hoch und landete seitlich auf dem Gepäckträger. Sie war leicht wie ein Vogel. Es lag Jahre zurück, dass Posthumus zuletzt jemanden mitgenommen hatte. Wenn Anna aufstieg, hatte sein Rad merklich geruckelt.

Außerdem war das ganz schön auf die Oberschenkel gegangen. Aber Tinas Gewicht war kaum zu spüren. Sie kicherte und griff nach seinen Jackenenden.

»Das hab ich noch nie gemacht«, sagte sie. »Hatte ja auch nie 'nen richtigen Vater.«

Sie fuhren an Frau Pling vorbei, die auf dem Weg zum Dolle Hond war, später als üblich, den Baumwollbeutel mit Münzen für den Spielautomaten fest in der Hand. Sie lächelte sie breit an.

»Genau. Metzgerei Jacobs. Du kennst den Laden?«, sagte de Boer zu Hans und setzte sich auf den Beifahrersitz des Zivilwagens. Es war mehr eine Feststellung als eine Frage. Schließlich hatte er Hans erst vor ein paar Monaten zu Martin Jacobs geschickt, um ihn zum Brand im Dolle Hond zu befragen.

»Und ich erinnere mich an den Typ«, sagte Hans. »Missmutiger, unangenehmer Kerl, ein bisschen ein Dumbo. Als ob man mit einem Teenager reden würde.«

Er bog vom Parkplatz des Reviers rechts Richtung IJ-Tunnel ab.

»Einen raffinierten Giftanschlag würdest du ihm also nicht zutrauen?«, sagte de Boer.

Hans zuckte mit den Schultern und bog gleich vor dem Tunnel links ab. Dann ging es an den Docks entlang zum Hauptbahnhof.

»Warten wir ab, was der Dicke zu sagen hat.«

»Seine DNA-Spuren auf dem Mantel wären natürlich hilfreich«, sagte de Boer.

»Irgendwas finden wir bestimmt. Ich schätze, dass er ihn weggeworfen hat, und der Junkie war der glückliche Finder. Aber dafür müssen wir Jacobs ein bisschen in die Zange nehmen.«

Hans stellte das Blaulicht aufs Dach und schaltete es ein. Er warf einen neidischen Blick auf ein Polizeiauto, das an ihnen vorbei in die entgegengesetzte Richtung brauste, mit blinkenden Lichtern und Sirenengeheul. Trotzdem genoss Hans die Fahrt, das sah de Boer ihm an.

»Halt dich mit der Sirene zurück, wenn wir hinkommen«, sagte de Boer. »Sonst setzt der sich noch ab.«

Während der Fahrt überflog de Boer seine Notizen zum Brand im Dolle Hond vor einigen Monaten. Wieder dieser Name. Pieter Posthumus. Gab es eigentlich auch Fälle, an denen er nicht beteiligt war? Den anderen immer zwei, drei Schritte voraus. Doch da war noch etwas. In der Hektik der Ermittlungen zum Tod von Zig Zagorodnii hatte de Boer es vergessen, aber jetzt fiel es ihm wieder ein.

»Erinnerst du dich von dem Fall damals noch an einen Mann namens Pieter Posthumus?«, fragte er Hans.

In Verbindung mit dem Mantel und dem Junkie hatte de Boer Posthumus' Namen noch nicht erwähnt.

Hans schnalzte missbilligend mit der Zunge. »Dieser Wichtigtuer vom Bestattungsamt? Der ist bekannt dafür, dass er überall seine Nase reinsteckt.«

De Boer runzelte die Stirn und redete weiter. »Ich hatte vergessen, dass er mir erzählt hat, er sei von diesem Jacobs auf offener Straße bedroht worden. Anscheinend hat er Posthumus gewarnt, er habe ›mächtige Freunde‹.«

De Boer klammerte sich am Türgriff fest, als Hans plötzlich wendete, mitten auf der verkehrsreichen Kreuzung vor dem Hauptbahnhof.

»Was zum Teufel …«

»Ich hatte die vielen Demos vor der Beurs vergessen«, sagte Hans. »Wir fahren lieber hintenrum.«

Er rumpelte über einen Radweg und fuhr in die schmale Straße am Schreierstoren und weiter an einer Gracht entlang. De Boers Handy klingelte. Er ging dran, hörte zu und beendete das Gespräch mit einem knappen »Vielen Dank. Er soll mich anrufen, sobald er mehr weiß«.

De Boer schwieg einen Moment, dann wandte er sich zu Hans. Sein Gesichtsausdruck war plötzlich todernst.

»Das war das Krankenhaus«, sagte er. »Ben Olssen ist vor zwanzig Minuten gestorben.« Er drehte das Handy zwischen den Fingern. »Jetzt ermitteln wir also in einem Mordfall.«

»Shit«, sagte Hans, bog ab und schlängelte sich durch das Gassengewirr zur Metzgerei Jacobs. »Ich dachte, Olssen wäre über den Berg.«

»Der Stationsarzt untersucht ihn gerade, er wird sich bei mir melden.«

Hans trat abrupt auf die Bremse. Die Straße vor ihnen war blockiert: eine dichte Menschenmenge, Blaulicht, überall Streifenwagen.

»Was in aller Welt ...«

»Tag, Kollegen«, sagte ein junger Polizist, den de Boer aus dem Revier Beursstraat kannte. »Das ging aber schnell. Wir haben euch gerade erst angefunkt.«

De Boer bückte sich unter das Absperrband hindurch, das quer über die Straße gespannt war, und ging zur Metzgerei Jacobs. Hans war dicht hinter ihm.

Marty Jacobs, oder vielmehr das, was von ihm übrig war, lag rücklings zwischen Fleischstücken in der zerschmetterten Vitrine. Überall waren Scherben. Der obere Teil von Jacobs' Schädel fehlte. Blut und Gehirnmasse mischten sich mit Schweine- und Rindernieren in einer flachen Schale. Aus dem Mund war Blut gequollen, schlaff hing der Kiefer unter einem blutgesprenkelten blonden Oberlippenbart. Eine diagonale Linie dunkler werdender Flecken zog sich über die Brust bis in den Bauchraum. Der Körper war verdreht, die Füße zeigten noch zum Fenster, der Torso hing in der Vitrine. Die eine Hand griff in ein Tablett mit Hackfleisch, als suchte sie Halt, zwischen den dicklichen Wurstfingern quoll das Hackfleisch hervor. De Boer schluckte und räusperte sich, er musste würgen. Hinter ihm rief Hans leise »Mein Gott!«. In der Ecke des Ladens saß eine Frau und gab ein animalisches Heulen von sich, das in einem gutturalen Wimmern endete. Es war Irene Kester, de Boer kannte sie vom Brand im Dolle Hond. Eine Polizistin versuchte, sie zu beruhigen. Daneben stand still und stocksteif eine dürre Frau, Ende fünfzig, blond, zu viel Make-up, schrumplig wie eine Rosine durch zahllose Solariumsbesuche. Die Lippen säuerlich geschürzt, als würde sie an einer Zitrone lutschen. Durch das leere Schaufenster starrte sie de Boer an.

»Die Mutter«, flüsterte Hans.

»Irene, halt einfach dein verdammtes Maul«, sagte die Frau, laut genug, dass de Boer sie draußen hörte. Dabei sah sie ihm weiter in die Augen.

»Nicht gerade zimperlich, was?«, sagte de Boer.

»Du kennst sie nicht?«, sagte Hans. »War wohl noch vor deiner Zeit. Pia Jacobs. Heiratete Dirk Jacobs, einen kleinen Ganoven hier in De Wallen. Er wurde irgendwann in den Achtzigern umgebracht.«

De Boer sah wieder in die Metzgerei. Aus einer Tür, die wahrscheinlich nach oben in eine Wohnung führte, kam Bas vom Beursstraat-Revier. Er stieg durchs Schaufenster auf die Straße.

»Flip! Hätte nicht damit gerechnet, dass ihr so schnell hier seid«, sagte er zu de Boer. »Hab aber irgendwie gehofft, dass sie dich schicken.«

»Und ich hätte nicht mit dem hier gerechnet«, erwiderte de Boer. »Eigentlich wollten wir Jacobs nur ein paar Fragen stellen. Aber es sieht so aus, als ob sich schon jemand um meinen Tatverdächtigen gekümmert hätte.« Bas hob die Augenbrauen. De Boer wandte sich an Hans. »Gib im Revier Bescheid, dass wir schon vor Ort sind. Und dass das hier zu unserem Fall gehört.«

»Erschossen«, sagte Bas, während Hans telefonierte. »Zwei

Männer auf einem Motorrad. Trafen ihn durchs Fenster und fuhren sofort weiter. Richtung Norden, denken wir, durch den Tunnel. Wir suchen nach ihnen.« Hubschrauber kreisten über ihnen, während er redete.

»Spurensicherung?«, fragte de Boer.

»Schon unterwegs.«

»Hans hat mich über die Mutter informiert«, sagte de Boer. »Wohnt über dem Laden?«

Bas nickte.

»Und diese Irene Kester?«

»Stammkundin, Freundin der Familie, Zeugin«, sagte Bas. »Zumindest hat sie alles vom anderen Ende der Straße gesehen.«

»Mit dem Revier ist alles geklärt«, sagte Hans und steckte sein Handy wieder weg.

»Dann gehen wir mal rein«, sagte de Boer.

Die drei Männer betraten den Laden. Irene Kester ließ sofort einen Wortschwall auf sie niederprasseln, von Motorrädern, Männern, Lärm, Blut und ihrem schwachen Herzen. Pia Jacobs verharrte reglos und starrte de Boer und Hans an.

»Ich glaube, oben ist es für uns alle angenehmer«, sagte de Boer.

Er nickte der Polizistin zu, die Irene Kester aufhalf und sie zur Tür führte. Pia Jacobs folgte ihnen; im Gehen nahm sie eine Zigarette aus der Schachtel, die sie umklammert hielt. Sie blieb kurz stehen, als sie an den drei Männern vorbeikam, sah ihnen ins Gesicht, als würde sie darauf warten, dass einer vortrat und ihr Feuer gab. De Boer tastete nach seinem Feuerzeug. Hans rührte sich nicht. Sie fixierte ihn, doch er hielt ihrem Blick stand. Er reckte das Kinn und beugte sich vor.

»Du weißt, wer's war, Pia Jacobs, stimmt's?«, sagte er.

9

Tinas Anmeldung war schnell erledigt, um Viertel nach zwei waren sie fertig. Zwei blasse junge Frauen – eigentlich noch Mädchen –, die Tina vorhin gegrüßt hatten, saßen immer noch da und warteten, dass ihre Nummern aufgerufen wurden. Eine machte eine Bemerkung, als Tina und Posthumus vorbeigingen. Posthumus verstand nicht, was sie sagte, aber er sah, wie Tina sich verkrampfte. Zwei Mädchen aus ihrer Vergangenheit, vermutete er, bevor sie Unterschlupf im Gästehaus gefunden hatte. Posthumus unterdrückte ein Schaudern, das ihm die Wirbelsäule hinaufkriechen wollte, als er sich an das Gewirr aus Zimmerchen und Durchgängen im Rotlichtbezirk erinnerte, wo er nach ihr gesucht hatte, damals, nach Zigs Tod. Tina sah ihn an wie ein Vogel, der überlegt, ob er fortfliegen soll.

»So was haben Sie nie gemacht, oder?«, fragte sie, als sie das Stadhuis verließen und vor dem Flohmarkt auf dem Waterlooplein standen. »Ich meine, mit ...«

Posthumus wusste, was sie meinte. Er schüttelte den Kopf. Tina sah ihn immer noch aufmerksam an. Sie wirkte plötzlich Jahrzehnte älter, als sie eigentlich war.

»Nein, nein, Sie nicht«, sagte sie mehr zu sich selbst.

Sie nickte wissend. Posthumus spürte, wie sich sein Beschützerinstinkt regte. Er war wütend auf die Männer, die vielen Männer, die ihr Gewalt angetan hatten. Einen Moment lang hielt er sich für fähig, einen Mord zu begehen.

»Das wird dir nie wieder passieren«, sagte er. »Das weißt du, oder? Anna und ich werden dafür sorgen.«

Sie waren schon eine komische kleine Familie, sie drei. Tina blickte ein bisschen skeptisch, als er Anna erwähnte, aber Anna würde Tina schon noch ins Herz schließen. Posthumus hielt Tinas Blick stand, bis sie nickte.

»Irgendwie geht's aber auch nie so richtig weg, oder?«, meinte Tina.

Es war bestimmt nicht einfach für sie. Sie lebte immer noch am Rand des Rotlichtbezirks und traf Tag für Tag Leute aus ihrer Vergangenheit.

»Was uns passiert ist, geht wohl nie so richtig weg«, sagte Posthumus. »Es bleibt immer da. Unsere Vergangenheit ist ein Teil von uns und ein Teil der Zukunft, aber es liegt an uns, was wir daraus machen, meinst du nicht auch?«

Das sagte der Richtige! Er täte gut daran, seinen eigenen Rat zu befolgen. Tina zuckte mit den Schultern, lächelte aber auch verhalten.

»Wie das, was Sie mir mal beigebracht haben. Sie wissen schon, als Sie mir helfen wollten, mich an den Abend zu erinnern, wo Zig gestorben ist. So Gedächtnisspiele, die Sie mit Ihrem Vater gemacht haben, nur umgekehrt.«

Posthumus lächelte. »Ja, das könnte man so sagen.« Er hatte Tina eine Gedächtnisübung beigebracht, die er mit seinem Vater gemacht hatte, damals, nachdem eine Virusinfektion dessen Gedächtnis verwüstet und seine Vergangenheit ausgelöscht hatte, seine ureigene Vorstellung von sich selbst. »Woran wir uns erinnern und wie wir vergessen, das ist beides mit ein bisschen Aufwand verbunden, und beides ist wichtig, da hast du recht.«

Sie waren am Fahrradständer angekommen.

»Vielen Dank, Herr P. Dafür, dass Sie heute mitgekommen sind, und für alles andere auch«, sagte Tina.

Posthumus sah auf die Uhr. Es war noch vor halb drei.

»Sie müssen mich nicht bringen«, sagte Tina. »Ich komm schon alleine klar.«

»Ich geh noch mit bis zum Nieuwmarkt«, sagte Posthumus. »Ich muss sowieso noch ein paar Sachen fürs Abendessen einkaufen.«

Mit ein bisschen Glück bekam er ein paar frühe Morcheln. Zuerst auf den Markt, dann ein paar Bahnen im Zuiderbad und danach ein schönes Morchelrisotto. Eventuell mit Wachteln? Vielleicht hatte Merel Zeit und Lust vorbeizukommen. Sie könnten Annas Party planen. Oder er vergrößerte die Runde noch um ein paar alte Freunde? Die Begegnung mit Freddie hatte in ihm den Wunsch geweckt, ein paar davon wiederzusehen. Posthumus griff nach seinem Schlüssel. Das Handy klingelte. Seine Laune sank, als er aufs Display schaute: Sulung.

»Tut mir leid, da muss ich kurz drangehen«, sagte er zu Tina. »Die Arbeit.«

Der Gedanke an einen gemächlichen Nachmittag rückte in weite Ferne, noch bevor er den Anruf entgegennahm. Tina formte mit den Lippen ein »Tschüs« und winkte kurz.

»Sulung. Was gibt's?«

»Hier herrscht das absolute Chaos!«, sagte Sulung. Posthumus hörte die Panik in seiner Stimme. »Maya hat sich heute Morgen krankgemeldet. Alex ist an der Uni, ihre Vertretung ist nicht gekommen, und das Telefon klingelt ununterbrochen. Ich soll die Asche von Frau Dam abholen, und jetzt ist auch noch der Kopf von Barendse da!«

»Okay, okay, okay«, sagte Posthumus und musste ein Lächeln unterdrücken. Die Vorstellung von einem panischen Sulung mit dem Kopf eines Toten auf dem Schreibtisch erschien ihm plötzlich unwiderstehlich komisch. Natürlich war der Kopf nicht wirklich im Büro. Die enthauptete Leiche von Dirk Barendse war vor ein paar Monaten gefunden worden, in einer ausgebrannten Wohnung. Der Fall sorgte für Schlagzeilen. Nachdem die Polizei die kopflose Leiche freigegeben und dem Bestattungsamt überlassen hatte, gelang es Posthumus, die Gebühr für die Aufbewahrung in der Leichenhalle von 90 auf 75 Euro am Tag herunterzuhandeln. Außerdem überredete er die Polizei, die immer noch ziemlich hohen Kosten zu übernehmen, die sich anhäufen konnten, bis der fehlende Kopf gefunden war und man die Leiche komplett bestatten konnte. Anscheinend war es nun so weit, doch damit war ein erheblicher bürokratischer Aufwand verbunden. Und das war wahrscheinlich der Tropfen, der bei Sulung das Fass zum Überlaufen gebracht hatte. Sulung – noch so ein Mensch, der versuchte, sich aus den Bruchstücken der Vergangenheit eine Art Zukunft zu bauen.

»Ich bin ganz in der Nähe«, sagte Posthumus. »In ein paar Minuten bin ich da.«

Er brauchte nicht lange, um die Barendse-Akte aufzustöbern und Sulung zu erklären, was zu tun war. Posthumus bot an, die Asche von Frau Dam selbst zu verstreuen, ihre Nichte in Kanada hatte darum gebeten. In seinem Posteingang war eine E-Mail von Alex mit dem Betreff »Überraschung«. Er hatte ganz vergessen, dass sie am Vortag mit »guten Nachrichten« ins Büro gekommen war, als er gerade mit Sulung aufbrechen wollte.

»Großartig!«, rief Posthumus beim Lesen. »Alex hat eine Geldquelle für die Trauergedichte aufgetan!«

»Er ist oben«, sagte Sulung. Er wirkte nicht sonderlich beeindruckt.

»Wer, Cornelius?«, fragte Posthumus.

»Redet mit dem Chef.«

»Gerade fertig.«

Posthumus drehte sich in die Richtung, aus der die Stimme kam. Cornelius stand an der Tür.

»Großartige Nachricht!«, sagte Posthumus. »Meinen Glückwunsch.«

»Ein vom Himmel gesandter warmer Regen der Generosität«, sagte Cornelius. »Und wie ich höre, haben wir das natürlich Alex zu verdanken. Womöglich kommt von der LIRA-Stiftung auch noch etwas.«

»Damit sind wir also für ein paar Monate abgesichert«, sagte Posthumus.

»Vermutlich sogar länger, zumindest laut Seiner Obrigkeit, wie euer ehrenwerter Chef hier genannt wird.«

Posthumus war erleichtert: Cornelius wusste gar nicht, wie gefährdet seine Aufträge angesichts der Kürzungen gewesen waren.

»Ich dachte, du, mein lieber Charon, hättest heute frei«, sagte Cornelius.

»Das dachte ich auch«, antwortete Posthumus. »Ich bin nur kurz vorbeigekommen, um ein bisschen auszuhelfen. Hast du Lust auf einen Kaffee? Ich bin hier fast fertig und muss dann los zum Nieuwe Ooster, um Asche abzuholen.«

»De Nieuwe Ooster? Doch nicht etwa die liebe Frau Dam?«, fragte Cornelius und fing an, das Gedicht zu rezitieren, das er für ihre Trauerfeier geschrieben hatte.

»Genau die«, sagte Posthumus.

»Ich komme mit«, sagte Cornelius. »Die alte Dame ist mir richtig ans Herz gewachsen. Und du könntest mir einen Gefallen tun und mich danach an einem dieser schicken neuen Hochhäuser an der Amstel absetzen. Lukas ist bei einer Geburtstagsfeier, und man wünscht sich einen kleinen Beitrag zu den Feierlichkeiten von mir.«

Posthumus konnte sich denken, was gemeint war. Cornelius wirkte vielleicht etwas steif und antiquiert, hatte aber schon häufiger die Gäste im Dolle Hond mit improvisierten Reimen und spontanen Rap-Einlagen begeistert.

»Aber sicher«, sagte Posthumus. »Übrigens haben wir einen interessanten Neuzugang für dich. Ganz was Besonderes.« Er zeigte auf die Barendse-Akte. Während Cornelius las, half Posthumus Sulung bei den anderen Sachen, die er an diesem

Morgen nicht auf die Reihe gebracht hatte: Aufgaben, die Sulung vor dem Tod seiner Frau mühelos bewältigt hätte. Dann trug er sich für die Nutzung des Abteilungswagens ein, nahm die Autoschlüssel und ging zusammen mit Cornelius nach unten.

Sie kamen gerade am Empfang vorbei, als Posthumus hörte, wie Sulung aus dem Büro zum Treppenabsatz rannte.

»Pieter, Pieter, ein Anruf für dich!«

Posthumus ließ die Schultern hängen. Vielleicht konnte er sich einfach davonstehlen.

»Es ist Kommissar de Boer.«

»Ich gehe hier unten ran. Kannst du durchstellen?«, rief Posthumus.

Alex' Parfüm – Allure – hing noch am Hörer. Der Chanel-Duft stand in deutlichem Kontrast zu der Stimme, die nach einem Klicken in der Leitung ertönte.

»Herr Posthumus, ich fürchte, ich habe schlechte Nachrichten.«

»Ben Olssen?«

Der Kommissar musste es gar nicht aussprechen. Posthumus hatte gleich so ein ungutes Gefühl in der Magengrube gehabt.

»Er ist am frühen Nachmittag gestorben. Offenbar ging bei der Beatmung etwas schief. Ich bin gerade im Krankenhaus. Wir versuchen, der Sache auf den Grund zu gehen; das scheint ein bisschen kompliziert. Aber ich dachte, Frau Lanting und Frau Walraven sollten es gleich erfahren. Ich konnte die beiden nicht erreichen, wollte aber auch keine Nachricht bei Frau Lantings Assistent hinterlassen. Sie wissen nicht zufällig, wo die beiden gerade sind?«

»Ich glaube, sie sind in einer Sitzung«, sagte Posthumus. »Wahrscheinlich dauert das noch.«

»Das habe ich mir gedacht.« Der Kommissar zögerte. »Ich habe gerade ein bisschen viel um die Ohren«, sagte er dann.

»Ich weiß nicht, ob ich es raus ins Kongresszentrum schaffe oder wann ich Zeit habe, sie anzurufen, aber ich möchte nicht, dass sie es aus den Nachrichten erfahren. Könnten Sie vielleicht …?«

»Das ist mein täglicher Job«, sagte Posthumus. »Oder besser gesagt, ein Teil meines Jobs.« Sollte er die verwüsteten Hotelzimmer ansprechen? Freddies Reaktion ließ ihm keine Ruhe. Vielleicht nicht jetzt. »Nun ermitteln Sie also in einem Mordfall«, sagte er stattdessen.

»Das ist der andere Grund für meinen Anruf«, sagte de Boer. »Wir haben einen Verdächtigen. Wir haben Aufnahmen von Überwachungskameras, die einen Mann zeigen, der offenbar Olssens Sachen und diesen hellbraunen Mantel bei sich hat. Aber eigentlich sollte ich ›wir *hatten* einen Verdächtigen‹ sagen.«

»Frans Kemp?«, vermutete Posthumus.

»Martin Jacobs.«

Posthumus brauchte eine Weile.

»Marty? Marty Jacobs von der Metzgerei?«, fragte er.

Marty war ein zutiefst unangenehmer Typ, eine miese Kröte, aber ein Mörder?

»Wir wollten ihn verhören, aber wir kamen zu spät. Jacobs ist tot. Er wurde erschossen.«

Posthumus tastete nach Alex' Schreibtischstuhl und setzte sich.

»Als wir den Brand im Dolle Hond untersuchten, sagten Sie mir, Jacobs hätte Sie auf der Straße bedroht«, fuhr de Boer fort. »Als ich damals fragte, ob Sie Anzeige erstatten wollten, antworteten Sie: ›Noch nicht.‹ Können Sie mir sagen, worum es ging?«

De Boer hatte recht. Posthumus erinnerte sich. Der Vorfall auf dem Nieuwmarkt.

»Das hatte ich ganz vergessen«, sagte Posthumus. »Er ging auf mich los, völlig unerwartet. Er sagte, er hätte mächtige

Freunde oder etwas in der Art. Ich weiß nur noch, dass ich damals dachte, es hätte etwas mit dem Brand zu tun.«

»Wenn Ihnen noch etwas einfällt, rufen Sie mich an, ja?«, bat de Boer.

Posthumus hörte Stimmen im Hintergrund.

»Ich würde das gern noch ausführlicher mit Ihnen besprechen«, sagte de Boer, »aber der Arzt und die Stationsschwester sind da. Kann ich Sie später noch mal anrufen?«

»Am besten auf dem Handy«, sagte Posthumus. »Ich wollte gerade aus dem Büro.«

Er legte den Hörer auf, blieb aber sitzen und starrte auf seine Finger, die flach abgespreizt auf Alex' Schreibtisch lagen.

Marty Jacobs. Verschiedene Szenen fielen ihm ein, eine nach der anderen. Marty, der ihn auf dem Nieuwmarkt anpöbelte. Marty, übel zusammengeschlagen; warum, wusste Posthumus nicht. Tina, die den Mann verbscheute und Posthumus erzählte, dass Marty früher ein Kunde von ihr war, den es antörnte, wenn er die Mädchen zum Weinen brachte. Marty Jacobs hatte eindeutig sehr miese Eigenschaften.

»Keine guten Nachrichten, nehme ich an«, sagte Cornelius.

Posthumus stand auf. Auf dem Weg zum Auto erzählte er Cornelius von Ben und Marty.

Die beiden Männer, zusammengefaltet in dem kleinen Smart, sprachen immer noch über Ben Olssen, Freddie, Marty und die ganze Sache, als sie das Krematorium von De Nieuwe Ooster erreichten.

»Frau Dam ist noch nicht ganz fertig«, sagte ein gertenschlanker junger Mann in einem schwarzen Gehrock. »Sie können gerne warten.« Er wedelte träge zu einer Sitzecke mit Sesseln.

»Wir gehen hinten rein und holen sie direkt ab«, sagte Posthumus, nahm Cornelius beim Ellbogen und lenkte ihn zur Tür, bevor der junge Mann Einwände erheben konnte.

Posthumus klopfte an die Tür des niedrigen Gebäudes hinter dem Krematoriumsofen und öffnete sie. Er erkannte den Mitarbeiter im Overall, der gerade den Deckel auf eine Urne setzte.

»Könnten Sie Frau Dam vielleicht vorlassen?«, fragte Posthumus.

»Kein Problem. Sie ist sowieso gleich an der Reihe.«

Posthumus und Cornelius traten beiseite und schauten zu, wie der Mitarbeiter Klumpen verkohlter Körnchen und erkennbare Knochenstückchen aus einer Kiste in eine massive, brusthohe Maschine schaufelte.

»Wir sollten jetzt vor allem an die denken, die noch am Leben sind«, griff Posthumus ihr vorheriges Gespräch wieder auf. »An die drei anderen Delegierten und an Christina.«

»Ah, ich hatte mich schon gefragt, wann wir auf die holde Dame zu sprechen kommen«, sagte Cornelius. »Der Ritter im Herbst seines Lebens, der sich nach einem zweiten Frühling sehnt?«

Posthumus sah Cornelius säuerlich an. Es war ja nicht so, dass er nicht auch schon daran gedacht hatte.

»Wenn ich je eine Midlife-Crisis hätte, würde ich mich sicherlich nicht so klischeehaft verhalten«, erwiderte er.

»Das beruhigt mich«, sagte Cornelius. »Die Frau raubt mir den letzten Nerv. Du meine Güte!«

Posthumus folgte Cornelius' Blick zu den Knöpfen an der Maschine: FÜLLEN, NACHFÜLLEN, MAHLEN und LEEREN. Der Mitarbeiter drückte auf MAHLEN.

»Mir war nicht klar, dass beim ›Staub zu Staub‹-Teil derart nachgeholfen werden muss«, sagte Cornelius. »Kein Wunder, dass ihr Katholiken etwas gegen Einäscherung habt.« Er wandte sich wieder zu Posthumus und hob die Stimme, um den Lärm der Maschine zu übertönen. »Tut mir leid, mein lieber Charon. Es ist nur so, dass ich zurzeit ein bisschen zu viel von dem reizenden Geschöpf abbekomme. Und dabei geht es immer nur um den schönen Schein, um Prominenz und Status. Gabrielle hat sie zehn Jahre lang nicht gesehen, und plötzlich drängt sie sich in unser Leben und nimmt jede Stunde des Tages in Beschlag.«

»Aber das mit den Tigern, die Rettung ›niedlicher Pelztierchen‹, wie du es gestern abwertend genannt hast, das ist doch nicht nur schöner Schein. Da steckt wirklich was dahinter«, sagte Posthumus. »Ich habe ein bisschen im Netz recherchiert. Vor ein paar Jahren gab es in Sankt Petersburg eine riesige Konferenz mit allen möglichen Größen aus Politik und Wirtschaft. Putin ist ein echter Fan. Und beim Schmuggel der Felle und Körperteile geht es um viel Geld, vor allem in China und Indien.«

»Das hat aber nichts mit Fracking zu tun, oder?«

»Auch im Umweltschutz fließt richtig viel Geld«, sagte Posthumus. »Und das hat schon was miteinander zu tun, mit dem Habitat der Tiere, mit Wiederaufforstung, Kohlendioxidemission und wer weiß, womöglich auch mit Fracking. Vielleicht hat Christina jemanden verärgert, und Ben Olssen wusste davon. Jemanden, der auch was gegen Olssen hatte.«

»Ich kann mir einfach nicht vorstellen, dass Christina so stark einbezogen ist«, sagte Cornelius. »Oder so wichtig für ihre Organisation sein könnte. Christina ist ist mehr Schein als Sein, eine Meisterin im Manipulieren, schon von Berufs wegen, darin ist sie wirklich gut, und das war sie schon immer. Gabrielle hat erzählt, damals in London auf der Schule hätte Christina so getan, als ob *ihr* Vater der Botschafter wäre und der alte Lanting der ihm unterstellte Attaché. Und das macht sie heute noch so: der Familienname, die altehrwürdige Bank, ihr Daddy, der in Brüssel die Fäden zieht. Aber in der Welt, die du und ich bewohnen, mein lieber Charon, hat der Name ihrer Familie seinen Glanz verloren, der Großteil der Bank gehört Arabern, und Christinas Vater, sosehr sie ihn auch bewundern mag, ist nur ein kleiner Lobbyist. Schall und Rauch, Charon, mit dem sie dir den Kopf verdreht hat. Sie bauscht alles auf und spielt ihr Spielchen. Aber Christina ist nicht die Art von Frau, die sich derart intensiv mit den wirklich wichtigen Dingen befasst, dass sie selbst in Gefahr geraten könnte.«

Das Mahlgeräusch hörte auf. Der Mitarbeiter zog einen Behälter unten an der Maschine heraus und schüttete den Inhalt durch einen Trichter in eine braune Papiertüte.

»Das ist ja wie in einer Kaffeerösterei!«, rief Cornelius. Er wirkte ehrlich bestürzt.

»Sie müssen sie nicht beschriften«, sagte Posthumus. »Wir nehmen sie direkt mit, ich unterschreibe dann draußen.«

Der Mitarbeiter gab Frau Dams sterbliche Überreste in einen Behälter mit Drehverschluss.

»Zum Verstreuen«, erklärte Posthumus Cornelius.

»Wo?«, fragte Cornelius beim Hinausgehen.

»Es gibt ein Arboretum«, sagte Posthumus.

»Machst du das immer selbst?«

»Eigentlich ist es Aufgabe der Bestatter. Aber manchmal, wenn wir Freunde oder Verwandte auftun, die selbst nicht kommen können, bitten sie uns darum. Ich nehme an, es kommt ihnen so persönlicher vor. Irgendwie gehören wir am Ende zum Leben unserer Klienten dazu.«

»Ja, manchmal habe ich wirklich das Gefühl, ich würde sie kennen«, sagte Cornelius. »Wie die liebe Frau Dam.«

Sie erreichten das Arboretum. Auf dem Boden lag noch das Laub vom Winter, doch die meisten Bäume trugen bereits zarte blassgrüne Blätter.

»Fällt Ben Olssen auch in deine Zuständigkeit?«, fragte Cornelius.

Posthumus hielt einen Moment inne. »Gute Frage«, sagte er. »Selbst wenn es eine Familie gibt, kümmern wir uns oft um die Überführung. Das hängt von der Polizei ab.«

Schweigend verstreuten sie Frau Dams Asche und blieben

dann einen Moment lang nebeneinander zwischen den Bäumen stehen.

»Die demolierten Hotelzimmer«, sagte Cornelius, als sie wieder im Auto saßen. »Glaubst du wirklich, dieser Freund von dir, dieser Freddie, hatte etwas damit zu tun?«

»Genau solche Sachen hat er früher gemacht; wir alle haben früher so was gemacht«, sagte Posthumus. »Und ich denke mal, dass er deshalb sein iPad auf dem Tisch hatte, er wartete auf die Nachrichtenmeldung.«

»Und glaubst du, er hatte auch etwas mit Ben Olssen zu tun?«

Posthumus blieb lange an einer Kreuzung stehen und verpasste eine Lücke im Verkehr. Der Fahrer hinter ihm hupte. Er fuhr weiter.

»Ja und nein«, sagte er. »Freddie wirkte ehrlich schockiert, als er davon hörte, der Überfall schien ihn wirklich zu beunruhigen. Wir wollten gemütlich im Scruff etwas trinken, aber nachdem ich ihm davon erzählt hatte, konnte er gar nicht schnell genug wegkommen.«

»Um herauszufinden, was schiefgegangen ist?«

»Oder wer vielleicht zu weit gegangen ist«, überlegte Posthumus.

»Sorry! Gleich hier links. Das Gebäude mit dem gläsernen Treppenhaus«, sagte Cornelius. Er deutete auf eins der schicken Hochhäuser, die in den letzten Jahren an der Biegung der Amstel entstanden waren und in deutlichem Kontrast zu den sanft geschwungenen Giebeln der alten Häuser im Stadtzentrum standen. Posthumus bog scharf links ab und hielt an. Cornelius stieg aus, tippte grüßend an die Stirn und verschwand im Eingang.

Posthumus fuhr los und sah sich fast sofort mit einer Einbahnstraße und einer Fußgängerzone konfrontiert. Dieser

Teil der Stadt hatte sich völlig verändert, seit er zum letzten Mal hier gewesen war ... Er fuhr langsamer und sah dann eine Straße, die direkt hinunter zum Fluss führte. Warum nicht? Schließlich hatte er heute frei. Am Ufer unterhalb der Wohnblöcke lagen immer noch Hausboote dicht an dicht nebeneinander vertäut, einige von ihnen wahre Designwunder, kleine schwimmende Angeberhäuser. Aber es waren auch ein paar marode alte Kähne darunter, heimelig und mit Topfpflanzen vollgestellt; aus krummen Metallrohren stieg Holzrauch auf, kleine Beiboote schaukelten vorn am Bug, und hinter dem Heck waren Fahrräder angekettet. Das Boot von Kees musste auch noch da sein, zumindest hatte Posthumus das in dem Artikel über ihn gelesen. Wenn jemand Licht ins Dunkel der Geschichte mit den Hotelzimmern bringen konnte, dann Kees. Und überhaupt wäre es einfach schön, ihn mal wiederzusehen.

Posthumus parkte und ging am Ufer entlang. Kees' Boot war leicht zu finden: ein paar schräge Holzskulpturen mehr an Deck, noch ramponierter als früher, ansonsten aber unverändert. Wie oft hatten sie hier bis spät in die Nacht diskutiert ... Posthumus ging über die immer noch wacklige Planke zum Boot und zog ein paarmal an der Klingelschnur neben der Tür. Keine Antwort. Natürlich nicht. Wie dumm von ihm. Kees war wahrscheinlich noch auf der Konferenz; Gabi hatte ja gesagt, dass er teilnahm. Posthumus sah auf die Uhr. Es war fast halb fünf. Die Sitzung musste eigentlich schon vorbei sein, aber er hatte keine Lust zu warten. Außerdem sollte er den Wagen zurück zum Büro bringen. Er drehte sich um und wollte gehen, machte dann aber noch einmal kehrt. Sie konnten sich ja heute Abend treffen. Die Lust zum Kochen war ihm ohnehin vergangen, und Morcheln bekäme er jetzt sowieso keine mehr. Er fand eine Visitenkarte in seiner Tasche, umkringelte die Handynummer und schrieb auf die Rückseite:

Ist schon viel zu lange her. Heute Abend zum Essen oder auf einen Drink?
Pieter

Er schob die Karte unter der Tür durch.

Zurück beim Auto nahm Posthumus sein Handy. Wenn die Sitzung wirklich vorbei war, sollte er jetzt versuchen, Gabi zu erreichen und sie über Bens Tod zu informieren. Er lehnte sich gegen die stupsnasige Motorhaube des Smart, schaute auf den Fluss und tippte auf »anrufen«. Es klingelte drei- oder viermal. Posthumus rechnete schon damit, dass sich der Anrufbeantworter melden würde, als er eine Frauenstimme hörte.

»Gabi?«, fragte er.

»Hier ist Christina. Sind Sie das, Pieter? Gabi ist direkt neben mir, sie muss nur noch schnell etwas fertig machen. Wenn Sie also kurz warten könnten? Wie geht es denn dem elegantesten Bestatter von ganz Amsterdam? Wen haben Sie heute würdig unter die Erde gebracht?«

Ihre Fragen klangen leicht spöttisch. Vielleicht neckte sie ihn bloß. Posthumus trat unbehaglich von einem Fuß auf den anderen und ging schließlich ein paar Schritte. Er hatte gehofft, Gabi würde Christina die schlechte Nachricht überbringen. Und ja, er wusste, dass das ziemlich feige war.

»Christina ...«, sagte er, aber sie war richtig in Schwung gekommen.

»Sie können sich das hier nicht vorstellen«, sagte sie. »Es ist genau wie immer. Sehr eloquent und mit großer Begeisterung verständigt man sich darauf, dass man gänzlich verschiedene Standpunke hat, und schafft so ein ungemein positives Gefühl, das jeder Grundlage entbehrt.«

Und Cornelius behauptete, sie wäre völlig oberflächlich? Posthumus setzte noch einmal an: »Christina, tut mir leid, dass ich Sie unterbreche, aber ich habe schlechte Nachrichten. Ben ist tot.«

Schweigen. Wie sehr er das hasste, vor allem am Telefon, obwohl es weiß Gott nicht das erste Mal war. Er hätte sie jetzt gerne in den Arm genommen.

»Christina? Es tut mir so leid, vielleicht könnte ich ...«

Posthumus hörte Stimmen, etwas gedämpft. Christina und Gabi. Christina sagte einfach: »Ben ist tot.« Dann ein Rascheln.

»Piet?«

Das war Gabi.

»Piet, wann? Was ist passiert? Ich dachte, er wäre über den Berg.«

Posthumus erzählte Gabi, was er wusste, und auch von Marty, dass er ein Verdächtiger war ... ein Verdächtiger gewesen *war*.

»Aber das ist ja furchtbar«, sagte Gabi. »Ich verstehe das alles nicht! Warum? Das passt gar nicht zu Ben; er ist so ... so solide. Klar, es hieß, er hätte unsere Sache verraten, als er zu Shell ging, aber die Leute haben das einfach nicht verstanden. Man muss sich doch nur ansehen, was er seitdem alles gemacht hat, bei der UNO, der Energieversorgung in Entwicklungsländern und das alles. Sicher, ich bin nicht immer einer Meinung mit ihm, aber er hat Dinge in Bewegung gebracht. Gute Sachen. Er war pragmatisch.«

Posthumus sagte nichts. Das kannte er von der Arbeit – die Leute mussten sich den Kummer von der Seele reden. Das passierte oft, als ob die Empfänger der Todesnachricht dem Verstorbenen hinterherlaufen würden, um irgendwie, auf ihre Art, Schritt zu halten mit dem Tod. Aber der Wechsel vom Präsens ins Präteritum war ein gutes Zeichen.

»Das muss ein Irrtum gewesen sein. Wer ist dieser Marty Jacobs überhaupt? Du sagst, du kennst ihn aus dem Dolle Hond?«, fragte Gabi.

Posthumus deutete Martys Kontakte ins Milieu an.

»Nein, nein, das passt nicht zu Ben«, sagte Gabi. »Gut, er

war ein Frauenheld, aber auf eine positive Art, wenn du weißt, was ich meine ...«

Das wusste Posthumus nicht, aber ihm fiel auf, dass Gabi die Stimme gesenkt hatte.

»Ist bei Christina alles okay?«, fragte er.

»Sie ist weggegangen. Das trifft sie schwer, glaube ich. Sie stand Ben näher, als sie zugibt.«

»Heute Morgen hat sie ein bisschen von ihrer gemeinsamen Zeit in Venedig erzählt. Zuerst sagte sie, es sei nur eine Affäre gewesen, aber dann bekam ich den Eindruck, dass es viel mehr war.«

»Ich glaube, ich schaue besser mal nach ihr«, sagte Gabi. »Ich melde mich später noch mal.«

Posthumus merkte, dass er beim Telefonieren eine ziemliche Strecke an der Amstel zurückgelegt hatte. Er drehte um und ging zurück zum Auto. Der Feierabendverkehr verdichtete sich, als er an den hohen Büroblocks neben der Philips-Zentrale vorbeifuhr. Vielleicht lag es daran, dass er und Cornelius gerade über Freddie gesprochen hatten, aber er hätte schwören können, dass er ihn in die entgegengesetzte Richtung radeln sah, als er über die Brücke fuhr.

10

Flip de Boer ging zu seinem Auto, das auf der anderen Straßenseite parkte, in einer der Buchten des Polizeireviers gegenüber vom Krankenhaus. Er zündete sich eine Zigarette an. Eine Computerpanne. Kein Wunder, dass die Ärzte beim ersten Anruf so zurückhaltend gewesen waren. Das Beatmungsgerät hatte einfach abgeschaltet, ebenso das Alarmsystem, also gab es auch keinen Warnton; das klang schlüssig, wenn alles computergesteuert war. Olssen starb innerhalb weniger Minuten. De Boer bezweifelte, dass das den Hinterbliebenen ein Trost war. Die IT-Leute vom Krankenhaus untersuchten das Problem, aber er hatte auch seine eigenen Technikexperten darauf angesetzt. Er drückte auf seinen Autoschlüssel. Irgendetwas, er wusste nicht genau, was, ließ ihm keine Ruhe, und de Boer hatte schon als junger Polizist gelernt, seinem Instinkt zu vertrauen.

Er lehnte sich an die Motorhaube und rauchte die Zigarette zu Ende. Dann griff er nach seinem Handy. Das Bild von dieser Pia Jacobs ging ihm nicht aus dem Kopf: verbittert, wütend, verschlossen. Wusste sie etwas über den Tod ihres Sohnes? Oben in der Wohnung hatte sie dichtgemacht. Hans hatte ihn angesehen, und de Boer hatte gespürt, dass Hans vielleicht mehr aus ihr herausbekommen würde, wenn er mit ihr allein war. Da gab es eindeutig eine Vorgeschichte. De Boer war wieder nach unten gegangen, hatte sich gründlich umgesehen und auf die Spurensicherung gewartet. Dann war er ins Krankenhaus gefahren. Er sah auf die Uhr auf seinem Handy: fünf nach vier. Es war fast zwei Stunden her, dass er in der Metzgerei gewesen war. Er würde mal bei Hans den aktuellen Stand abfragen. Hans meldete sich sofort.

»Gerade wollte ich dich anrufen«, sagte Hans. »Ich bin zurück auf dem Revier. Die alte Jacobs ist mitgekommen, sie wird eine offizielle Aussage machen.«

»Und?«

»Durchaus nützlich.«

»Erzähl.«

»Dirk Jacobs«, sagte Hans.

»Der Vater, der umgebracht wurde.«

»Genau der. Kleinkrimineller, aber mit großen Ambitionen. Hatte ein paar Mädchen, dealte ein bisschen, hin und wieder eine Hehlerei, und er benutzte die Metzgerei für Geldwäsche. Ich kenne ihn noch aus grauer Vorzeit, als ich Streife gegangen bin. Ist durch De Wallen stolziert und hat einen auf dicke Hose gemacht. Durchaus ehrgeizig, wollte sich ins Revier eines anderen drängen. Man hat ihn liquidiert. Im wahrsten Sinne des Wortes. 1985 wurde er in der Amstel gefunden.«

»Und der Mörder?«

»Gefasst, verurteilt, irgendwann um 2000 gestorben«, sagte Hans. »Aber jetzt kommen wir zum eigentlichen Kern. Hinter der ganzen Sache, das wusste jeder, steckte Henk de Kok.«

Den Namen kannte de Boer. Henk de Kok, der bei so ziemlich jedem schmutzigen Geschäft in Amsterdam die Finger im Spiel hatte, aber eine Reihe von Strohmännern beschäftigte, die ihn und seine vordergründig legalen Immobilienfirmen und Unternehmen abschirmten: ein Nachtclub, Escort-Agenturen, selbst der Fitnessclub beim Revier am IJ-Tunnel gehörte ihm. Man konnte ihm einfach nichts nachweisen. Selbst die Steuerbehörden hatten es schon versucht.

»Und du glaubst, dass de Kok auch bei Martin Jacobs' Tod mit drin hängt?«, fragte de Boer. »Meinst du, Jacobs war auf einer Art Rachefeldzug und hat sich selbst ans Messer geliefert?«

»Marty wusste nichts von den Machenschaften seines Vaters«, sagte Hans. »Er war erst fünf oder sechs, als Dirk Jacobs umgebracht wurde. Ich glaube, dass er immer an seinem Vater gemessen wurde, mit dem er natürlich nicht mithalten konnte. Was für ein Albtraum, wenn man diese Frau als Mutter hat.«

»Und Henk de Kok?«, sagte de Boer.

»Laut Pia Jacobs hat sich Marty vor etwa einem Jahr mit de Kok eingelassen. Hatte große Pläne, wollte wohl der nächste Gangsterboss von De Wallen werden. In gewisser Weise also: Wie der Vater, so der Sohn. Dafür hat er sich vor einer Weile eine ziemliche Tracht Prügel eingehandelt. Er dachte, seine Mutter hätte keine Ahnung, was er trieb, aber sie ist ihm auf die Schliche gekommen, hat an seiner Zimmertür gelauscht und so, und wenn du mich fragst, hat sie immer noch Kontakte ins Milieu. Außerdem war Marty nicht gerade schnell von Begriff. Wie auch immer, sie sagte ihm nichts, beobachtete und wartete ab. Ich weiß nicht, vielleicht ließ sie ihn einfach machen, damit er auf die Nase fiel, anscheinend demütigte sie ihn gern; oder sie wollte über Marty wieder ins Geschäft kommen. Damals, nach dem Mord, gab es das Gerücht, dass sie selbst mitmischen wollte, am Ende hat dann de Kok das meiste eingesackt. Aber hör dir das an: Letzten Dienstag, an dem Abend, an dem Olssen überfallen wurde, hatte Marty laut seiner Mutter irgendeine große Sache am Laufen; den ganzen Tag machte er Andeutungen, dass sich die Dinge bald ändern würden, redete laut am Telefon, er sei bereit und stehe in ständigem Kontakt. Und zum Teil führte er die Gespräche auf Englisch.«

»Moment«, sagte de Boer, »sie weiß nicht, dass wir die Verbindung zu Olssen gezogen haben? Sie hat den Dienstag von selbst erwähnt?«

»Sie denkt, wir würden einfach nur den Mord an ihrem Sohn untersuchen«, sagte Hans. »Ich habe sie gefragt, ob ihr an seinem Verhalten in den letzten Wochen etwas aufgefallen ist.«

»Er macht also den ganzen Tag Andeutungen und telefoniert lautstark ...«

»Und geht an dem Tag gegen fünf Uhr nachmittags aus dem Haus«, sagte Hans. »De Kok kommt vorbei und holt ihn ab. Gegen neun ist Jacobs wieder daheim, geht gleich auf sein Zimmer, und am nächsten Tag prahlt er mit einem schicken Laptop und einem Handy herum.«

»Bingo.«

»Den Computer haben wir gefunden, er war in einem Müllsack in seinem Zimmer«, sagte Hans. »Ich habe alles eingetütet und mitgenommen. Dachte, du willst einen Blick drauf werfen, bevor wir es den Technikern geben. Man braucht ein Passwort. Und die Spurensicherung hat ein nagelneues Handy unter der Leiche gefunden. Völlig zertrümmert, ohne SIM-Karte.«

»Wahrscheinlich das von Olssen. Martys eigenes Handy war in seiner Hosentasche. Das haben wir schon.«

»Sollen wir de Kok einen Besuch abstatten?«, fragte Hans.

»Noch nicht. Der Typ ist aalglatt. Ich brauche mehr als die Anschuldigungen einer Frau, die noch ein Hühnchen mit ihm zu rupfen hat. Aber wir sind auf dem richtigen Weg. Schauen wir mal, was wir auf Jacobs' Handy finden. Wie lief es denn mit den Augenzeugen? Vor allem mit dieser Irene Kester?«

Hans gab ein Geräusch von sich, das irgendwo zwischen einem Lachen und einem Knurren lag. »Die! Da müssen wir bis morgen warten, bis sie sich beruhigt hat«, sagte er. »Gerade machen ein paar andere Zeugen ihre Aussagen, ist aber bislang nichts Besonderes dabei. Alle sagen so ziemlich das Gleiche: zwei Typen mit Helm auf einem Motorrad, die durchs Schaufenster schießen. Die Kollegen im Streifenwagen konnten sie nicht aufspüren, die im Hubschrauber leider auch nicht. Spurlos verschwunden. Wahrscheinlich sind sie nördlich vom Tunnel in einem Lagerhaus abgetaucht und haben das Fahrzeug gewechselt.«

»Und Pia Jacobs, kannst du sie dazu bringen, das alles offiziell zu Protokoll zu geben?«, fragte de Boer.

»Ja, ich denke schon, aber ich würde nicht zu lange warten, sonst überlegt sie es sich womöglich noch anders.«

»Also dann ran. Und Hans ...«

»Ja?«

»Gute Arbeit, vielen Dank. Ohne dich hätten wir bestimmt nicht so viel aus ihr herausbekommen. Und ein schönes Wochenende. Mach nach der Aussage von Jacobs Feierabend, arbeite nicht mehr zu lange.«

»Das sagt der Richtige!«

De Boer lachte. »Meine Frau ist sowieso schon sauer, weil ich morgen Bereitschaft habe und vielleicht auf dem Revier vorbeischaue«, sagte er. »Aber heute bin ich mal brav und vor dem Abendessen zu Hause. Da fällt mir noch was ein. Kannst du Murat ins Krasnapolsky schicken? Ich komme auf dem Weg ins Büro dort vorbei und setze ihn dann auf die demolierten Zimmer an. Damit brauchst du dich nicht auch noch zu beschäftigen. Mit Olssen und Jacobs habe wir beide genug um die Ohren.«

Sulung war schon weg, als Posthumus zurück ins Büro kam. Er trug das Auto wieder ein, gab die Schlüssel ab und ging zu seinem Schreibtisch, um nach neuen Nachrichten zu sehen. Er würde hier Schluss machen und dann in den Dolle Hond gehen. Er musste Anna von Ben Olssen erzählen, bevor sie zufällig Gabi begegnete. Und natürlich von Marty. Marty. Worauf hatte sich der dumme Junge da eingelassen? Posthumus' Handy klingelte. War das schon Kees? Er sah aufs Display.

»Merel«, begrüßte er seine Nichte.

»Onkel Pieter!«

Posthumus grinste. Merels »Onkel« war immer ironisch gemeint, aber er hörte es trotzdem gern. Zwanzig Jahre waren eine lange Zeit.

»Ich habe vorhin an dich gedacht«, sagte Posthumus. »Eigentlich wollte ich heute Abend etwas Schönes kochen und dachte, vielleicht hast du ja Lust, vorbeizukommen. Aber dann hat sich alles ganz anders entwickelt.«

»Manche Tage sind einfach wie verhext, oder?«, sagte Merel.

Das Telefon auf Posthumus' Schreibtisch klingelte. Er zögerte. »Da sollte ich vielleicht drangehen.«

»Hey, du willst mir doch nicht etwa sagen, dass du im Büro bist!«, sagte Merel. »Ich dachte, du hättest heute frei.«

»Das war die unerwartete Entwicklung«, sagte Posthumus.

»Lass es klingeln«, sagte Merel. »Niemand rechnet damit, dass in einer Behörde freitags um fünf jemand ans Telefon geht.«

Posthumus ließ es klingeln.

»Und wie nett, dass du an mich gedacht hast«, sagte Merel, »aber ich werde heute Abend schon zum Essen ausgeführt. Ins De Compagnon.«

»Das kleine Restaurant nicht weit vom Dolle Hond, auf dem Wasser? *Sehr* romantisch.«

»Mhmmm.«

»Und darf dein Onkel ein bisschen mehr erfahren?«

»Vielleicht. Wir werden sehen.«

Posthumus konnte das Lächeln in ihrer Stimme hören. Das Telefon hörte auf zu klingeln.

»Wie auch immer, ich rufe aus einem ganz anderen Grund an. Ich habe gerade Kamil getroffen, du weißt schon, den Bühnenbildner, der vielleicht ein paar Ideen für Annas Party im Schreierstoren hat«, sagte Merel.

»Und hat er?«

»Allerdings. Für drinnen, also den kleinen Raum mit den Terrassen, und für eine Installation auf dem Wasser. Zum

Beispiel die Warhol-Banane auf dem Velvet-Underground-Plattencover. Aber ich dachte, ich zeig dir die Entwürfe lieber mal. Ich weiß nicht so recht, ob das was für Anna ist. Du kannst das besser beurteilen.«

»Oh, da bin ich gespannt.«

»Es sind bislang nur Skizzen«, sagte Merel. »Ich könnte sie dir vorbeibringen, oder wir treffen uns auf einen Drink vor dem Essen.«

»Ich wollte sowieso gerade in den Dolle Hond gehen, aber wir können uns auch woanders treffen.«

»Prima. Und der Dolle Hond ist perfekt, De Compagnon ist ja gleich um die Ecke. Anna wird schon nichts mitbekommen, dafür ist freitags viel zu viel los. Und ansonsten lasse ich dir einfach die Entwürfe da. Sagen wir in einer halben oder Dreiviertelstunde? Ich bin fast fertig.«

»Perfekt«, sagte Posthumus.

»Und dann kannst du mir auch von den unerwarteten Entwicklungen heute erzählen.«

»Ein sehr ereignisreicher Tag, um es mal so auszudrücken«, sagte Posthumus.

»Gib mir doch schon mal einen kleinen Vorgeschmack.«

Er erzählte ihr von Ben Olssen und von Marty. Dass die Polizei geglaubt hatte, er hätte etwas mit Bens Tod zu tun, er aber jetzt selbst tot war. Posthumus spürte förmlich, wie Merel die Ohren spitzte und eine Story witterte.

»Marty Jacobs? Ich habe doch mal ein Feature über alteingesessene Familien in De Wallen gemacht, da war er dabei«, sagte Merel. Sie klang fasziniert, aber nicht sonderlich überrascht. »Wie der Vater, so der Sohn.«

»Wie meinst du das?«, fragte Posthumus.

Merel erzählte ihm von Dirk Jacobs' Machenschaften.

»Die Mutter, Ria, nein, Pia hieß sie, glaube ich, erwähnte das, als ich sie interviewte«, sagte sie. »Oder machte dunkle Andeutungen, und ich habe dann ein bisschen recherchiert.

Das muss 1984 oder 1985 gewesen sein. Er wurde in der Amstel gefunden.«

»Das habe ich wahrscheinlich nicht mitbekommen«, sagte Posthumus. »Damals war ich noch ein naiver Junge vom Land und gerade erst in die Stadt gekommen.«

Ein unreifer katholischer Junge aus Krommenie, der sich in den Trubel der Großstadt stürzte, mit Anna, die ihn mitriss und führte. Das Katholische hatte sich nicht lange gehalten.

»Wir können ja nachher noch ausführlich reden«, sagte Merel. »Ich muss hier noch was fertig machen. Außerdem will ich alles über diesen Promi hören, den Gabi an Land gezogen hat.«

Wieder die Journalistin. Hartnäckig, unermüdlich. Posthumus lächelte. Merel war durch und durch die Tochter ihres Vaters. Er beendete das Gespräch. Sein Handy zeigte einen verpassten Anruf an und eine Nachricht auf der Mailbox. Er hörte die Nachricht ab.

»Geh endlich an dein verdammtes Telefon! In deinem Büro nimmt auch niemand ab.«

Posthumus lachte leise in sich hinein. Kees war so ungeduldig wie eh und je. Seine Stimme klang bärbeißig, man hörte den Bart geradezu. Und sie versetzte Posthumus im Bruchteil von Sekunden um mehrere Jahrzehnte zurück in die Vergangenheit.

»Du hättest deine Nachricht auch auf was anderes schreiben können. Ich dachte schon, man kommt mich holen. Eine Karte vom Bestattungsamt! Aber dann habe ich den Namen gesehen. Pieter Posthumus, der Abtrünnige! Wolltest du nicht mal die Welt verändern? Du hinterhältiger Verräter, bist bei einer verdammten städtischen Behörde!«

Kees' sonores Lachen erinnerte Posthumus an einen Weihnachtsmann im Kaufhaus.

»Denk nicht, ich hätte dich aus den Augen verloren, echt nicht ... alter Softie. Und natürlich würde ich dich gern mal wieder treffen. Wird verdammt noch mal Zeit! Aber heute Abend kann ich nicht. Du bewegst gefälligst morgen früh deinen Arsch hierher. Um elf. Wenn nicht, kannst du besser untertauchen!«

Posthumus fühlte sich seltsam beschwingt, als er an der Gracht des Kloveniersburgwal entlang zum Dolle Hond radelte.

Kommissar de Boer parkte seinen Wagen hinter dem Kaufhaus De Bijenkorf und ging ein kurzes Stück auf der Warmoesstraat bis zum Haupteingang des Hotels Krasnapolsky. Ein versuchter Giftmord. Eine Erschießung. Das zweite Opfer war am Überfall auf das erste Opfer beteiligt. War Jacobs einfach ein Zeuge gewesen? Aber nein, das konnte nicht sein, dann hätte er sich nicht mit Olssens Sachen davongemacht. Mindestens noch ein anderer Mörder war beteiligt. Derselbe Mann? Die beiden Morde trugen nicht dieselbe Handschrift. Und der Junkie? De Boer griff nach seinem Smartphone und ging im Gehen seine E-Mails durch. Ja. Eine mit dem Betreff »Frans Kemp«. De Boer überflog sie eilig. Das hatte er sich gedacht.

Auf der Treppe des Krasnapolsky wurde er grob angerempelt.

»Pass doch auf, wo du hinläufst, verdammt noch mal!«

De Boer sah auf. Ein dürrer Mann Ende vierzig mit zotteligen Haaren und einem fadenscheinigen, bunt gemusterten Strickpullover drängte sich an ihm vorbei und ging weiter Richtung Dam.

»Nicht eben das, was man im Krasnapolsky erwartet!«, meinte Murat, der gerade die Treppe hochkam.

»Wahrscheinlich einer von der Occupy-Bewegung. Hat sich hier reingeschlichen, um aufs Klo zu gehen«, sagte de Boer.

»Immer noch besser als an der Mauer von der Beurs.«

»Alles vorbereitet?«, fragte de Boer.

»Und wie! Ich habe die Berichte aus allen vier Hotels zusammengestellt, alles, was wir bisher haben«, sagte Murat. »Ich hatte keine Lust mehr zu warten, bis Ed Maartens endlich damit rüberkommt. Hab es einfach selbst gemacht. Hier ist eine Kopie.«

De Boer spürte, wie Wut in ihm aufflackerte. Maartens' Frust über de Boers Beförderung war ja nachvollziehbar, aber dass er als VB deshalb die Arbeit von de Boers Team behinderte, ging nun wirklich zu weit. Doch Murats Augen leuchteten. Er gab de Boer einen dünnen Schnellhefter und trat einen Schritt zurück, um seinem Chef an der Tür den Vortritt zu lassen.

Vor kaum mehr als 24 Stunden hatte de Boer das letzte Mal die Lobby betreten. Seitdem war viel passiert. Der Concierge mit dem Alkoholikergesicht hatte wieder Dienst. De Boers Verstand sprang schnell zurück, als würde er einen Karteikasten durchgehen. Wie hieß er doch gleich? Koning? Nein, Keizer.

Der Concierge trat hinter seinem Pult hervor. »Guten Tag, der Herr.«

Keizer erinnerte sich an de Boer. Und vielleicht auch an seinen Fauxpas, dass er Hans für de Boers Chef gehalten hatte. De Boer stellte Murat vor, aber Keizer empfand es wohl als unter seiner Würde, mit Murat zu reden – vielleicht wegen dessen Jugend und Herkunft –, und sprach demonstrativ nur de Boer an.

»Etwas, das Sie interessieren könnte«, sagte Keizer. »Darf ich?«

Seine Anspannung und Reizbarkeit von gestern waren einem wenig überzeugenden Eifer gewichen. De Boer nickte. Der süßlich-stechende Geruch von Alkohol stieg ihm in die Nase.

»Ich hatte Kontakt zu einem Kollegen im Canal City«, sagte Keizer. De Boer kannte den Namen des Hotels, auch dort war ein Zimmer verwüstet worden. »Ein viel kleineres Hotel. Mein Kollege muss sich den Platz mit der Rezeption teilen«, fuhr Keizer fort. »Ist deshalb aber auch näher dran an den Vorgängen im Büro«, fügte er hinzu, immer noch ausschließlich an de Boer gewandt.

De Boer verkniff sich ein »Kommen Sie endlich zum Punkt«. Das enge Netzwerk der Concierges schwirrte sicher von Gerüchten.

»Mein Kollege hat mir erzählt, dass das Canal City das Personal fürs Housekeeping über eine Agentur bezog. Die enorme Arbeitsbelastung aufgrund der Konferenz, Sie verstehen.«

Murat sah de Boer an und schnell wieder weg. Ein Lächeln zuckte um seine Lippen.

»Es hat sich gezeigt«, sagte Keizer, dem man anmerkte, dass er sich seine Worte sorgfältig zurechtgelegt hatte, »dass das Canal City zum ersten Mal auf die Dienste der besagten Agentur zurückgriff und dass das fragliche Zimmermädchen nicht wieder auftauchte, nachdem das Zimmer des Gastes … demoliert worden war.«

Keizer machte eine effektheischende Pause, musste aber feststellen, dass seine Worte keinen großen Eindruck hinterließen.

»Mein Kollege informierte mich darüber hinaus, dass das auch auf das Grand zutrifft. Und heute Nachmittag hatte ich ein Wort mit unserem Day-Manager, und offensichtlich ist das auch hier der Fall. Dieselbe Agentur.«

Dieses Mal endete Keizer in triumphierendem Ton.

»Das ist sehr interessant. Vielen Dank, Herr Keizer«, sagte de Boer. »Haben Sie auch den Namen der Agentur?«

Keizer reichte ihm einen Zettel. »Nur die Website«, sagte er. »Allerdings nicht mehr aktiv.«

»Und Ihr Manager?«, fragte de Boer.

»Day-Manager«, sagte Keizer und nickte zu einem perfekt

frisierten jungen Mann, der gerade mit dem Rezeptionisten sprach. »Herr Benois.«

De Boer ging zur Rezeption und stellte sich und Murat vor. Benois wirkte erregt und schaute immer wieder zum Eingang.

»Wir hatten einen kleinen Vorfall«, sagte er. »Von eher unangenehmer Art. Jemand hat vor den Personalaufzügen herumgeschnüffelt. Vielleicht sollte ich versuchen, ihn wieder reinzuholen, wenn schon die Polizei da ist.«

»Ungepflegte Haare, bunter Pulli?«, fragte de Boer.

»Genau der.«

»Ich bin draußen auf der Treppe mit ihm zusammengestoßen«, sagte de Boer.

»Er hat ziemlich Krawall gemacht, ich hätte fast den Sicherheitsdienst gerufen«, sagte Benois und sah wieder zur Tür. Er lächelte entschuldigend. »Mit dem Dam auf der einen Seite und dem Rotlichtviertel auf der anderen passiert so etwas immer mal wieder, aber diesmal geriet die Situation ein bisschen außer Kontrolle.«

»Ich kann schnell auf dem Beursstraat-Revier anrufen, wenn Sie möchten«, sagte de Boer. »Vielleicht ist er noch draußen auf dem Platz.«

»Nein, nein, wahrscheinlich geht es nur um einen privaten Streit mit jemandem vom Housekeeping«, sagte Benois. »Ich sage nur ungern, dass das immer wieder vorkommt, aber ... Sollen wir in mein Büro gehen?« Er ging voran.

»Wissen Sie etwas darüber, wann Herr Olssen wieder zurückkommt?«, fragte Benois und deutete auf zwei Stühle für die beiden Polizisten. »Wir haben erst nach dem Frühstück das Okay von Ihren Kollegen bekommen, das Zimmer wiederherzurichten. Meine Leute sind noch oben.«

De Boer informierte Benois, dass keine Eile bestand. Zumindest nicht, was Ben Olssen betraf.

Benois blickte grimmig. »Nun ja, immerhin ist es nicht im Hotel passiert«, sagte er.

De Boer verkniff sich einen Kommentar. Vielleicht mussten Hotelmanager wie Polizisten und Ärzte eine professionelle Distanz entwickeln.

»Ich habe mit Ihrem Concierge gesprochen«, sagte er stattdessen. »Anscheinend ist das Zimmermädchen, das für Olssens Zimmer verantwortlich war, nicht zur Arbeit erschienen, außerdem wurde es von einer Agentur vermittelt. Eine Agentur, die jetzt nicht mehr zu erreichen ist?«

»Keine von den Agenturen, mit denen wir sonst zusammenarbeiten«, sagte Benois. »Bei denen war niemand zu bekommen. Diese andere Agentur bot uns verfügbare Leute an, noch dazu zu sehr guten Preisen. Normalerweise holen wir natürlich Erkundigungen ein, aber diese Woche war einfach zu viel los.«

»Die Agentur wandte sich an das Hotel? Wann war das?«, fragte de Boer.

»Anfang letzter Woche, glaube ich. Das Zimmermädchen fing am Wochenende an. Aber jetzt kommen unsere E-Mails zurück, und ansonsten haben wir nur eine Handynummer, bei der niemand drangeht. Selbst die Website zeigt nur ein ›Diese Seite existiert nicht mehr‹«, sagte Benois. »Ich muss noch einmal betonen, dass das nicht unsere übliche Praxis ist.«

»Und das Zimmermädchen ist weg?«

»Erschien gestern einfach nicht zur Arbeit, ohne Erklärung«, sagte Benois. »Allerdings arbeitete sie nicht auf Olssens Etage. Erst als Herr Keizer mir von den anderen Hotels erzählte, fing ich an, mir Gedanken zu machen.«

»Könnte sie Zugang zu Olssens Zimmer gehabt haben?«, fragte de Boer.

»Die Generalschlüssel passen eigentlich immer nur für ein bestimmtes Stockwerk. Aber vielleicht hat sie mit jemandem getauscht oder behauptet, sie brauche den Schlüssel, um etwas in sein Zimmer zu legen. Sie sollten mit der Hausdame sprechen. Wir haben natürlich noch die Unterlagen des Zimmermädchens, aber das ist nicht mehr als ein Name, weil die Agentur der eigentliche Arbeitgeber ist.«

De Boer nickte Murat zu und sagte: »Wir werden das überprüfen. Aber es ist eher unwahrscheinlich, dass sie ihren richtigen Namen angegeben hat.«

»Etwas ist komisch«, fuhr Benois fort. »Ich habe gerade mit dem Rezeptionisten gesprochen, der versucht hat, den Code für Herrn Olssens Zimmerschloss zu ändern, für den Fall, dass jemand Olssens Schlüsselkarte an sich genommen hat. Anscheinend funktioniert das Zimmerschloss nicht mehr richtig.«

»Was ist das für ein Schloss?«, fragte Murat.

»Ich ... ich bin mir nicht sicher«, sagte Benois. Sein Gesichtsausdruck spiegelte de Boers Erstaunen.

»Kein Problem, ich kann das herausfinden«, sagte Murat.

»Und Herrn Olssens persönliche Sachen?«, fragte de Boer.

»Im Moment sind sie noch in seinem Zimmer«, sagte Benois. »Aber wahrscheinlich wurde dort aufgeräumt.« Er wirkte betroffen. »Ihre Leute, die vorhin hier waren, sagten, das gehe schon in Ordnung. Und ich nehme an, jetzt, da ... na ja ...«

»Sie können das Zimmer bald leer räumen«, sagte de Boer. »Aber vorher würde ich mich dort gern noch einmal umsehen.«

»Warum hast du nach dem Schloss gefragt?«, fragte de Boer Murat, als die beiden in Olssens Zimmer gingen. Die Tür stand offen und war festgeklemmt. Murat fuhr mit den Fingern über die Unterkante des Schlosses.

»Solche Schlösser lassen sich leicht hacken, wenn man sich ein bisschen damit auskennt und die richtige Ausrüstung hat«, sagte Murat. »Man setzt an dem kleinen DC-Anschluss unten an, gibt ein bisschen Saft, et voilà! So kann man den Kartenleser umgehen und den Öffnungsmechanismus auslösen. Das ist ein bisschen riskant, manchmal beschädigt man dabei das Lesegerät – dann reagiert das Schloss nicht mehr auf die Schlüsselkarte; der Generalschlüssel sollte allerdings trotzdem noch funktionieren.«

De Boer kam sich plötzlich ziemlich alt vor.

»Beeindruckend«, sagte er. »Das hast du aber sicher nicht auf der Polizeischule gelernt.«

Murat grinste. »Man hört so manches, hier und da.«

De Boer nickte dem Handwerker zu, der die Wand neu strich, auf die in Rot die liegende Acht gesprayt worden war. Die meisten Möbel waren mit Folie bedeckt, aber man sah, dass das Zimmer aufgeräumt worden war. Auf dem gemachten Bett lag, diesmal geschlossen, Olssens Koffer. De Boer öffnete ihn. Der Verschluss fühlte sich wacklig an. Der Koffer war gewaltsam geöffnet worden. Die Kleidungsstücke, die verstreut auf dem Boden gelegen hatten, waren zurück in den Koffer geräumt worden. Nur die zerrissenen – oder vielmehr aufgeschnittenen – Sachen lagen nicht im Koffer, sondern auf dem Bett: ein Anzugsakko, am Rückensaum aufgeschlitzt, und eine leichte Windjacke, bei der das Futter fast komplett herausgetrennt war. Und auch die Innentasche des Koffers war, anders als er gestern gedacht hatte, nicht abgerissen, sondern herausgeschnitten worden. De Boer runzelte die Stirn.

»Ist das auch in den anderen Zimmern passiert?«, fragte er Murat und hielt das Sakko hoch.

»In den Berichten steht nichts darüber, soweit ich weiß«, sagte Murat.

De Boer schlug den Schnellhefter auf, den Murat ihm gegeben hatte, und überflog die Berichte. Aufgeschlitzte Kleidung in den anderen Zimmern wurde nicht erwähnt, auch keine zerstörten persönlichen Gegenstände. Er sah sich die Fotos an. Ben Olssens Bett war gründlicher durchwühlt worden als die Betten in den anderen Hotels, doch abgesehen davon zeigten alle vier Fälle dieselbe Handschrift: umgeworfenes Mobiliar, die gesprayte Acht an der Wand, die laufende

Dusche, die Musik, eine Kundenkarte von Albert Heijn im Schlitz für den Strom.

»Frag da mal nach, ja?«, sagte er zu Murat. »Und wenn du schon dabei bist, kannst du auch gleich deine Idee mit den Schlössern überprüfen. Vielleicht ist das ja auch bei den anderen passiert.«

Ein Blinken zog de Boers Aufmerksamkeit auf sich. Das kleine graue Display des Telefons auf dem Nachttischchen leuchtete auf: »2 neue Nachrichten«. In Gedanken ging er die Bilder durch, die er bei seinem ersten Besuch abgespeichert hatte. Da hatte kein Telefondisplay geblinkt. De Boer sah auf der laminierten Gästeinformation nach und rief den Anrufbeantworter ab. Er griff nach dem Hotelkugelschreiber und dem Notizblock:

Freitag, 10.02 Uhr
»Ben. Hier ist Greg Robertson. Hm ... was war mit unserem
Skype-Termin am Mittwoch? Ich habe auch schon Nachrichten
auf Ihrem Handy hinterlassen.«

Freitag, 12.32 Uhr
»Hier noch mal Greg Robertson. Letzte Chance. Rufen Sie
mich an.«

De Boer notierte sich den Namen und die Anrufzeiten.

»Zwei Nachrichten auf Englisch«, sagte er zu Murat und reichte ihm den Zettel. »Könnte sich lohnen, dem nachzugehen. Frag mal nach, ob die Nummern unten registriert sind.«

Er nahm sein Handy und googelte »Greg Robertson«. Ein paar Ärzte, ein Immobilienmakler, 25 Einträge bei Linkedin, ein oder zwei Anwälte; das ging seitenweise so weiter. Auf den ersten Blick niemand in Amsterdam. Er probierte »Greg Robertson« und »Amsterdam« und nahm dann noch »Ben Olssen« dazu, erhielt aber keine direkten Treffer.

»Ziemlich häufiger Name«, sagte er und zeigte Murat das Display. »Schau noch mal gründlich nach, wenn du hier fertig bist. Aber vergeude nicht zu viel Zeit damit, vielleicht hat das Hotel ja die Nummer.«

De Boer gab Murat weitere Informationen über die Ermittlungen zu den Hotelzimmern, aber der junge Mann schien bereits auf dem aktuellen Stand zu sein. Womöglich war er sogar besser informiert, als es Hans an seiner Stelle gewesen wäre: endlich jemand, der mitdachte. Er würde Murat im Auge behalten. Im Fahrstuhl griff de Boer wieder nach seinem Handy. 17.20 Uhr: Er konnte immer noch um sieben zu Hause sein, vielleicht sogar schon um 18.30 Uhr. Er zögerte kurz, dann klickte er auf sein Adressbuch.

11

Als Posthumus das obere Ende des Kloveniersburgwal erreichte, wappnete er sich innerlich. Zwei Straßen vom Nieuwmarkt entfernt konnte man meinen, dass der Geist von Amsterdam – mittlerweile eine etwas schrullige alte Dame – mit den Fingern schnippte und einen schnellen Kulissenwechsel vornahm. Als sich der Vorhang wieder hob, waren die malerischen Giebelhäuser und die sanft schaukelnden Hausboote am Kloveniersburgwal verschwunden, und man fand sich stattdessen in einer grölenden und schubsenden Touristenmenge wieder. Der Gestank von Pommes frites und die künstlichen Aromen billiger Süßigkeiten stachen Posthumus in die Nase. Dann eine Woge Marihuana aus einem Coffeeshop, wo ein paar Earth-2050-Delegierte, die Ausweise noch um den Hals, vorgedrehte Joints pafften.

Posthumus stieg vom Rad und ging zu Fuß weiter. Neben der mittelalterlichen Waage auf dem Nieuwmarkt packten die Standbesitzer gerade ihre Waren zusammen. Er nickte der Pilzverkäuferin im Vorbeigehen zu. Sie hatte tatsächlich Morcheln (vielleicht morgen), außerdem einige ihm unbekannte Pilze, die aussahen, als könnte man damit eine ganze Abendgesellschaft ins Jenseits befördern. Er ging an der Stadtwaage vorbei. Was für ein Tag! Wieder sah er den geschwächten Ben Olssen vor sich – zwischen Schläuchen und Monitoren in seinem Krankenhausbett. Gift. Warum Gift? Ein Gedanke, der seit dem Abendessen im Conservatorium in seinem Hinterkopf lauerte, schob sich nun, da Ben tot war, in den Vordergrund. Ihn umzubringen war von Anfang an das Ziel gewesen. Fast wäre dieses Vorhaben gescheitert. Und dann Marty – Marty, den de Boer als Verdächtigen im Fall Olssen bezeichnet hatte. Erschossen. Eine deutlich gängigere und vor allem verlässlichere Methode, um jemanden endgültig loszuwerden. Wo war Marty da nur hineingeraten? Er war habgierig und nicht gerade schlau: eine ungünstige Kombination.

Posthumus versuchte, sich an die Begegnung mit Marty vor ein paar Monaten zu erinnern. Hier auf dem Nieuwmarkt. Er blieb fast an derselben Stelle stehen. Die Passanten ringsum bildeten nur noch einen verschwommenen Hintergrund, vor dem die damalige Situation deutlich hervortrat: Februar, kurz nach dem Brand im Dolle Hond, es war eisig kalt gewesen. Marty beschimpfte ihn, warf ihm vor, überall seine Nase hineinzustecken. Marty schrie beinahe, wirkte aber eher verängstigt als wütend, fast den Tränen nahe. Marty, der eilig Richtung Zeedijk davonstampfte, sich dann aber noch einmal umdrehte und rief: »Ich habe mächtige Freunde, das glauben Sie gar nicht!« Und dann Marty ein paar Wochen später, er ging am Dolle Hond vorbei, übel zugerichtet, als ob er zusammengeschlagen worden wäre. Mächtige Freunde also. Aber wer? Wer steckte hinter der ganzen Sache? Hatte es etwas mit Martys Vater zu tun, den Merel erwähnt hatte? Ein Bandenkrieg? Eine Art Rache? Eine Bestrafung? Sollte Marty zum Schweigen gebracht werden? Irgendetwas daran kam ihm bekannt vor, der Gedanke löste sich von Marty, schwebte kurz um das Bett von Ben Olssen und verschwand abrupt, als er hinter sich eine Stimme hörte.

»Oi, Kumpel! Das Ding kann nicht fliegen! Das ist ein *Fahrrad*. Man setzt sich drauf und strampelt los. Man bleibt nicht einfach mitten auf dem Weg stehen und wartet, bis man ins Paradies hochgebeamt wird.«

Posthumus lächelte den Verkäufer entschuldigend an, der mit seinem vollbeladenen Karren an ihm vorbeiwollte, schob sein Fahrrad zum Zeedijk und stieg auf. Auf dem Zeedijk drängten sich die ziellos schlendernden Touristen, doch mit Entschlossenheit und dem Finger an der Klingel kam Posthumus relativ gut voran und konnte fast auf direktem Weg den Dolle Hond ansteuern. Als er gerade so richtig in Schwung war, klingelte sein Handy. Posthumus murmelte einen Fluch, ignorierte das Klingeln zuerst, blieb dann aber doch stehen und schaute aufs Display. Kommissar de Boer. Da ging er besser dran.

»Herr Kommissar«, sagte er.

»Herr Posthumus.«

Für den Bruchteil einer Sekunde spürte Posthumus, dass diese Förmlichkeit auch de Boer unangenehm war. Trotzdem musste er Posthumus nicht auf Schritt und Tritt kontrollieren. Posthumus begann zu reden, bevor der Kommissar den Grund für seinen Anruf nennen konnte.

»Ich wollte Sie auch noch anrufen. Ich habe Gabrielle Lanting und Christina Walraven heute Nachmittag erreicht und ihnen die traurige Nachricht überbracht.«

Posthumus merkte, dass seine Stimmer leicht gereizt klang.

»Das ist nett«, sagte de Boer, »vielen Dank. Nicht dass Sie denken, ich wollte Sie kontrollieren.« Posthumus hörte ein »Ping«, wie von einer Fahrstuhltür. »Ich rufe Sie an, weil ich gerade die Freigabe für den Leichnam von Frans Kemp erhalten habe«, fuhr de Boer fort. »Es war eine Überdosis, nichts weiter, auf jeden Fall keine Spur von TTX, er kommt also nächste Woche zu Ihnen zurück. Ich dachte, das würden Sie gern sofort erfahren.«

Posthumus setzte sich wieder auf den Fahrradsattel und stützte sich mit einem Bein am Bordstein ab. Keine gute Ausrede, um freitagnachmittags nach fünf anzurufen, aber natürlich sehr aufmerksam.

»Danke«, sagte Posthumus. »Die Bestattung war Montagnachmittag vorgesehen, ich glaube nicht, dass wir das noch schaffen. Aber die Information ist auf jeden Fall hilfreich.«

»Ich versuche die Sache von unserer Seite aus ein bisschen beschleunigen«, sagte de Boer. »Die Leiche kann sofort freigegeben werden. Olympia-Bestattungen, richtig? Ich könnte mir vorstellen, dass dort auch am Wochenende gearbeitet wird.«

»Und der Termin am Montag ist vielleicht noch frei, wer weiß«, sagte Posthumus. Er würde Cornelius umgehend Bescheid geben.

»Ich setze die nötigen Hebel in Bewegung«, sagte de Boer.

Wieder dieses Schweigen, als ob de Boer noch nicht gleich auflegen wollte.

Posthumus sprang in die Bresche: »Ich habe gerade an meine Begegnung mit Marty Jacobs vor ein paar Monaten gedacht. Ich fürchte, ich erinnere mich an nicht viel mehr als an seine Drohung, er habe mächtige Freunde. Und daran, dass er nervös, ja sogar ängstlich wirkte. Und ich weiß noch, dass er ein paar Wochen später zusammengeschlagen wurde. Und da ist noch etwas. Anscheinend war Martys Vater in den achtziger Jahren in irgendwelche kriminellen Geschäfte verstrickt. Genaueres weiß ich nicht. Es könnte sich lohnen, dem nachzugehen ...«

Das war vielleicht ein bisschen anmaßend gewesen. So als würde er de Boer sagen, wie er seine Arbeit machen solle. Außerdem war die Polizei bestimmt schon im Bilde. Posthumus stockte. Dieses Mal sprang de Boer ein.

»Warum wundert mich das jetzt nicht, dass Sie davon wissen, Herr Posthumus?«, sagte de Boer in amüsiertem Ton. »Dabei habe ich selbst es auch gerade erst erfahren.«

»Ich habe eine Nichte, Merel, sie ist Journalistin. Sie hat mir davon erzählt. Merel hat vor einiger Zeit einen Artikel über alteingesessene Familien in De Wallen geschrieben und dafür Marty und seine Mutter interviewt, da kam das zur Sprache.«

»Ihre Nichte hat mit Pia Jacobs über deren Ehemann gesprochen?«

»Ich weiß nicht, ob sie damals viel aus Pia herausbekommen hat, aber Merel hat selbst ein bisschen recherchiert.«

»Ich würde mich gern mal mit ihr unterhalten.«

»Ich treffe sie gleich im Dolle Hond. Ich kann ihr sagen, dass sie Sie anrufen soll.«

»De Dolle Hond, sagen Sie? Umso besser, oder wäre das zu aufdringlich?«

Posthumus antwortete nicht. Was hatte der Mann vor?

»Ich komme gerade aus dem Krasnapolsky«, fuhr de Boer fort. »In ein paar Minuten kann ich da sein.«

Im Dolle Hond war nicht so viel los, wie Posthumus gedacht hatte; der übliche Andrang an einem Freitagabend ließ noch auf sich warten. Durchs Fenster sah er Tina, die Anna hinter der Bar aushalf, die beiden lachten gerade miteinander. Das freute Posthumus. Ein gutes Zeichen: Tina eroberte sich langsam einen Platz in Annas Herz.

»Hallo, Mädels!«, sagte Posthumus beim Reinkommen.

»Ich bin kein Mädel!«, erwiderte Anna, aber sie lachte dabei und gab ihm zur Begrüßung einen Kuss auf die Wange. Sie stellte ein Glas auf seinen Lieblingsplatz an der Bar, dicht an der Wand.

»Ich nehme einen Tisch«, sagte Posthumus. Am Fenster war einer frei.

»Gesellschaft?«

»Merel kommt gleich vorbei und Kommissar de Boer«, sagte Posthumus.

»Dieser unglaublich attraktive Polizist, der die Ermittlungen im Fall Marloes geleitet hat und bei dem Brand hier?«

»Dieser unglaublich attraktive, *verheiratete* Polizist, wenn mich nicht alles täuscht«, sagte Posthumus lächelnd. Schön, dass Anna im Zusammenhang mit Männern wieder das Wort »attraktiv« verwendete. Auf ihre Art schien sie langsam die Ereignisse der vergangenen Monate zu verarbeiten. Posthumus erzählte ihr, dass Ben Olssen gestorben war. Und er berichtete von Marty.

»Marty Jacobs, wer hätte das gedacht?«, sagte Anna.

»Ich schon«, sagte Tina. »Und es tut mir gar nicht leid um ihn.«

»Nein, nein, das kann ich mir denken, aber trotzdem ...«, setzte Posthumus an.

Anna blickte über seine Schulter hinweg. Posthumus drehte sich um und sah de Boer hereinkommen.

Posthumus begrüßte den Kommissar und bot ihm ein Getränk an.

»Einen Kaffee für mich, danke. Bin im Dienst, Vorschriften, Sie verstehen ...«, sagte de Boer und sah dann die Flasche Wein, die Anna in der Hand hatte. »*Das* ist allerdings eine Versuchung. Ziemlich edler Tropfen, oder?«

»Den habe ich extra für PP auf Lager«, sagte Anna und schenkte Posthumus ein. »Sind Sie sicher, dass Sie nichts davon wollen?«

»Danke, nein, auch wenn es schwerfällt«, sagte de Boer.

Anna ging zur Kaffeemaschine hinter der Bar. Posthumus nahm sein Glas und deutete auf den freien Tisch. Er hätte de Boer nicht für einen Weinkenner gehalten.

»Meine Nichte müsste jeden Moment da sein«, sagte er. »Und Anna kann Ihnen vielleicht auch etwas über die Familie Jacobs sagen. Ihre Familie, die de Vries, lebt ebenfalls seit Generationen hier, allerdings glaube ich nicht, dass Anna viel mit Pia Jacobs zu tun hatte.«

Von seinem Platz aus erhaschte er einen Blick auf Tina, die sich ans andere Ende der Bar zurückgezogen hatte. Ihr war sichtlich unwohl in Gegenwart eines Polizisten. Posthumus kannte das Gefühl, auch wenn de Boer nicht unbedingt dem Bild des typischen Polizisten entsprach.

»Was haben Sie denn im Krasnapolsky gemacht?«, fragte Posthumus.

»Ich wollte mir noch mal Olssens Zimmer ansehen«, sagte de Boer.

Ben hatte also im Krasnapolsky gewohnt. In dem Bericht, den er auf Freddies Tablet gesehen hatte, waren die Namen der Hotels nicht genannt worden.

»Ja, ich habe von den verwüsteten Zimmern gehört«, sagte Posthumus. »Ich kann mir vorstellen, dass der Fall auch bei Ihnen gelandet ist. Und dann noch Marty Jacobs. Da haben Sie ganz schön zu tun.«

»Wem sagen Sie das!«, sagte de Boer. »Ich könnte gut einen klugen Kopf an meiner Seite gebrauchen. Sie denken nicht zufällig über eine berufliche Veränderung nach?«

Posthumus lachte und schüttelte den Kopf. Er hatte das Gefühl, dass de Boer es vielleicht sogar ernst meinte. Aber obwohl Posthumus ausnahmsweise einmal ein Polizist sympathisch war – die Seiten wechseln, das wollte er dann doch nicht. Der Kommissar stand auf und holte den Kaffee, den Anna auf die Theke gestellt hatte. Allmählich füllte sich das Lokal. Posthumus schob die Bierdeckel, die aufgefächert auf dem Tisch lagen, zu einem ordentlichen Stapel zusammen. Langsam bekam er mehr und mehr Karten zu Ben Olssen in die Hand, aber sie reichten noch nicht aus.

»Ich hätte da einen Vorschlag«, sagte er, als de Boer zurückkam. Es war ein ganz unmittelbares Bedürfnis, wie Durst, dieser Drang, den Dingen eine Form zu geben: unnachgiebig, hartnäckig. »Um Sie doch ein bisschen zu entlasten, sozusagen«, fuhr er fort. »Aller Wahrscheinlichkeit nach wird der Fall Olssen auf meinem Tisch landen. Überführung der sterblichen Überreste und so weiter. Wenn es Ihnen hilft, könnte ich schon jetzt versuchen, die nächsten Verwandten ausfindig zu machen, dann wäre Ihnen wenigstens das abgenommen.«

Hoffentlich klang das nicht übereifrig. De Boer lehnte sich zurück, strich sich mit der Hand über den Nacken und lächelte.

»Damit muss ich mich wohl zufriedengeben, wenn Sie schon nicht auf mein Jobangebot eingehen wollen«, sagte er und klang dabei ähnlich amüsiert wie vorhin am Telefon. »Aber vielen Dank, Herr Posthumus, ja, das wäre eine echte Hilfe.«

»Pieter bitte«, sagte Posthumus.

Der Kommissar zögerte nur kurz. »Flip«, sagte er. »In gewisser Weise sind wir ja Kollegen.«

Tina sammelte leere Gläser ein. Um ihren Tisch machte sie einen Bogen. Sie mied auch Posthumus' Blick. Der Dolle Hond war jetzt gut gefüllt und der Geräuschpegel deutlich gestiegen.

»Ich nehme an, es gibt nicht viele Anhaltspunkte, um die Familie zu finden, oder?«, sagte Posthumus.

»Im Hotelzimmer war nichts. Keine persönlichen Dokumente, überhaupt keine Wertsachen. Er hatte offensichtlich alles bei sich, als er überfallen wurde.«

»Wo war das jetzt eigentlich?«, fragte Posthumus.

»In der Unterführung am Hauptbahnhof.«

Posthumus hielt de Boers Blick stand. Dass er mehr Informationen erfragte (und auch bekam), als für seine Arbeit notwendig war, blieb unausgesprochen.

»Sein Laptop könnte dir vielleicht weiterhelfen«, sagte de Boer. »Wir haben ihn heute Nachmittag in Jacobs' Zimmer gefunden, allerdings passwortgeschützt. Olssens Handy haben wir ebenfalls sichergestellt, das ist aber zertrümmert, und die SIM-Karte fehlt. Ich kann dir auch die Daten der Visitenkarte schicken, die du in Olssens Manteltasche gefunden hast. Wir haben uns schon daran versucht. Der Kontakt lief wohl nur über Olssens Handy. Futura Consultants war ein Ein-Mann-Unternehmen.«

»Gab es denn gar nichts im Hotelzimmer, das uns irgendwie weiterbringen könnte?«, fragte Posthumus. »Ich meine im Hinblick auf Freunde oder Familie.«

»Abgesehen von Waschzeug und Kleidung überhaupt nichts Persönliches«, sagte de Boer. »Und fürs Protokoll, wenn seine persönlichen Sachen bei dir landen: Die Schäden sind auf den Einbruch zurückzuführen.«

»Schäden?«

»Die Auskleidung im Koffer und das Innenfutter von einem Sakko und einer Jacke wurden aufgeschlitzt. Das war nicht die Polizei.«

»Ich kenne das Problem«, sagte Posthumus mit einem Lächeln. Angehörige hatten die unangenehme Angewohnheit, sofort Schadensersatz zu verlangen – und je ferner der Verwandtschaftsgrad, desto gieriger die Forderungen. »Wir machen immer sofort Fotos, wenn wir die Wohnung eines Klienten betreten.«

De Boer nickte verständnisvoll.

»Ich glaube, Christina hat einen Bruder erwähnt«, sagte Posthumus mehr zu sich selbst. »Christina Walraven, auf der Fahrt ins Krankenhaus heute Morgen«, fügte er für de Boer hinzu. »Ich frage mal nach, ob sie oder Gabrielle mehr wissen.«

Merel ging draußen am Fenster vorbei zum Eingang und winkte Posthumus zu. Zum dritten Mal musste er den Stuhl verteidigen, den er für sie reserviert hatte, sonst hätte ihn sich ein anderer Gast geschnappt.

»Tja, es gibt da einen Namen. Möglicherweise sogar zwei«, sagte de Boer. »Aber beide sind englisch, deshalb weiß ich nicht, ob es etwas mit seiner Familie zu tun hat. Einen habe ich vielleicht schon heute Morgen erwähnt: ›Humbert‹ oder ›Hubbard‹. Olssen hat bei seiner Einlieferung ins Krankenhaus so etwas gestammelt; außerdem wurden auf Olssens Telefon im Hotel noch zwei Nachrichten von einem Greg Robertson hinterlassen. Klang so, als wäre es etwas Geschäftliches. Google hat nicht viel hergegeben, der Name ist einfach zu häufig, und der Anrufer hat keine Nummer genannt. Einer meiner Männer kümmert sich darum.«

Posthumus hatte den Namen nicht ganz verstanden. Merel trat gerade an ihren Tisch.

»Greg Robinson, sagtest du?«, fragte er de Boer und lächelte Merel entgegen.

»Robertson«, sagte de Boer über das Stimmengewirr im Lokal hinweg. Er drehte den Kopf und folgte Posthumus' Blick. Merel stand direkt hinter ihm, sie schlüpfte gerade aus dem Mantel, unter dem ein eng anliegendes Cocktailkleid aus den Sechzigern zum Vorschein kam, dazu eine Kette mit dem zierlichen Diamantanhänger, den Posthumus' Mutter ihr vererbt hatte. Das Gespür für schicke Secondhandkleidung hatte Merel eindeutig von ihrem Onkel.

»Meine Nichte Merel Dekkers. Kommissar Flip de Boer«, sagte Posthumus und spürte einen Anflug von Stolz, als er de Boers Verblüffung bemerkte.

»Oh, Verzeihung, ich hatte nicht erwartet ...«, sagte de Boer.

»Dass so ein Geschöpf demselben Genpool entstammen könnte«, vollendete Anna, die gerade an den Tisch gekommen war, den Satz. Sie wuschelte Posthumus durch die Haare. »Der hier war seinerzeit auch ein echter Hingucker.«

»Bitte etwas weniger Imperfekt«, sagte Posthumus.

»Was möchtest du trinken?«, fragte Anna und gab Merel die üblichen drei Küsschen auf die Wange.

»Nur ein Mineralwasser, danke«, sagte Merel.

Sie sah Posthumus fragend an, warf einen raschen Seitenblick auf de Boer und setzte sich.

»Der Kommissar untersucht den Mord an Marty«, erklärte Posthumus. »Ich habe ihm vorhin von deinem Interview mit Pia Jacobs erzählt. Und er würde gern mehr über Martys Vater erfahren.«

De Boer hörte sich an, was Merel über Pia und Marty Jacobs zu sagen hatte.

»Das ist so ziemlich das, was mir einer meiner Männer erzählt hat«, sagte de Boer. Er wirkte enttäuscht. »Ich hatte gehofft, dass sie Ihnen vielleicht mehr gesagt hat.«

Merel schüttelte den Kopf. »Die ist stahlhart.«

»Sagt Ihnen der Name Henk de Kok etwas?«

Posthumus sagte er etwas. Eine schwache Erinnerung. Schon eine Weile her, aber noch nicht sehr lange. Ein Schatten, eher an der Peripherie; er hatte sich damals auf etwas anderes konzentriert. Merel runzelte die Stirn und überlegte.

»De Kok? Immobilienfirmen, De Wallen, Stripclubs, zwielichtige Geschäfte?«

De Boer nickte.

»Ich weiß nicht mehr, ob Pia Jacobs seinen Namen erwähnt hat«, sagte Merel. »Bei meinen Recherchen ist er jedenfalls aufgetaucht. De Kok wurde mit dem Mord an Dirk Jacobs in Verbindung gebracht, Jacobs hatte sich in sein Revier gedrängt, etwas in der Art. Da müsste ich in meinen Unterlagen nachsehen. Und de Kok ist noch heute sehr aktiv. Ihm haftet ein übler Geruch an, aber irgendwie schafft er es immer wieder, dass seine Unternehmen sauber wirken: dubiose Machenschaften – Geldwäsche, wahrscheinlich Schlimmeres – hinter einer respektablen Fassade. Noch hat es niemand geschafft, ihm etwas nachzuweisen. Ich natürlich auch nicht. Aber warum de Kok? Was hat er mit der Sache zu tun?«

»Sein Name tauchte auf«, sagte de Boer.

»De Kok hatte also bei Martys Tod die Finger im Spiel?«, fragte Merel. De Boer antwortete nicht. »Ist de Kok Ihr Hauptverdächtiger? Na, *das* ist interessant.«

Sie sah de Boer aufmerksam an. Posthumus merkte, dass sich der journalistische Instinkt seiner Nichte regte.

»Und womöglich gibt es eine Verbindung zu Olssen, wenn Sie beide Fälle bearbeiten?«, bohrte Merel weiter. »Worum geht es? Drogen vielleicht? Andere illegale Geschäfte?«

De Boer schwieg weiter.

»Marty war vor einiger Zeit in so eine Sache verwickelt«,

sagte Posthumus. »Er hat eine Art Immobilienfirma gegründet und wollte das Haus nebenan kaufen. Anna hat wahrscheinlich noch den Brief. Aber ich weiß nicht, ob das etwas mit Henk de Kok zu tun hatte.«

In dem Zusammenhang war der Name nicht gefallen. Posthumus lehnte sich zurück, damit Tina sein Glas und de Boers leere Tasse abräumen konnte. Sie ging gleich wieder weg, ohne zu fragen, ob sie noch etwas bestellen wollten.

»Ich könnte sicher mehr sagen, wenn ich vorher in meinen Unterlagen nachgesehen hätte«, sagte Merel. Sie lächelte de Boer an. »Obwohl die ziemlich wirr sind, wenn ich mich recht erinnere. Haben Sie irgendwelche Namen oder einen Hinweis für mich, wonach ich suchen soll?«

De Boer musterte Merel und Posthumus. »Sie sind schon so ein Paar, Sie beide«, sagte er. »Ich bin mir nicht sicher, ob ich noch weitere Mitglieder des Posthumus-Clans kennenlernen will«, fügte er grinsend hinzu.

Er reichte Merel eine Visitenkarte. »Rufen Sie mich an, wenn Ihnen noch etwas einfällt. Ich bin morgen im Büro.«

Er schaute zur Bar, wo Anna und Tina Bestellungen aufnahmen, und gab Posthumus auch eine Karte. »Ich weiß nicht, ob Frau de Vries meine Nummer noch hat«, sagte er. »Aber vielleicht kannst du sie bitten, mich anzurufen. Vielleicht hat sie ja noch den Brief, den du erwähnt hast. Und ich würde gern mit ihr über die Familie Jacobs reden.«

De Boer stand auf.

»Vielen Dank für die Unterstützung«, sagte er und sah auf die Uhr an der Wand. »Jetzt muss ich mich aber sputen.«

»Worüber habt ihr euch denn unterhalten, als ich reinkam?«, fragte Merel, als de Boer gegangen war.

»Über einen gewissen Greg Robertson, der mehrere Nachrichten auf Olssens Anrufbeantworter im Hotel hinterlassen hat«, erklärte Posthumus. »Sagt dir der Name irgendwas?«

Merel schüttelte den Kopf.

»Der einzige Greg Robertson, den ich kenne, ist ein Journalist«, sagte sie.

»Das wundert mich nicht«, sagte Posthumus.

Sie grinste ihn an. »Er ist echt gut. Macht viel fürs Fernsehen: politische Enthüllungstorys, investigative Sachen. Vor ein paar Wochen hat er etwas über die Korruption bei der FIFA gebracht. Brillant.«

Posthumus zuckte mit den Schultern. »Ob so jemand mit Ben über Fracking reden wollte oder über einen Umweltskandal? Möglich wäre es. Andererseits ist der Name ziemlich häufig. Wir werden sehen. Ich habe angeboten, Bens Verwandte ausfindig zu machen, um Flip ein bisschen zu entlasten.«

Merel hob eine Augenbraue. »Ja *sicher*«, sagte sie. »Du gehst nicht zufällig wieder deinem alten Hobby nach?«

Posthumus grinste.

»Aber … weswegen ich eigentlich hier bin«, sagte Merel. »Ich habe nicht viel Zeit.« Sie sah schnell zur Bar hinüber und schob Posthumus dann mit verschwörerischem Blick einen großen braunen Umschlag zu. »Die Entwürfe!«, sagte sie mit dramatischem Unterton und holte die Skizzen ihres Freundes Kamil für Annas Party heraus.

Posthumus radelte langsamer, als er in die Recht Boomssloot einbog. Gusta, die eine Etage unter ihm wohnte, schloss gerade die Haustür auf. Wenn er zu schnell fuhr, würde sie ihn im engen Treppenhaus festnageln, und er müsste in einem nicht enden wollenden Gespräch den Hals zu ihr hochrecken und würde ihre wiederholten Einladungen auf ein Glas Wein irgendwann nicht mehr abwehren können. »Ja, gerne«, war das einzige Passwort, bei dem sie das Treppenhaus freigab. An manchen Tagen machte ihm das nichts aus, aber heute schon. Er hatte einen langen Tag hinter sich. Also wartete er, bis Gusta im Haus verschwunden war, kettete sein Fahrrad am Brückengeländer an und ging langsam zur Tür, damit sie genügend Zeit hatte, in ihren flatternden Seiden- und Chiffongewändern die Treppe hinaufzuschweben.

Im Dolle Hond war es bald berstend voll gewesen, daher war Posthumus kurz nach Merel gegangen. Vorher hatte er Anna noch Flip de Boers Karte gegeben mit der Bitte, den Kommissar anzurufen. Sie strahlte angesichts des ungewohnten Andrangs, aber Posthumus freute sich heimlich darauf, wenn Earth 2050 endlich vorbei war und es im Dolle Hond wieder ruhiger zuging. Er wollte sich Kamils Entwürfe zu Hause genauer ansehen. Die Ideen waren verrückt, etwa eine riesige schwimmende Banane mit rudernden Lou-Reed-Doppelgängern und eine bewegliche Skulptur aus alten LPs. Vielleicht sollte er Anna die Entwürfe zeigen. Sie könnte den Missbrauch von Vinyl als Sakrileg betrachten. Womöglich war es sowieso keine so gute Idee, die Party völlig geheim zu halten; am Ende organisierte Anna noch selbst eine Feier im Dolle Hond. Und Sinn der ganzen Sache war ja gerade, dass sie sich einfach mal zurücklehnte und sich eine Pause gönnte. Posthumus steckte vorsichtig den Schlüssel in die Haustür, drückte sie ein Stück auf und lauschte. Nichts. Nur ein Hauch Puder und Tabak hing noch in der Luft. Er ging hinein und stieg leise die Treppe hinauf, an Gustas Wohnung vorbei und weiter zu seiner eigenen.

Posthumus schloss die Wohnungstür und lehnte sich einen Augenblick dagegen. Ein ruhiger Abend zu Hause, das war jetzt genau das Richtige. Ein einfaches Abendessen; ein bisschen lesen, ein, zwei Gedächtnisübungen aus dem neuen Buch, das er gekauft hatte. Vielleicht würde er noch einen Blick in die Grübelbox werfen. Es war schon eine Weile her, dass er die schwarze, stoffbezogene Schachtel hervorgeholt hatte, in der er Erinnerungsstücke an Fälle aufbewahrte, die ihm keine Ruhe ließen – nicht nur bei seiner Arbeit im Bestattungsteam, sondern auch schon früher bei der internen

Ermittlung. Die Schachtel enthielt Fotografien, Dokumente, handschriftliche Notizen und alle möglichen anderen Dinge: einen Spielzeugferrari, eine Einladung zu einer Cocktailparty und mittlerweile auch einen Füllfederhalter von Namiki und einen Gedichtband. An manchen Abenden tat er nichts lieber, als mit einem Glas Wein dazusitzen und sich an die Geschichten zu erinnern, die er aus Bruchstücken zusammengesetzt hatte, oder aufs Neue über die Rätsel nachzugrübeln, die er noch nicht gelöst hatte.

Posthumus richtete sich auf, ging zu seinem Schreibtisch unter der Wendeltreppe, die in sein Schlafzimmer führte, und legte Kamils Entwürfe oben auf die Grübelbox. Ein einfaches Abendessen ... leichter gesagt als getan. Er hätte heute wirklich etwas einkaufen sollen. Er ging in die Küche am Ende der langgestreckten Wohnung, machte den Kühlschrank auf und starrte ratlos hinein. Ein Restchen Hummus, eine Zitrone, schlappe Petersilie und eine einsame gekochte Rote Bete. Im Gefrierfach Tiefkühlerbsen, Ackerbohnen und Pitabrot. Im Küchenschrank gab es noch mehr Bohnen in Dosen und eine Büchse mit Artischockenherzen. Posthumus kam sich vor wie ein Kandidat in einer dieser Kochsendungen im Fernsehen, in denen man aus vollkommen disparaten Zutaten ein Menü kochen musste. Er überlegte kurz und öffnete die Frischhaltedose mit den Nudeln – eine kleine Packung Risoni, schon etwas über dem Verfallsdatum. Er stellte sie auf die Arbeitsplatte. Gut. Zuerst ein bisschen Wein. Dann, gegen den ersten Hunger, Rote-Bete-Scheiben mit Hummus und auf dem Grill getoastete Pita. Danach konnte er sich ans Kochen machen. Ein warmer Salat aus Risoni, Ackerbohnen und Artischockenherzen, mit ein bisschen Zitrussaft und geriebener Zitronenschale und Zitronenthymian aus dem Topf am Küchenfenster. Außerdem hatte er noch, das fiel ihm gerade ein, einen ziemlich guten Pecorino, den er darüberreiben konnte. Posthumus machte sich an die Arbeit.

Eine gute Stunde später lag Posthumus angenehm gesättigt (vor allem die Rote-Bete-Hummus-Kombination war köstlich gewesen) auf der Couch, eine halbvolle Flasche Wein neben sich, die Grübelbox griffbereit. Kamils Entwürfe hatte er in der Hand. Aber er konnte sich nicht auf die Partydekoration konzentrieren. Nicht nach allem, was heute passiert war. Er ließ die Blätter sinken. Ein Freund von Gabi war ermordet worden. Der Mantel des Opfers tauchte bei einem toten Junkie auf, einem Klienten des Bestattungsteams. Und dann Marty ... vielleicht nicht unbedingt ein gern gesehener Gast im Dolle Hond, aber trotzdem ein Stammgast. Posthumus' Gedanken kreisten immer wieder um die vielen Fragmente, die in den letzten beiden Tagen aufgetaucht waren: Puzzlestücke, die zu ein und derselben Geschichte gehörten, da war er sich sicher, auch wenn sie auf den ersten Blick überhaupt nicht zusammenpassten. Marty hatte etwas mit Ben Olssens Tod zu schaffen gehabt, zumindest glaubte das die Polizei. Bens Computer und Handy waren bei Martys Sachen gewesen. Und Marty war tot.

Posthumus schenkte sich Wein nach und legte Kamils Entwürfe beiseite. Vielleicht lag der Schlüssel ja nicht darin, wie Martys Tod und Bens Tod zusammenhingen, sondern wie sie sich *unterschieden*: Marty am hellen Tag niedergeschossen, Ben getötet durch ein obskures Gift in einer Eisenbahnunterführung. Warum wurde Marty nicht vergiftet oder Ben nicht erschossen? Posthumus schwenkte sein Weinglas und nahm einen Schluck. Außerdem war Ben nicht einfach vergiftet worden – das Gift wurde mit einer versteckten Kanüle injiziert, wie damals bei Markow in London, diesem bulgarischen Dissidenten. Das hatte de Boer am Morgen im Fahrstuhl zugegeben. Posthumus kannte Marty nicht gut, aber doch gut genug, um zu wissen, dass ein derart raffiniertes Attentat seine Fähigkeiten bei weitem überstieg. Allerdings durfte man nicht außer Acht lassen, dass Bens Ermordung fast fehlgeschlagen wäre. Fast. De Boer hatte gesagt, der Ausfall von Bens Beatmungsgerät sei nicht so einfach aufzuklären. War das Gerät manipuliert worden? Vielleicht hatte jemand den Job erledigt. Einen Job, den Marty in der Unterführung vermasselt hatte. Das ergab mehr Sinn als Marty, der raffinierte Giftmörder. War Marty dabei gewesen bei der Sache in der Unterführung und hatte alles gesehen? Das ergab sogar noch viel mehr Sinn. Marty war jemand, der den Mund nicht halten konnte.

Posthumus stellte den Wein ab, stand auf und ging zum Fenster. Marty war irgendwie in den Besitz von Bens Sachen gelangt. Abgesehen von dem Mantel. War der Junkie, dieser Frans Kemp, auch in der Unterführung gewesen? De Boer hatte bestätigt, dass Kemp schlicht an einer Überdosis gestorben war, keine Spur von dem Gift, das Ben Olssen verabreicht worden war. Posthumus drehte sich vom Fenster weg und ging im Wohnzimmer auf und ab. Ein Szenario: Marty leert die Taschen von Bens Mantel und lässt den Mantel dann irgendwo liegen, übersieht aber die versteckte Innentasche, in der Posthumus dann Olssens Visitenkarte entdeckt hatte. In so einer Innentasche konnte man durchaus auch ein paar Geldscheine für Notfälle verstecken. Gut möglich. Frans Kemp findet oder stiehlt den Mantel und landet einen Glückstreffer. Er verwendet das Geld für das, was ihn am Ende umbringt. Ein unverhoffter Geldsegen führte oftmals zu einer Überdosis, Posthumus wusste das von anderen Klienten: Sie nahmen dann reineres Heroin als sonst oder verpassten sich nach längerer Abstinenz eine zu hohe Dosis. Wieder: gut möglich. Zumal sich ja die Heilsarmee um Kemp gekümmert hatte. Doch einstweilen nicht weiter wichtig.

Posthumus ging wieder ans Fenster, streckte die Arme aus und stützte sich gegen den Holzrahmen. Ein einzelner Stern, der erste des Abends, flimmerte über einem Giebel auf der anderen Seite der Gracht und wurde dann wieder von einer Wolke verdeckt. Posthumus trommelte mit den Fingern an die Fensterpfosten. Wichtiger war im Augenblick die Frage, warum jemand Ben loswerden wollte, welches Motiv hinter dem Mord steckte. Wenn es etwas mit seiner Arbeit zu tun hatte, mit Fracking, warum war dann nur er überfallen worden und nicht auch die anderen, deren Hotelzimmer verwüstet worden waren? Vielleicht passierte das ja noch ... oder die Sache mit den Zimmern hatte gar nichts mit Bens Tod zu tun. Auch hier sollte er sich wahrscheinlich nicht fragen, was Bens Fall mit den anderen verband, sondern was ihn unterschied. De Boer hatte gesagt, die Stoffauskleidung seines Koffers und das Futter eines Sakkos und einer Jacke seien aufgeschlitzt worden. Er hatte »aufgeschlitzt« gesagt, nicht »gerissen«. Das klang, als ob jemand etwas gesucht hätte, als ob mehr dahintersteckte als reiner Vandalismus; also wieder zwei verschiedene Abläufe. Es wäre interessant zu wissen, was genau in den anderen Zimmern passiert war.

Posthumus wandte sich um und ging wieder auf und ab. Im Vorbeigehen nahm er das Glas und die Flasche mit. Jemand hatte etwas gesucht – Drogen, verstecktes Geld –, das klang eher nach Henk de Kok und Marty als nach empörten Umweltschützern. Aber unabhängig vom Motiv: Wenn man sich Zutritt zu Bens Zimmer verschaffen konnte, warum ihn dann auf – mehr oder weniger – offener Straße attackieren? Vielleicht weil es so nach etwas anderem aussah. Nach einem Raubüberfall zum Beispiel. Aber das hatte Posthumus bereits verworfen. Gift passte einfach nicht zu einem Überfall. Der eigentliche Hergang sollte verschleiert werden. Posthumus ging in Gedanken die verschiedenen Todesfälle auf offener Straße durch, die ihm im Bestattungsteam untergekommen waren. Er setzte sich an seinen Computer unter der Wendeltreppe und googelte TTX, das Gift, das de Boer im Krankenhaus erwähnt hatte.

Zwanzig Minuten später stand Posthumus auf und ging wieder auf und ab. Es war kurz vor Mitternacht und die Flasche Wein fast leer, als er schließlich die Treppe zu seinem Schlafzimmer hinaufstieg.

Samstag, 21. April

12

Im Revier am IJ-Tunnel brannte noch Licht, obwohl es schon nach zehn Uhr morgens war. Der Himmel draußen zeigte ein dunkles, pompöses Grau. Er schien wie nach unten gewölbt: eine mit Wasser gefüllte Zeltplane, die jeden Moment platzen konnte. Die Atmosphäre in de Boers Büro war behaglich. Vor allem nach der frostigen Stimmung beim Frühstück zu Hause, als klar war, dass er ins Büro gehen würde, und nach der Autofahrt mit einem schmollenden Kind, das er auf dem Weg zum Büro beim Fußballverein abgesetzt hatte. Er wusste die relative Stille in diesem Teil des Gebäudes zu schätzen; die meisten nichtuniformierten Kollegen verbrachten ihr Wochenende glücklich zu Hause. So konnte er ganz in Ruhe alle Fakten überdenken, die ihm bislang vorlagen.

Doch mit der Ruhe war es schnell vorbei. Sein Handy klingelte, als er gerade seine Jacke am Haken an der Tür aufhängte. Der Stationsarzt vom Krankenhaus. De Boer hörte zu, stellte nur ein paar kurze Fragen (Wie? Wer? Wann? Von wo?) und beendete stirnrunzelnd das Gespräch. Er erinnerte sich an die Bemerkung eines Kollegen von der Technik neulich in der Kantine, dass die grundlegenden IT-Systeme einer Stadt, etwa für die Ampelanlagen, oft zu den ältesten und einfachsten gehörten und daher auch besonders leicht zu knacken seien. Jeder Idiot könnte, wenn er wollte, das System hacken und alle Ampeln auf Rot schalten. Oder auf Grün. Krankenhäuser waren wohl auch anfällig. Die IT-Leute vom OLVG waren schneller als seine eigenen Leute gewesen. Ein Hackerangriff, sagten sie. Die Computer an Olssens Bett waren von außen abgeschaltet worden. Auch das Alarmsignal, das in einem solchen Fall ertönen sollte, war computergesteuert.

De Boer ging zu seinem Schreibtisch und klopfte dabei mit der Faust gegen die Wand. Er ermittelte erst seit zwei Tagen in diesem Fall … es kam ihm wie ein ganzes Leben vor. Die Leute vom Krankenhaus arbeiteten noch an der Sache, aber erste Analysen hatten ergeben, dass das System kurz nach Mittag gehackt und Olssens Beatmungsgerät um 12.47 Uhr abgeschaltet worden war. Nur wenige Minuten, bevor zwei Männer auf einem Motorrad Martin Jacobs erschossen hatten. De Boer zog seinen Schreibtischstuhl heran und setzte sich. Sämtliche Elemente des Falls schienen sich auf einmal noch weiter auseinanderzubewegen. Mit wie vielen Mördern hatten sie es hier eigentlich zu tun? Wo war hier der Zugang zur Lösung des Falls? Er las die Notizen, die er sich gestern Abend gemacht hatte, bevor er ins Bett gegangen war.

Olssen Reiseunterlagen / Handy-Verbindungsdaten
Geschäftspartner / Futura
Interpol?
De Kok – Junkie – Verbindung zu Olssen?

De Boer seufzte. Wegen allgemeiner Einsparungen und der zusätzlichen Arbeitsbelastung durch Earth 2050 musste das meiste davon bis Montag warten. Ein kleiner Aktenstapel lag auf seinem Schreibtisch, obendrauf klebte ein Post-it, auf das Hans »Zur Info« geschrieben hatte. Daneben lagen Fotos von Olssens Windjacke und Sakko mit dem aufgeschlitzten Futter, die Murat eingetütet hatte, und der Bericht der Spurensicherung zu Olssens Zimmer. Murat hatte hier und da einen Satz unterstrichen, aber sonderlich ergiebig war der Bericht nicht: keine Drogenspuren im Zimmer, am Koffer oder an der aufgeschlitzten Kleidung; allgemein viel zu viele

Fingerabdrücke, aber alle unbekannt und an wenig markanten Stellen. Murats Notizen besagten, dass die anderen Konferenzteilnehmer, deren Zimmer verwüstet worden waren, nichts von aufgeschlitzter Kleidung berichtet und auch keine Schäden an ihren Sachen gemeldet hatten, außerdem war Olssens Zimmertür die einzige, deren Schloss danach nicht mehr funktionierte. Interessant. Auch der Zeitpunkt, an dem das Schloss geknackt worden war, wurde genannt: Dienstag, 19.08 Uhr. Also *bevor* Olssen überfallen wurde. Noch interessanter. Der Concierge hatte gesagt, dass Olssen das Hotel kurz nach sieben verlassen hatte.

Murat hatte noch dazugeschrieben, dass das Hotel am Montag Bescheid geben würde, ob Greg Robertsons Nummer von der Telefonanlage registriert worden war. De Boer zuckte mit den Schultern. Das konnte warten, er hatte vorerst genug Informationen, um weiterarbeiten zu können. Er schickte eine E-Mail ans Hotel, dass Olssens Zimmer freigegeben sei, seine persönlichen Sachen könnten eingepackt werden, Pieter Posthumus von der städtischen Bestattungsabteilung würde sie dann abholen. Er musste lächeln. Er hatte sich über Posthumus' Angebot gefreut, sich gleich um die Überführung zu kümmern. Und über die Neugierde des Mannes. Es war gut, einen so klugen Kopf als Unterstützung zu haben.

De Boer blätterte durch die Akten, die Hans ihm hingelegt hatte, und las die Überschriften: Aussage Pia Jacobs, Aussage Irene Kester (also hatten sie es doch noch geschafft, sie irgendwie zu beruhigen), Aussagen weiterer Zeugen, eine dünne Akte zu Dirk Jacobs und eine deutlich dickere zu Henk de Kok. Warum nicht damit anfangen, aber erst noch die Mails. Eine war eben aus dem Revier Beursstraat gekommen: Hinter einem Lagerhaus in Noord hatte man ein verkohltes Motorrad gefunden, vermutlich die Maschine, die bei Jacobs' Erschießung benutzt worden war. Immer noch keine Spur von den Fahrern. Und noch eine Nachricht, die er gestern Abend schon kurz angeklickt hatte, von den Kollegen einen Stock tiefer. Auf dem großen Bildschirm las er sie jetzt genau durch: Das intakte Handy, das sie in Jacobs' Hosentasche gefunden hatten, gehörte ihm selbst. Das Entsperren war kein Problem (die PIN lautete 0000). Die Verbindungsdaten zeigten, dass er mehrere Tage lang häufig eine Festnetznummer angerufen hatte: das Milord, eine Stripteasebar in De Wallen. De Boers Mundwinkel zuckten. Warum überraschte ihn das jetzt nicht wirklich? Das Milord, das wusste er, gehörte Henk de Kok. Außerdem waren von einer Prepaidnummer (inzwischen nicht mehr aktiv) mehrere Anrufe eingegangen, darunter auch ein längeres Gespräch, alle am 17. April zwischen 18.07 und 20.23 Uhr. Also wieder am Dienstag. Dem Tag, an dem Ben Olssen überfallen wurde. De Boer öffnete einen Anhang mit den genauen Zeiten: einige längere Gespräche, andere hatten nur wenige Sekunden gedauert. Er überflog die Liste, nahm sich dann einen Block und notierte die Zeiten der Telefonate. Die unbekannte Nummer nannte er A.

18.07 Uhr   *Erster Anruf Jacobs → A (17 Sekunden)*
19.06 Uhr   *A → Jacobs (16 Sekunden)*
19.22 Uhr   *Jacobs → A (34 Sekunden)*
19.35 Uhr   *A → Jacobs (4 Sekunden)*
20.10 Uhr   *A → Jacobs (langes Gespräch, Ende: 20.23 Uhr)*

De Boer sah in seine Unterlagen, notierte die anderen bekannten Uhrzeiten ebenfalls auf dem Block und spürte ein leichtes Kribbeln in seinem Nacken.

20.23 Uhr   *(Überwachungskamera Piet Heinkade) Olssen betritt die Unterführung*

Genau zu dem Zeitpunkt hatte der Anruf von A auf Jacobs' Handy geendet. De Boer schrieb weiter:

*20.40 Uhr   Kamera zeigt, wie Jacobs Mantel hinter der
            Bibliothek wegwirft*

Das waren etwa fünf Minuten Fußweg von der Unterführung, also war der Überfall spätestens um 20.35 Uhr vorüber ... und tatsächlich:

20.42 Uhr   Busfahrer ruft Notarzt, hat Olssen in der Unterführung liegen sehen

De Boer legte die Fingerspitzen aufeinander und starrte auf die Zeitangaben. Olssen hatte das Krasnapolsky kurz nach sieben verlassen und sich auf den Weg zu seiner Verabredung im Café Eerste Klas am Hauptbahnhof gemacht. Laut der Aussage des Kellners war Olssen um kurz nach acht wieder gegangen. Das Schloss an Olssens Zimmertür wurde um 19.08 Uhr geknackt. De Boer zog den Block näher und entwarf ein mögliches Szenario.

*18.07 Uhr   Erster Anruf Jacobs → A (17 Sekunden)
            Kontaktaufnahme
19.06 Uhr   A → Jacobs (16 Sekunden)
            A beobachtet Olssens Hotelzimmer
            Jacobs in Hotellobby
            A ruft Jacobs an, informiert ihn, dass Olssen
            sein Zimmer verlassen hat und beschreibt Olssen.
            Jacobs folgt Olssen, während A das Hotelzimmer
            durchsucht.
19.22 Uhr   Jacobs → A (34 Sekunden)
            Jacobs informiert A, dass Olssen im Café Eerste
            Klas angekommen ist.
            (Zeit genug für Olssen, sich beim Concierge nach
            Computerreparaturdienst zu erkundigen und zum
            Eerste Klas zu gehen.) Beschreibt den Weg.*

> 19.35 Uhr   A → Jacobs (4 Sekunden)
> A verlässt Krasnapolsky? Trifft am Hauptbahnhof ein?
>
> 20.10 Uhr   A → Jacobs (langes Gespräch, endet 20.23 Uhr)

De Boer runzelte kurz die Stirn und schrieb dann weiter:

> ?? Jacobs im Café, beobachtet Olssen. A nicht dort (fürchtet Überwachungskameras?)
> Olssen verlässt Café (nach 20 Uhr) geht am Bahnhof durch den Hinterausgang (unerwartet?).
> A übernimmt Verfolgung und hält Telefonkontakt mit Jacobs (erteilt Anweisungen?).

De Boer hörte auf zu schreiben, klopfte mit dem Kugelschreiber gegen die Schreibtischkante, schob den Schreibtischstuhl zurück und ging hinaus, um sich einen Kaffee zu holen. Zurück am Schreibtisch griff er nach den Akten. Pia Jacobs' Aussage entsprach in etwa dem, was Hans ihm bereits am Telefon gesagt hatte: Sie machte Henk de Kok für Martys Tod verantwortlich. De Kok habe Marty am 17. um kurz nach fünf abgeholt. Über ihren eigenen Mann schwieg sie sich aus und erklärte bloß, Marty habe bei weitem nicht mit ihm mithalten können. Ihren Angaben zufolge hatte Marty keine Ahnung von der Verbindung seines Vaters zu de Kok. Er war damals noch ein Kind gewesen. Sie wusste, dass Marty für de Kok arbeitete, hätte aber nichts dagegen unternommen, weil ihr klar gewesen wäre, dass es böse enden würde und er zu ihr in die Metzgerei zurückgekrochen käme. De Boer grunzte leise. Das Ende war noch viel böser gewesen. Was hatte Hans noch gesagt? Pia habe es genossen, ihren Sohn zu demütigen und ihm beim Scheitern zuzusehen. Außerdem habe sie ihn ständig mit seinem Vater verglichen. De Boer erinnerte sich an ihre säuerliche Miene, als Martys Leichnam noch in der Metzgerei lag. Kühl und unbeteiligt hatte sie auf de Boer gewirkt. Manchmal war das eine Abwehrhaltung, ein Verleugnen der Realität. De Boer hatte das schon erlebt. Aber nicht hier. Pia Jacobs schien ihren Sohn zu verachten, weil er nicht wie sein toter Vater war. Als ob sie auf verdrehte Art Martys Tod als gerechte Strafe dafür betrachtete, dass er so war, wie er war. Oder wie er eben nicht war. Einen Augenblick lang hatte de Boer sogar Mitleid mit Marty Jacobs.

Er atmete laut aus und machte sich wieder an die Akten. Weder Irene Kester noch die anderen Augenzeugen hatten das Nummernschild des Motorrads gesehen, und auch sonst war nicht viel anzufangen mit den Zeugenaussagen. Die alte Akte von Dirk Jacobs enthielt einen Autopsiebericht – Schlag auf den Kopf, ertrunken –, zahlreiche Post-mortem-Fotos und die polizeilichen Speicherdaten – hauptsächlich Betrugsdelikte und Geldwäsche. Nicht viele Verurteilungen. Außerdem die Zusammenfassung des zuständigen Ermittlers über Jacobs' Tod sowie die Aussagen von zwei Zeugen, die Henk de Kok verdächtigten. Für eine Anklage hatte es allerdings nicht gereicht. De Boer legte die Akte von Jacobs beiseite und schlug die von Henk de Kok auf. Gleich oben lagen mehrere Fotos: ein Passbild, einige Bilder von Überwachungsaktionen, ein Zeitungsausschnitt, auf dem de Kok grinsend neben dem Drogendealer Klaas Bruinsma stand, ein anderes Zeitungsfoto, auf dem er bei der Internationalen Autoshow in Amsterdam, der AutoRAI, neben einem eben erworbenen, verdächtig teuren Sportwagen posierte. De Kok in verschiedenen Jahrzehnten und mit einer Vielzahl von Frisuren.

De Boer breitete die Fotos auf dem Schreibtisch aus. Auf jedem trug de Kok eine schwarze Lederjacke, sein Markenzeichen vermutlich. De Boer öffnete die Dateien mit den Aufnahmen von Ben Olssen am Eingang der Unterführung – die unscharfe Aufnahme von einer Kamera an der Piet Heinkade. Olssen betrat die Unterführung, gefolgt von einer Person, die jedoch sehr bald wieder herauskam. Schwer zu identifizieren: ein Mann in einem Kapuzenpulli, über der Schulter eine Tasche … aber nicht nur im Kapuzenpulli. Über dem Pulli trug er eine schwarze Lederjacke. Gut, das war nicht weiter ungewöhnlich, aber trotzdem. Soweit de Boer erkennen konnte, war der Mann breitschultrig und stämmig, ein kräftig gebauter Typ. De Boer runzelte die Stirn. De Kok? War das möglich? De Boer hielt den Film in dem Moment an, in dem Olssen die Unterführung betrat: 20.23 Uhr. Um 20.23 endete auch der Anruf von dem unbekannten Prepaid-Handy bei Marty Jacobs. Er spulte ein Stück zurück, ließ die Aufnahme noch einmal laufen. Zu dumm, dass die Qualität so schlecht war. Die Jungs von unten hatten schon alles versucht. Trotzdem hätte de Boer seinen letzten schwer verdienten Cent darauf verwettet, dass er wusste, was die Armbewegung bedeutete, die der Mann im Kapuzenpulli um 20.23 Uhr machte: Der rechte Arm bewegte sich vom Kopf weg, der Ellbogen lugte gebeugt hinter seinem Rücken hervor: Er nahm ein Handy vom Ohr und steckte es in die Jackentasche.

Noch nicht mal Viertel nach zehn und alle Einkäufe erledigt. Posthumus stieg die schmale Treppe zu seiner Wohnung seitwärts hinauf, die Radtaschen in der einen Hand, zwei prall gefüllte Supermarkttüten in der anderen. Vielleicht sollte er öfter so früh auf den Bauernmarkt gehen. Eigentlich waren ihm seine Samstagvormittage heilig: ein gemütliches Frühstück zu Hause, am späten Vormittag Austern auf dem Markt und ein Schwätzchen mit dem Ziegenkäseverkäufer. Vor allem genoss er das Gefühl, dass er an diesem Tag die Zügel in der Hand hatte, er allein bestimmte den Rhythmus. Aber heute nicht. Er war früher aufgestanden als sonst, um seinen Wocheneinkauf zu erledigen, bevor er sich um elf mit Kees traf. Etwas griesgrämig war er am Morgen zur Noorderkerk geradelt ... und hatte überrascht festgestellt, wie ruhig es auf dem Markt war. Kein Gedränge, kein langes Anstehen. Selbst der Supermarkt, an dem er auf dem Heimweg haltmachte, war wunderbar leer. Sein Gepolter auf der Treppe und das Geräusch der Taschen, die an der Wand entlangstreiften, lockten Gusta vor die Tür, wie ein Meerestier, das unter einem Stein hervorschaut.

»Hab's eilig!«, rief Posthumus und hob im Vorbeigehen beide Ellbogen zu einer Art Gruß.

Oben in seiner Wohnung verstaute er die Einkäufe und ging dabei im Kopf noch einmal durch, was seine nächtliche Internetrecherche zu TTX erbracht hatte. Mit den Standardtests, mit denen Tote auf Drogen und Ähnliches untersucht wurden, konnte man es nicht nachweisen. Wenn es über den Verzehr von Kugelfisch aufgenommen wurde – bei weitem die häufigste Ursache für eine TTX-Vergiftung –, testeten die Ärzte normalerweise das Essen und nicht das Opfer. Das Gift lähmte das Nervensystem. Ben wäre an einer »Atemlähmung« gestorben: Sein Atem hätte ausgesetzt, und sein Herz hätte aufgehört zu schlagen. *Wenn* das Gift richtig gewirkt hätte. Das war der Punkt. Nachdem Posthumus den Kühlschrank eingeräumt hatte, wandte er sich dem Obst und Gemüse zu. Wenn das Gift richtig gewirkt hätte, wenn die kleine Kapsel, die, laut de Boer, von Bens Fettzellen verstopft worden war, ihren Inhalt komplett abgegeben hätte, wäre Ben tot auf der Straße gefunden worden. Ohne äußerliche Anzeichen von Gewalteinwirkung. Die Ärzte hätten vermutlich Herzstillstand diagnostiziert. Das kam vor. Selbst bei relativ jungen Menschen. Ohne Hinweis auf eine Straftat hätte es keine Autopsie gegeben. Bens Tod wäre also auf eine natürliche Ursache zurückgeführt worden. (Unter Politikern und Medizinern wurde nach wie vor heftig darüber diskutiert, ob die Untersuchungen, die derzeit bei Todesfällen durchgeführt wurden, ausreichten, weil Vergiftungen möglicherweise übersehen wurden. Bei Frans Kemp wäre das bestimmt so gewesen, wenn man ihn ebenfalls vergiftet hätte.)

Posthumus hielt einen Moment inne. Er war bei den Konserven und haltbaren Lebensmitteln angelangt. Und bei der Frage nach dem Warum. Er verstand jetzt, warum Ben nicht in seinem Hotelzimmer umgebracht worden war. Das Gift wirkte innerhalb von Minuten, aber nicht sofort. Vom Hotelzimmer aus hätte Ben noch telefonieren und Hilfe holen können. Aber nicht auf der Straße, nachdem man ihm das Handy weggenommen hatte. Andererseits durfte der Überfall nicht an einem allzu belebten Ort stattfinden. Die Unterführung war etwas abgelegen, ruhig und dunkel. Die meisten Fußgänger benutzten den Tunnel direkt unter dem Bahnhof. Also war Ben entweder in die Unterführung gelockt worden, oder jemand hatte sich an seine Fersen geheftet und auf eine günstige Gelegenheit gewartet. Wenn das Gift richtig gewirkt hätte und Ben noch in der Unterführung gestorben wäre, hätte man seinen Tod wahrscheinlich auf den Raubüberfall zurückgeführt. Niemand wäre auf Gift gekommen. Hatte man ihm deshalb alle Sachen abgenommen? Damit Ben wie das Opfer eines Raubüberfalls wirkte, das dabei einen Herzinfarkt erlitten hatte? Oder sollte man denken, ein besonders kaltschnäuziger Dieb habe einen Toten ausgeraubt? Posthumus schloss langsam die Tür seines Vorratsschranks. Das alles passte zu seiner Vermutung, dass der Überfall nichts mit den verwüsteten Hotelzimmern zu tun hatte. Wer auch immer die Hotelzimmer demoliert hatte, wollte, dass die Öffentlichkeit davon Kenntnis nahm. Diese Aktion war ein Statement. Bens Ermordung war das genaue Gegenteil.

Posthumus holte seinen Mantel. An einer Stelle hakte es. Was war, wenn Ben redete? Posthumus schlüpfte in den Mantel und klopfte die Taschen nach seinem Schlüssel ab.

Selbst wenn die Titankapsel das gesamte Gift abgegeben hätte, bestand das Risiko, dass Ben in der wenigen Zeit, die ihm noch blieb, jemanden erzählen konnte, was passiert war. Er hätte seinen Angreifer identifizieren können. Es sei denn, Ben kannte den Angreifer gar nicht. Oder die Angreifer. Posthumus trat hinaus auf den Treppenabsatz und schloss die Tür ab. Unten hörte er Gusta singen, über das Dröhnen ihres Staubsaugers hinweg. Und was hatte Ben gesagt, etwas wie Hubert oder Humbert? Ben hatte versucht zu sprechen, als er ins Krankenhaus eingeliefert worden war. Aber darüber wollte er später nachdenken. Er musste de Boer noch einmal danach fragen. Posthumus ging die Treppe hinunter. Und dann war da noch die Frage, wie Marty in all das hineinpasste. Posthumus hatte ein mögliches Szenario für das Wie entworfen, aber das Warum blieb nach wie vor im Dunkeln, und der Frage, wer hinter der Tat steckte, war er auch kein Stück näher gekommen. Er hörte im Vorbeigehen, wie sich Gustas Tür öffnete, und beschleunigte seinen Schritt.

Als Posthumus am Ufer der Amstel zum Hausboot von Kees radelte, war er spät dran. Der dunkle Himmel kündigte Regen an, aber Posthumus hatte keine Zeit, noch einmal umzukehren und eine Regenjacke oder einen Schirm zu holen. Die ersten schweren Tropfen zerplatzten neben ihm auf dem Boden, als er an der Klingelschnur von Kees' Tür zog. Es war kurz nach elf. Posthumus hörte ein gedämpftes »Komm rein!«, bückte sich unter dem niedrigen Türsturz und trat ein.

Kees saß an einem alten Holzschreibtisch und drehte einen Joint. Der vordere Teil des Bootes, den Kees als Wohn- und Arbeitszimmer nutzte, war vollgestopft mit Büchern, Schachteln und Aktenordnern, die sich in Regalen drängten oder als schiefe Stapel auf dem Boden türmten. Am anderen Ende gruppierten sich drei verschiedene Sessel um einen niedrigen Tisch. Hier und da boten Eimer, Taue und Kartons mit undefinierbaren Metallstücken einen Einblick in das mysteriöse Leben auf dem Wasser – vielleicht wollte Kees sie aber auch für eine seiner Skulpturen verwenden. Das war Posthumus schon immer ein Rätsel gewesen. Ein behagliches Gefühl der Vertrautheit versetzte ihn über zwanzig Jahre zurück. Abgesehen davon, dass der Krimskrams zugenommen hatte und auf dem Schreibtisch ein topmoderner Computer stand, war alles noch genau so, wie er es in Erinnerung hatte.

»Pieter Posthumus, du verdammter Überläufer!« Kees stand auf, um ihn fest an sich zu drücken.

Damals, als Posthumus Mitte zwanzig gewesen war, hatte Kees alt auf ihn gewirkt; auch jetzt wirkte er alt, aber seltsamerweise nicht älter als früher. Als ob Kees in seiner kratzbürstigen Weißhaarigkeit verharrt wäre, während Posthumus nach und nach aufgeholt hatte.

»Kaffee?«, fragte Kees. Ohne eine Antwort abzuwarten, ging er zu einer Kochnische im hinteren Teil des Bootes, griff nach einer Macchinetta, die so angelaufen und zerbeult war, dass er vermutlich schon vor zwanzig Jahren daraus eingeschenkt hatte.

»Eine plötzliche Begegnung mit den Schatten der Vergangenheit«, sagte Kees. »Nicht unwillkommen, natürlich, aber gänzlich unerwartet. Ich dachte, du wärst in die Untiefen der Ehrbarkeit abgetaucht.« Er rüttelte am Kännchen. »Gerade gemacht, ist noch was übrig«, sagte er und goss eine zähe schwarze Flüssigkeit in eine kleine Tasse.

»Ich habe den Artikel über dich im Magazin des *NRC Handelsblad* gesehen«, sagte Posthumus. »Und dann bin ich zufällig Bin-Bag begegnet, oder Freddie, wie er sich jetzt nennt, und gestern war ich hier in der Gegend, daher ...«

Kees musterte ihn durchdringend. »Egal aus welchem Grund, es tut gut, dich zu sehen. Und ich bin froh, dass du heute Morgen kommen konntest. Hab gerade nicht viel Zeit,

Earth 2050 und so. Ein absolutes Irrenhaus.« Er reichte Posthumus die Tasse, nahm seine eigene vom Schreibtisch und ging voraus zu den Sesseln.

»Gabi lässt dich übrigens grüßen«, sagte Posthumus.

»Ah, La Lanting. Kluge Frau. Ich hatte gehofft, ich würde sie gestern bei einer Podiumsdiskussion über Fracking treffen, aber wie ich höre, hat sie sich lieber mit einem verdammten Filmstar rumgetrieben.«

»Gabi wollte dir von Ben Olssen erzählen«, sagte Posthumus.

»Dem Jungspund? Der hat sich gestern auch gedrückt, hat seinen Allerwertesten nicht rechtzeitig auf einen Stuhl bekommen. Die beiden haben doch nicht etwa was am Laufen? Ben war schon immer ein Casanova!«

Posthumus zögerte, aber er konnte sich nicht davor drücken. »Ben ist tot«, sagte er.

Kees setzte sich, plötzlich alt und schwerfällig, in einen der zerschlissenen Sessel. Posthumus erzählte ihm von dem Überfall und Bens Tod im Krankenhaus. Kees schwieg lange, versuchte aufstehen, sank dann aber zurück in den Sessel. Wieder sah er Posthumus durchdringend an.

»Warum *genau* bist du hier, Pieter Posthumus?«

Posthumus trank einen Schluck von dem bitteren, lauwarmen Kaffee. »Es wurde noch jemand getötet, jemand, den ich vage kannte«, sagte er schließlich. »Und einer der Toten, um die sich das Bestattungsteam kümmert, trug Ben Olssens Mantel. Irgendwie gibt es da eine Verbindung. Ich versuche, die Puzzleteile zusammenzusetzen.«

Kees' Blick wanderte durch den Raum und zurück zu Posthumus. »Erzähl mir von deinem neuen Job bei der Stadt«, sagte Kees, »bei diesem ›Bestattungsteam‹.« Er gab dem Wort eine besondere Betonung. »Das Letzte, was ich gehört habe, war, dass du bei der Betrugsabteilung bist.«

»Interne Revision«, sagte Posthumus. »Also eher interne

Ermittlungen als Betrug. Aber jetzt bin ich schon seit über einem Jahr beim Bestattungsteam.«

Kees betrachtete Posthumus wie aus der Ferne, als ob er ihn gerade noch erkennen könnte.

»Und machst du das oft, diese ›Puzzleteile zusammensetzen‹?«, fragte er.

Posthumus erzählte Kees von Amir, dem jungen Marokkaner, der tot in einer Gracht gefunden worden war, und von Zig, der in einer Blutlache im Gästehaus gelegen hatte, und wie er nur aus Bruchstücken den Tathergang rekonstruiert hatte.

»Und du denkst, das kannst du auch bei Ben?«, fragte Kees.

»Offiziell werde ich wahrscheinlich mit der Überführung beauftragt, deshalb versuche ich, Freunde oder Verwandte zu finden«, sagte Posthumus.

»Und inoffiziell?«

Kees stand auf und ging zu seinem Schreibtisch.

»Wie gesagt, ich bin dabei, die Puzzleteile zusammenzusetzen«, sagte Posthumus. »Und bisher noch nicht sehr weit damit gekommen.«

Ihm fiel auf, dass sich Kees mit Mühe bewegte und immer wieder unauffällig auf den Möbeln abstützte.

»Du kennst nicht zufällig irgendwelche Angehörigen oder Freunde?«, fragte Posthumus. »Ich weiß nicht mal, ob Ben verheiratet war.«

Kees gab eine gedämpfte Version seines Weihnachtsmannlachens von sich. »Verheiratet? Der Jungspund? Unzählige gebrochene Herzen, das ja. Aber keine trauernde Witwe. Er sagte, er wäre nur einmal kurz davor gewesen, und das hätte wohl an der Luft in Venedig gelegen.« Kees blieb kurz stehen und trommelte mit den Fingern auf seinen Schreibtisch.

»Und Freunde? Jemand namens Hubert oder Humbert vielleicht?«, fragte Posthumus. »Oder ein Greg Robertson. Könnte ein Reporter sein oder so.«

Kees trommelte weiter und griff dann nach dem Joint, den er gedreht hatte, als Posthumus hereingekommen war. Er schüttelte den Kopf. »Das ist also gar kein Freundschaftsbesuch«, sagte er und setzte sich wieder zu Posthumus.

»Na ja, in erster Linie schon«, sagte Posthumus. »Das meiste wusste ich gestern noch gar nicht.«

Kees saß zusammengesunken an seinem Schreibtisch. Plötzlich kam er Posthumus wirklich alt vor. Am besten sagte Posthumus die Wahrheit. Sie kannten sich schon zu lange.

»Aber es gibt noch einen anderen Grund. Ich habe dir ja schon erzählt, dass ich Bin-Bag ... Freddie begegnet bin. Wir haben etwas zusammen getrunken, und dabei hat er sich einen Bericht über diese demolierten Hotelzimmer angesehen, die Zimmer der Delegierten, die an der Fracking-Diskussion teilnahmen, zu der auch Ben hätte kommen sollen.« Posthumus trank den letzten Schluck Kaffee und bemühte sich, das Gesicht nicht allzu sehr zu verziehen.

»Irgendwie hatte ich das Gefühl, dass Freddie etwas darüber wusste«, fuhr er fort. »Als ich gestern hier war, wollte ich mit dir über Freddie sprechen, ob er damit etwas zu tun haben könnte; das ist einer der Gründe für meinen Besuch.«

Kees fummelte in der Tasche herum und holte ein Feuerzeug heraus. »Vielleicht, vielleicht aber auch nicht«, sagte er. »Das war ja bloß eine provokante Aktion, um einen Standpunkt klarzumachen. Ein Lausbubenstreich, um Leuten wie Ben zu zeigen, dass sie auf dem falschen Weg sind. Ich würde die letzten Reste meiner armen schrumpeligen Seele darauf verwetten, dass das nichts mit dem Mord an Ben zu tun hat.«

Posthumus sah ihn an und wartete. Aber es kam nichts. Kees zündete den Joint an.

»Warum sagst du das?«, fragte Posthumus.

Kees zuckte mit den Schultern und schwieg. Posthumus drängte ihn nicht. Schließlich war er zu derselben Schlussfolgerung gelangt. Stattdessen erzählte er Kees vom aufgeschlitzten Innenfutter in Bens Sakko, Jacke und Koffer. Kees nahm einen tiefen Zug von seinem Joint und hielt stirnrunzelnd die Luft an.

»Das passt doch nicht zu jemandem, der nur auf Verwüstung aus ist«, fuhr Posthumus fort.

Kees bot Posthumus den Joint an, den er behutsam zwischen zwei Fingern hielt. Posthumus schüttelte den Kopf.

»Als ob jemand etwas gesucht hätte«, redete Posthumus weiter. »Aber was? Etwas, das Ben vielleicht nicht geliefert hat? Er war ja viel auf Reisen, vielleicht hat er irgendwelche Sachen geschmuggelt, ist da in etwas hineingeraten.«

Kees atmete lautstark Rauch aus und wedelte mit dem Joint. »Drogen, meinst du? Der Jungspund? Der nimmt ja nicht mal das hier. Hat er nie angerührt.«

»Es passt auch nicht zu dem, was ich von ihm weiß«, sagte Posthumus. »Aber vielleicht zu Marty, dem anderen Mordopfer.«

»Marty?«

Posthumus erklärte ihm die Hintergründe. Kees zog wieder an seinem Joint. Er sagte nichts.

»Aber das scheint mir alles eine Nummer zu groß für Marty zu sein«, sagte Posthumus. »Selbst wenn Bens Tod nichts mit den demolierten Hotelzimmern zu tun hat, könnte seine Haltung zum Fracking eine Rolle spielen. Er war eine Art Berater in dem Bereich, soweit ich weiß, hatte mit den ganz Großen zu tun. Womöglich ist er einer radikalen Umweltschutzorganisation in die Quere gekommen, einer Organisation, die deutlich größer ist als die, die für die Hotelaktion verantwortlich ist.«

Kees drückte den Joint aus und lehnte sich in seinem Stuhl zurück. Er schloss die Augen und schwieg so lange, dass Posthumus sich schon fragte, ob er eingeschlafen war.

»Ein Lämmchen«, sagte Kees schließlich.

Vielleicht war er wirklich eingeschlafen; was redete er da?

Kees öffnete die Augen, sah Posthumus aber nicht an, sondern schaute ins Leere.

»Der Junge war nicht gefährlich, eher einer von der naiven Sorte«, sagte Kees. »Weich. Ich wüsste nicht, warum ein Aktivist ihn hätte umbringen sollen ...« Seine Stimme verlor sich, dann sah er Posthumus an. »Jeder, der seine verdammten fünf Sinne beieinander hat, ist gegen Fracking. Und tief in seinem Herzen war auch Ben dagegen, man hätte ihn nur wieder zur Vernunft bringen müssen. Aber er dachte immer, er könnte das System verändern. Gestern bei dieser Podiumsdiskussion sollte er die einsame Stimme der Kompromissbereitschaft verkörpern. Man kann ihn wirklich nicht mit den anderen Typen, deren Zimmer verwüstet wurden, in einen Topf werfen.«

Kees' Stimme bebte leicht. Er räusperte sich und fuhr fort. »Ben glaubte, Fracking könnte eine vorübergehende Lösung sein, ein Notbehelf, man würde so etwas Zeit gewinnen, um auf nachhaltige Energieerzeugung umzustellen; er dachte, mit Fracking könnte man eine Katastrophe abwenden, wenn das Öl zur Neige geht.«

Er wollte aufstehen und stützte sich dabei schwer auf die Armlehnen des Stuhls. Posthumus beugte sich vor, um ihm zu helfen, und erntete dafür einen bösen Blick.

»Hubbert's Peak sagt dir doch noch was, ja?«, fragte Kees. »Oder hast du dich so weit von deinem alten Leben entfernt, dass du dich nicht mehr für solche Sachen interessierst?«

Posthumus ließ sich nicht provozieren. »Das Maximum bei der Ölförderung, dem ein massiver Rückgang der Vorkommen folgt.«

Kees schlurfte zu einem Schrank am anderen Ende des Bootes. »Vier von zehn Punkten«, sagte er. »Du kannst dein Ergebnis verbessern, wenn du mir mögliche Auswirkungen eines so schnellen Rückgangs nennst.«

»Wirtschaftliche Turbulenzen und in Ländern ohne alternative Energieversorgung soziale Unruhen, Zusammenbruch des Finanzsystems, Hunger.«

»Schon besser«, sagte Kees und kam mit einer Keramikflasche Genever und zwei kleinen Gläsern zurück. »Hubbert's Peak war ein Lieblingsthema von Ben. Er wollte das Fracking nutzen, um neue Strategien zu entwickeln, von innen heraus.«

Er stellte die Flasche auf den kleinen Beistelltisch und setzte sich zu Posthumus.

»Totaler Schwachsinn, und das habe ich ihm auch gesagt«, fuhr Kees fort. »Glaubst du, dass Regierungen ihren Arsch von allein in Bewegung setzen? Keine Chance. Aufgeschoben ist nicht aufgehoben. Wie gesagt, der Junge war naiv. Er selbst nannte das differenziert und redete von einem ganzheitlichen Ansatz. Aber es war Schwachsinn, und das habe ich ihm auch gesagt. Trotzdem ... er verdiente ziemlich viel Geld damit, dass er Regierungen und Unternehmen in der Sache beriet. Armer Kerl.«

Kees füllte beide Gläser bis zum Rand. »Gutes Zeug«, sagte er. »Für besondere Anlässe.«

Er beugte sich über den Tisch, um auf traditionelle Art den ersten Schluck zu trinken, und forderte Posthumus mit einem Nicken auf, es ihm nachzutun. Es war noch früh am Tag, aber Posthumus hatte keine andere Wahl. Er beugte sich vor und schlürfte ein bisschen Genever aus dem Glas. Kees setzte sich auf und hob das Glas.

»Auf den Jungspund. Er hatte das Herz auf dem rechten Fleck.«

Gutes Zeug oder nicht, Kees leerte sein Glas in einem Zug. Posthumus trank langsamer, doch Kees hievte sich bereits wieder aus dem Sessel.

»Und jetzt muss ich dich leider rauswerfen«, sagte er. »Ich habe vor der nächsten Sitzung auf der Konferenz noch einiges zu erledigen.«

De Boer machte ein Standbild von dem Mann im Kapuzenpulli und verglich es mit den Bildern von Henk de Kok aus der Akte. De Kok als der andere Mann, der am Überfall auf Olssen beteiligt war, und als derjenige, der hinter der Erschießung von Marty Jacobs stand. De Kok, der einen Komplizen zum Schweigen brachte. Ergab das einen Sinn? Möglicherweise. Man sollte dem auf jeden Fall nachgehen. De Kok hatte hier irgendwie seine schmutzigen Finger drin. Fürs Erste wäre es nicht schlecht, wenn sie seine Lederjacke ins Labor schicken könnten und den Kapuzenpulli, wenn sie ihn finden würden. Aber er wollte de Kok nicht mit einer Hausdurchsuchung aufscheuchen, solange er sich seiner Sache nicht sicher war. De Kok war aalglatt, vor allem wenn er unter Druck gesetzt wurde. Er musste schon mehr gegen diesen Mistkerl vorweisen können. Den Fall Zig Zagorodnii hatte de Boer durch sein vorschnelles Handeln fast vermasselt. Wieder zuckte ein halbes Lächeln um seine Mundwinkel. Pieter Posthumus hatte ihn damals gerettet. Am liebsten hätte de Boer ihn angerufen, aber er verwarf den Gedanken wieder.

Die ersten schweren Regentropfen schlugen gegen das Fenster. De Boer stand auf, ging ans andere Ende des Büros und schlug sich dabei mit der Faust in die flache Hand. Er brauchte nicht nur mehr Beweise. Das wenige, was er hatte, passte außerdem nicht so richtig zusammen. Seltene Gifte und verborgene Kanülen waren eigentlich eine Nummer zu groß für de Kok. Marty Jacobs durch ein Schaufenster niederschießen zu lassen, das war schon eher de Koks Stil. Das Gift passte einfach nicht zu ihm. Außerdem war de Kok nicht der Typ, der für andere die Drecksarbeit machte. Gab es also doch zwei Mörder? De Kok, der die Erschießung von Jacobs angeordnet hatte, und jemand anders, der Jacobs beim Überfall auf Olssen geholfen hatte? De Boer kickte gegen einen imaginären Fußball und ging dann mit den Händen in den Hosentaschen zurück zu seinem Schreibtisch. Jacobs arbeitete für de Kok, und selbst wenn der zweite Mann beim Überfall auf Olssen nicht de Kok war, hatte er irgendwie die Finger im Spiel, da war sich de Boer sicher. Er hatte gelernt, seinem Instinkt zu vertrauen, und sein Instinkt sagte ihm, dass der Mord an Jacobs und der Überfall auf Olssen zusammenhingen … und das Bindeglied war Henk de Kok. Aber wie? Sie hatten Jacobs' Anrufe im Milord und Pia Jacobs' Aussage, dass de Kok Jacobs kurz vor dem Überfall abgeholt hatte. Und wenn Giftkapseln schon nicht de Koks Stil waren, passten sie noch viel weniger zu dem dicken Metzger. Er hatte wahrscheinlich den Weg blockiert, war von der anderen Seite der Unterführung kontaktiert worden, um Olssen den Fluchtweg zu versperren.

De Boer blieb eine Weile neben seinem Schreibtisch stehen. Noch ein Problem: das Motiv. Warum sollte de Kok Olssen umbringen? Wo war hier die Verbindung? Olssen war nur kurz in Amsterdam gewesen. Es gab keinen Hinweis darauf, dass er de Kok kannte. De Boer betrachtete ein Foto von Olssens aufgeschlitztem Sakko. Was immer man dort gesucht hatte – das war die Verbindung. Jemand hatte das Zimmer beobachtet und Marty Jacobs angerufen, als Olssen das Zimmer verließ, hatte alles schnell und professionell durchsucht und dann mit Jacobs' Hilfe wieder die Verfolgung von Olssen aufgenommen, nachdem er nicht fündig geworden war. Vielleicht etwas, das Olssen nicht geliefert hatte. Aber was genau? Schwer vorstellbar, dass Olssen sich als Drogen-Muli verdingt hatte. Er wäre bestimmt weiter oben auf der Leiter gewesen. Außerdem gab es keine Drogenspuren an seiner Kleidung oder im Hotelzimmer. Frauen waren die wichtigste Handelsware dieses Schleimbeutels de Kok. Damit ließ sich leichter Geld verdienen als mit Drogen. Und Olssen war weltgewandt und gut aussehend. De Boer konnte sich vorstellen, dass er Frauen angeworben hatte. Möglich, aber nicht sonderlich plausibel.

Eine eingehende E-Mail meldete sich mit einem Ping. Merel Dekkers. Er überlegte, dann fiel es ihm wieder ein. Natürlich. Die Nichte von Posthumus. Die scharfe Blondine. Und dann fiel ihm noch etwas ein. Sie hatte de Koks Scheinfirmen und zwielichtige Geschäfte erwähnt. Geldwäsche. Das könnte es sein. *Das* wäre eine mögliche Verbindung zwischen Olssen und de Kok. Bargeld, eingenäht in Jacken und Sakkos. Das passte schon eher zu Olssen. Und es wäre eine Verbindung zwischen Olssen und Marty Jacobs: Laut Posthumus hatte Jacobs eine Art Immobilienfirma gegründet. Der Vater, Dirk Jacobs, war wegen Geldwäsche aktenkundig geworden. Und damit wäre auch wieder eine Verbindung zu de Kok hergestellt.

Es regnete heftig, als Posthumus das Hausboot verließ. Er nahm sich einen Schirm aus dem Korb neben der Tür. Kees war der Meinung, dass Schirme Allgemeingut sein sollten, die man bei Bedarf mitnehmen und dann irgendwo deponieren konnte, ähnlich wie die weißen Fahrräder in den sechziger Jahren, die als kollektives Verkehrsmittel dienten. Posthumus hatte sich einen großen, grün-weißen Schirm gegriffen, den er im Amsterdamer Stil beim Radfahren in der einen Hand halten konnte, während er mit der anderen lenkte.

Kees hatte ihn ziemlich abrupt verabschiedet. Auch sonst machte die Begegnung Posthumus zu schaffen. Er fühlte sich, als ob er etwas Verdorbenes gegessen hätte. Irgendetwas stimmte nicht. Beim Fahren ging Posthumus noch einmal die vergangene Stunde durch. Kees hatte so viel von Ben gewusst, zum Beispiel, was seine Haltung zum Fracking betraf. Das war ein Grund für Posthumus' Unbehagen. Als hätten sich Kees und Ben kürzlich getroffen, obwohl Kees nichts davon gesagt hatte. Der Regen war jetzt so heftig, dass das Fahren unmöglich wurde, das Wasser klatschte am Schirm vorbei auf Posthumus' Oberschenkel. Er stieg ab und schob das Fahrrad. Immer noch gingen ihm Bilder von Kees und Bruchstücke seiner Sätze im Kopf herum. Posthumus kannte sich gut genug, er musste das einfach zulassen und dabei genau aufpassen: Kees, wie er mit dem Joint wedelte und sagte: »Er nimmt ja nicht mal *das* hier.« Das war es. Nicht weil Kees im Präsens sprach – das passierte dauernd, wenn jemand erst kürzlich verstorben war –, aber er sprach mit einer solchen Überzeugung über das *Jetzt*.

Posthumus suchte Schutz im Eingangsportal eines modernen Apartmenthauses am Flussufer. Kees, wie er die Geneverflasche auf den Couchtisch stellte und immer noch von Ben und Fracking redete: »Aufgeschoben ist nicht aufgehoben.« Kees, wie er die Gläser bis zum Rand füllte: »Totaler Schwachsinn, und das habe ich ihm auch gesagt.« Posthumus lehnte sein Fahrrad an eine Säule. *Und das habe ich ihm auch gesagt.* Posthumus schüttelte den Schirm aus und machte ihn zu. Und dann sah er den Aufdruck am Schirmrand: Grandhotel Krasnapolsky.

13

Der heftige Regen hielt nicht lange an. Nach etwa zehn Minuten befand Posthumus, dass er die Weiterfahrt wagen konnte. Als er wieder auf dem Radweg am Fluss war, hatte der Regen ganz aufgehört, und ein erster blauer Streifen schob die Wolken auseinander. Kees musste mit Ben geredet haben, da war sich Posthumus sicher; Ben war wahrscheinlich sogar auf dem Boot gewesen. Warum aber benahm sich Kees so merkwürdig und versuchte, die Sache zu vertuschen? Hatten sich die beiden zerstritten, war Kees nicht einverstanden gewesen mit Bens Plänen? Posthumus radelte an der Philips-Zentrale vorbei, den Krasnapolsky-Schirm hatte er inzwischen zusammengerollt und fest in die Milchkiste vorn am Lenker gerammt. Kees' Reaktion war ausweichend gewesen, als Posthumus Freddie und die verwüsteten Hotelzimmer angesprochen hatte. Er wusste mehr darüber, als er zugeben wollte. Aber wie Freddie wirkte auch Kees schockiert, als er von Bens Tod hörte. Und die Vorstellung, dass Bens Tod etwas mit dem Vandalismus zu tun haben könnte, hatte er rundweg abgelehnt. Als wüsste er, was wirklich hinter Bens Tod steckte. Aber was konnte das sein? Posthumus hielt an einer Ampel, vor ihm drängten sich bereits mehrere Radfahrer. Wusste Kees, was Ben versteckt hatte? Oder zumindest, wonach gesucht worden war? Etwas, das Ben mit Marty und der Welt von Henk de Kok in Verbindung brachte. Marty, der Möchtegern-Immobilienmagnat, und de Kok, dem – wie hatte Merel es formuliert – ein übler Geruch anhaftete: Stripteaseclubs, schmutzige Geschäfte, Geldwäsche.

Die Ampel schaltete auf Grün. Zwei Touristen vor ihm traten schwankend in die Pedale und kamen nur langsam voran. Natürlich fuhren sie nebeneinander. Geldwäsche. Wo war da der Zusammenhang? Hatte Ben Bargeld geschmuggelt? Das würde in das Innenfutter einer Jacke passen, außerdem war Ben viel auf Reisen. Flip de Boer dachte wohl in eine ähnliche Richtung. Und Kees hatte sich *sehr* gereizt nach Posthumus' Tätigkeit bei der Betrugsabteilung erkundigt. Posthumus klingelte und quetschte sich an einem verschreckten Touristen vorbei. Oder könnte es um Frauen gehen? Hatte Ben mit Mädchenhandel zu tun, war er vielleicht eine Art besserer Loverboy? Das erschien Posthumus eher unwahrscheinlich, auch wenn Kees gesagt hatte, Ben habe viele Herzen gebrochen. Posthumus fuhr langsamer, als der Radweg die scharfe Kurve der Straße kreuzte, die hoch zum OLVG-Krankenhaus führte. Ein Gespräch hallte in seinem Hinterkopf wider. Ein Gespräch, das er geführt hatte, als er das letzte Mal hier auf dieser Straße unterwegs gewesen war. Er blieb am Bordstein stehen und sah einem schwarzen Mercedes hinterher, der Richtung Krankenhaus fuhr. Hier an dieser Stelle war es gewesen, es war, als ob ihm jemand etwas zuflüstern würde, ganz leise, doch er konnte es nicht richtig verstehen. Er musste sich konzentrieren.

Venedig. Ben und die Frauen. Kees hatte gesagt, dass Ben sich nur einmal verliebt habe und die venezianische Luft dafür verantwortlich machte. *Venedig.* Gestern Morgen. Im Taxi. Mit Christina. Ihre Affäre mit Ben habe in Venedig begonnen, hatte sie gesagt und darüber gescherzt, weil es so klischeehaft war. Es sei aber nur ein Flirt gewesen, ein Rausch: Venedig und ein kurzer Aufenthalt in New York. Von Hochzeit hatte sie nichts gesagt. Etwas arg weit hergeholt, oder? Ben, der Frauenheld, in der romantischsten Stadt der Welt. Vielleicht hatte er Kees von einer anderen Frau erzählt, das musste nichts mit Christina zu tun haben. Und wenn doch? Hatte

Gabi nicht gestern gesagt, dass Christina Ben näherstand, als sie zugab? Was, wenn Christina Ben *viel* besser kannte, als sie sagte? Posthumus kannte dieses Gefühl, dieses Prickeln, wenn zwei Puzzleteile, die erst nicht zueinanderzupassen schienen, näher zusammenrückten und sich womöglich ineinanderfügen ließen. Ben hatte Christina vor etwas warnen wollen, und Christina schien deutlich mehr über dieses Etwas zu wissen, als sie eingestehen wollte. Diesen Verdacht hatte Posthumus nicht zum ersten Mal.

Posthumus fuhr nicht weiter, sondern schob sein Rad über die breite Straße. Ein Straßenbahnfahrer bimmelte wütend, als er die Gleise überquerte. Konnte noch mehr dahinterstecken? Hatte Christina etwas mit den Dingen zu tun, in die Ben verwickelt gewesen war? Cornelius hatte sie als verwöhntes reiches Mädchen abgestempelt, mehr Schein als Sein. Posthumus war ganz anderer Meinung. Christina reiste viel. Mehr als Ben, nach allem, was Posthumus gehört hatte. Es wäre ein Leichtes für sie gewesen, Bargeld zu schmuggeln. Außerdem hatte ihre Familie laut Cornelius etwas mit der Walraven-Bank zu tun, einer alten Amsterdamer Privatbank. Keine Bank mit Schaltern und Laufkundschaft, sondern eine dieser vornehmen Einrichtungen mit dicken Teppichen in den Geschäftsräumen, mit Kunden, die auf Empfehlung kamen und denen man keine Fragen stellte. Hatte Christina Ben geholfen? Das würde ihre Unruhe und Gereiztheit erklären, ihr hartnäckiges Beharren darauf, die Schuld an Bens Tod zu tragen, weil sie ihn versetzt hatte. Vielleicht hätte sie tatsächlich dort sein sollen. Und womöglich war es gar kein Bargeld, das die beiden schmuggelten, sondern etwas, das besser in Christinas Welt passte. Seltene Tierprodukte vielleicht: Organe von Tigern oder gemahlenes Rhinohorn, für das Chinesen ein Vermögen zahlten. Posthumus blieb am Bordstein stehen und holte sein Handy aus der Tasche. Cornelius meldete sich beim zweiten Klingeln.

Cornelius ging voraus ins Wohnzimmer. Posthumus hatte die Einladung zum Mittagessen bereitwillig angenommen, nachdem klar war, dass Christina nicht da sein würde. Er wollte Gabi und Cornelius jetzt noch nichts von seinen Vermutungen sagen, das wäre nicht fair, aber es konnte ja nicht schaden, bei den beiden ein bisschen vorzufühlen.

Oben aus dem Arbeitszimmer hörte er Stimmen und Gabis Lachen.

»Ist das Christina da oben mit Gabi?«, fragte er, zögerte und nickte zur Treppe hin. »Ich dachte, sie wäre nicht da.«

»Das ist der flotte junge Niels, der für so große Heiterkeit sorgt«, sagte Cornelius mit einem Blick, der eher vage gen Himmel als Richtung Arbeitszimmer gerichtet war. »Er ist gleich weg, so Gott will, und Gabrielle kommt dann hoffentlich auch herunter. Die Gesellschaft der holden Dame bleibt uns heute erspart, zumindest bis nach dem Mittagessen.«

Posthumus folgte Cornelius.

»Du magst sie nicht besonders, oder? Christina, meine ich«, sagte Posthumus und setzte sich in einen Lehnsessel.

So weit waren sie schon gewesen: Cornelius hatte gesagt, dass er Christina oberflächlich fand und dass sie ihm den letzten Nerv raubte.

»Sie saugt einen aus, nimmt einem alle Kraft«, sagte Cornelius. »Aber die Konferenz ist fast vorbei, und ich wage zu behaupten, dass wir sie die nächsten zehn Jahre nicht mehr zu Gesicht bekommen, es sei denn, sie braucht etwas von uns.«

»Das ist ein bisschen hart, findest du nicht?«, sagte Posthumus.

Cornelius sah ihn über den Rand seiner Brille hinweg an. »Hast du etwa immer noch vor, das Herz der Dame zu erobern?«

»Nein, nein, nicht im Geringsten. Aber ich habe den Eindruck, dass *Christina* Gabi einen Gefallen getan hat und nicht umgekehrt. Dieser Promi, um den alle so einen Wirbel machen.«

Cornelius antwortete nicht sofort, sondern deutete auf eine bereits geöffnete Flasche Wein. »Möchtest du etwas trinken?«, fragte er. »Rot? Weiß?«

Posthumus spürte noch den hastig getrunkenen Genever, aber warum eigentlich nicht, schließlich war heute Samstag.

»Gern einen Weißen«, sagte er.

»Mag sein, dass ich da etwas kleinlich bin«, sagte Cornelius und schenkte den Wein ein. »Zumal Christina für sich und Gabrielle Einladungen für das Galadiner mit den wichtigsten Konferenzteilnehmern heute Abend besorgt hat. Aber es ist die Art, wie sie es macht. Nur um zu punkten, um Gabrielle in den Schatten zu stellen.« Er reichte Posthumus das Glas und schenkte sich selbst nach.

»Jetzt bist du wirklich unfair«, sagte Posthumus. »Außerdem ist Gabi viel zu schlau, um sich so übertölpeln zu lassen. Oder es stört sie nicht, so was durchschaut sie doch mühelos.«

»Sie durchschaut es einerseits, andererseits aber auch wieder nicht. Und so war es anscheinend schon immer. Auch als die beiden noch Kinder waren und Christina ihren Vater als den Botschafter ausgab. Sie hat Gabrielle immer als Konkurrentin wahrgenommen, dabei existiert diese Konkurrenz nur in ihrem Kopf. Heute äußert sich das so, dass Christina unermüdlich zu demonstrieren versucht, dass sie in ihrem Schaumschlägerjob mehr erreicht als Gabrielle als Direktorin von Green Alliance. Daher die Sache mit diesem Prominenten, daher die Einladungen zu einem Galadiner, bei dem Gabrielle sonst nicht dabei wäre. Und meine werte Gattin ist davon offenbar sehr beeindruckt.«

»Und du nicht?«

»Es geht doch immer nur um Äußerlichkeiten, von der Designerhandtasche bis zum Namedropping: Präsident Putin bei einer Konferenz in Sankt Petersburg, Bill Clinton, Bianca Jagger, gestern Abend der chinesische Botschafter. Pausenlos. Und wie gesagt, es laugt einen völlig aus.«

Posthumus musste lächeln. Dass Christina mit sämtlichen Prominenten auf Du und Du zu sein schien, war ihm nicht entgangen.

»Tut mir leid«, sagte Cornelius und rieb sich die Schläfen. »Ein unpassender Ausbruch. Die letzten Tage ... ich bin einfach ein bisschen kaputt durch die Dauerbeschallung.«

Posthumus lenkte das Gespräch in eine für Cornelius angenehmere Richtung. »Ist Lukas auch da?«

»Allerdings«, sagte Cornelius. »Er ist in seinem Zimmer, schneidet Videos und ›archiviert die Fotos seiner Kindheit‹. Und das ist ein Zitat! Ist das zu glauben? Der Junge ist gerade mal zwölf!«

Posthumus lachte. »Als ich das letzte Mal hier war, hat er mir was auf dem Tablet gezeigt. Flink wie ein Äffchen, springt von einem Fenster zum anderen. Ich habe so gut wie nichts verstanden.«

»Manchmal habe ich das Gefühl, mein Sohn würde in einer anderen Welt leben«, sagte Cornelius. »Und nächstes Jahr, wenn er sich bei Facebook und Twitter anmelden kann, wird es wohl noch schlimmer. Wir werden nachgeben müssen. Ich versuche, ihm die Bedeutung von Privatsphäre zu vermitteln, und was es bedeutet, dass seine Fotos für immer im Internet präsent sind.«

»Oder für immer verschwunden sind, wenn es plötzlich eine Panne in der Cloud gibt«, sagte Posthumus. »Und bis dahin haben wir die Fähigkeit verloren, uns zu erinnern.«

Die Trauer, die ihn plötzlich überkam, lenkte ihn kurz ab. Als sein eigener Vater durch einen Virus das Gedächtnis verloren hatte, war Posthumus monatelang jeden Tag zu ihm gegangen und hatte ihm aus seinen alten Tagebüchern vorgelesen, um die Vergangenheit langsam wieder zu rekonstruieren. Das Vorlesen und die gemeinsamen Kirchgänge. Irgendwie hatten auch die vertrauten katholischen Rituale geholfen.

»Viel wahrscheinlicher ist, dass das System unter der Last des ganzes Schrotts zusammenbricht, der ständig dazukommt«, sagte Cornelius.

Posthumus kehrte wieder in die Gegenwart zurück. »Es ist wohl wirklich eine unheimliche Vorstellung, dass all diese Fotos, Momente und Erinnerungen auf ewig durchs Netz zirkulieren.«

Cornelius lehnte sich in seinem Sessel zurück. »Erinnerung gut und schön, aber es gibt auch eine Kunst zu vergessen, und die geht uns allmählich verloren«, sagte er.

Sie schwiegen. Beide führten den Gedanken für sich allein weiter.

»Den Satz hätte ich neulich bei Tina brauchen können«, sagte Posthumus nach einer Weile. Er erzählte Cornelius, wie sehr Tina darunter litt, dass sie täglich vor der Haustür an ihre Vergangenheit erinnert wurde. »Und während ich väterliche Ratschläge erteilte, ging mir auf, dass ich mir an die eigene Nase fassen sollte«, sagte er. »Der Tod meines Bruders ...«

Posthumus zögerte. Eigentlich sprach er nur ungern über Willems Tod, seine eigenen Schuldgefühle und die Entfremdung von Heleen und dem Mädchen.

»Dass Merel wieder in meinem Leben aufgetaucht ist, hat mir sehr geholfen, aber du hast recht – man muss auch lernen, wie und wann man Vergangenes vergisst. Das gilt auch für Tina und genauso für Anna, was die Geschichte mit dem Brand und Paul betrifft. Der Trick besteht weniger im Vergessen als darin, die Vergangenheit in die Gegenwart zu integrieren und nach vorne zu schauen.«

Cornelius lächelte, nahm einen Schluck Wein und legte die Füße auf eine Ottomane. Draußen im Flur verabschiedete sich Gabi von Niels. Als sie ins Zimmer kam, streckte sie die Arme über den Kopf, die Finger ineinander verflochten.

»Das war der absolut letzte Konferenztermin«, sagte sie. »Bis zum Abendessen keine Verabredungen. Schön, dich zu sehen, Piet.« Sie wandte sich an Cornelius. »Ich sterbe vor Hunger, was gibt's zum Mittagessen?«

»Lachsquiche von Peperwortel, dazu ein bisschen Salat«, sagte Cornelius. »Außerdem haben wir noch Suppe von gestern Abend.«

»Und ich habe Käse auf dem Albert-Cuyp-Markt gekauft«, sagte Posthumus und deutete auf seine Einkaufstasche.

»Sehr gut, ihr beiden. Ein Festmahl. Und jetzt noch ein gemütliches Gläschen Wein, bevor ich den kleinen Prinzen herunterrufe.«

Gabi schenkte sich ein und ließ sich der Länge nach auf die Couch fallen.

»Hast du von dem Bankett heute Abend im Grand gehört?«, fragte sie Posthumus.

»Die Reichen und die Schönen? Cornelius hat es mir gerade erzählt.«

»Ist das nicht fantastisch?«, sagte Gabi. »Ich kann noch gar nicht glauben, dass ich dabei bin. Und du würdest nicht glauben, wer sonst noch alles kommt.«

Posthumus bemerkte Cornelius' Blick.

»Ich mache mal die Suppe warm«, sagte Cornelius und stand auf.

»Wie ich höre, hat Christina mal wieder ihren Charme spielen lassen und euch Einladungen besorgt«, sagte Posthumus mit einem verschmitzten Blick zu Cornelius, der gerade in die Küche ging.

»Es wird ihr guttun hinzugehen, das bringt sie auf andere Gedanken«, sagte Gabi.

»Geht's ihr einigermaßen?«, fragte Posthumus. »Ich meine, nach der traurigen Nachricht.«

»Zuerst war sie natürlich schockiert, wie wir alle. Schließlich dachten wir ja, Ben wäre auf dem Weg der Besserung«, sagte Gabi. »Meiner Meinung nach sollte man das Krankenhaus verklagen oder zumindest eine Untersuchung veranlassen, aber Chris sagt, das sei ihr alles zu viel. Sie ist sowieso schon total gestresst, sie macht sich große Sorgen um ihren kranken Vater. Wie auch immer, sie ist jetzt ruhiger, was Ben betrifft, nicht mehr so aufgelöst wie gestern, als er auf der Intensivstation war. Wahrscheinlich liegt es daran, dass die Sache jetzt abgeschlossen ist, was ja irgendwie auch eine Erleichterung ist.«

»Ich war heute Morgen bei Kees und habe ihm davon erzählt«, berichtete Posthumus.

Gabi setzte sich auf. »Wie geht es dem alten Kees? Wie hat er die Nachricht aufgenommen? Ben und er standen sich sehr nahe.«

»Ganz gut, denke ich«, sagte Posthumus. Er schwenkte das Weinglas. »Aber er hat etwas Komisches gesagt. Ben und Christina haben doch nie ans Heiraten gedacht, oder?«

»Heiraten? Christina und Ben? Das höre ich zum ersten Mal«, sagte Gabi. »Es sei denn, das ist schon länger her. Christina und ich haben uns eine Weile aus den Augen verloren und erst wiedergesehen, als sie zur Konferenz gekommen ist. Wie ich gestern schon sagte, ich glaube, sie hatte mehr für Ben übrig, als sie zugibt. Aber heiraten? Nein, das hätte sie erzählt. Da hat der liebe alte Kees was falsch verstanden. Oder Ben eine gute Partie gewünscht. Ich muss ihn unbedingt mal wieder besuchen.«

Posthumus packte die Gelegenheit beim Schopf. »Ich hätte ja gedacht, dass Ben ihn besucht, wenn er schon mal in der Stadt ist. Er war doch so eine Art Schützling von Kees.«

»Hat er das nicht? Wahrscheinlich hatte er keine Zeit. Er war wohl noch nicht lange in Amsterdam, als er überfallen wurde.«

»So wie es aussieht, werde ich mich um seine Überführung kümmern«, sagte Posthumus. »Du weißt nicht zufällig von irgendwelchen Verwandten oder Arbeitskollegen?«

Gabi schüttelte den Kopf. »Ist schon eine Weile her, dass wir zusammengearbeitet haben. Ich glaube, er hat einen Bruder in Schweden, aber eigentlich hat er nie von seiner Familie erzählt. Sie standen sich wohl nicht sehr nahe. Aber ich höre mich mal um. Vielleicht weiß jemand von den NGOs, mit denen er in Afrika zusammengearbeitet hat, ein bisschen mehr.«

»Und die Verabredung mit Christina, war das rein privat? Geschäftlich hatte sie nichts mit ihm zu tun, oder?«

»Nicht dass ich wüsste«, sagte Gabi. »Eigentlich bin ich mir sogar sicher, sonst hätte sie sich mehr darum bemüht, ihm rechtzeitig abzusagen.«

»Sie hat sich nicht bemüht, ihn zu erreichen?«

»Sie ließ ihn schmoren, hat seine Nachrichten nicht gleich beantwortet«, sagte Gabi. »Ich hatte den Eindruck, dass sie mit ihm spielte, ihn ein bisschen zappeln lassen wollte. Typisch Christina. Lässt den armen Mann im Bahnhofscafé sitzen. Hat sich sogar geweigert, zurück ein Taxi zu nehmen. Sie kann schon ein bisschen gemein sein. Kein Wunder, dass sie Schuldgefühle hatte.«

»Was Anna als Blödsinn und pure Selbstgeißelung bezeichnet hat«, sagte Posthumus mit einem Lachen. Er erinnerte sich an Annas Reaktion, als Gabi ihnen erzählt hatte, Christina gebe sich die Schuld an dem Überfall, weil sie an jenem Abend unbedingt mit dem Zug fahren wollte. Die Geschichte ergab jetzt ein bisschen mehr Sinn.

»Die Suppe ist fertig!«, rief Cornelius aus der Küche.

Gabi schwang die Beine vom Sofa. »Ich gehe rauf und hole Lukas«, sagte sie.

Nachdem auch die zweite Flasche Wein leer war, entschied sich Posthumus für einen doppelten Espresso und verabschiedete sich dann. Eine Siesta war jetzt sicher keine schlechte Idee. Cornelius begleitete ihn zur Tür. Posthumus stand schon auf den Stufen, die zur Straße hinunterführten, als Christina um die Ecke kam, beladen mit mehreren exklusiv aussehenden Einkaufstaschen.

»Halt, warte auf mich!«, rief sie Cornelius zu, der noch an der Tür stand. »Ihr habt mir ja gar nicht gesagt, dass ihr so eine entzückende kleine Boutique hier in der Nähe habt!«

Sie hob den Arm und ließ die Taschen hin und her schaukeln.

»Ein paar wunderbare Sachen für heute Abend!«, sagte sie und schenkte Cornelius ein Hollywood-Lächeln.

Vielleicht hatte Cornelius doch recht mit seinem Vorwurf, sie sei oberflächlich. Oder machte sie sich über ihn lustig? Dann hatte sie auf jeden Fall ihr Ziel erreicht, das konnte man deutlich an Cornelius' Gesicht ablesen.

»Und wie geht es meinem Ritter in schimmernder Rüstung?«, fragte sie und drehte sich zu Posthumus.

War das Lächeln, das sie ihm schenkte, aufrichtiger? Posthumus kam es jedenfalls so vor.

»Na ja, kaum, ich meine ... ich war ja kaum eine große Hilfe.«

Was hatte sie nur an sich, dass er sich in ihrer Gegenwart wie ein dummer Schuljunge aufführte? Posthumus riss sich zusammen. Vielleicht sollte er sie direkt nach Ben fragen. Er versuchte sich vorzustellen, wie sie ein zwielichtiges Geschäft mit ihm einfädelte. Er konnte es nicht.

»Es tut mir so leid, das mit Ben, meine ich«, sagte er.

Das Lächeln verschwand. Christina schwieg. Dann sagte sie sehr leise: »Ja.«

»Ich ... ich wollte etwas fragen«, sagte Posthumus.

Christina hielt seinem Blick stand. Ihre Augen wirkten unglaublich traurig.

»Hey, nicht jetzt. Tapfer sein und so«, sagte sie. »Und erst mal den Abend genießen.«

Mit der freien Hand tätschelte sie ihm kurz die Wange und rannte dann die Treppe hinauf.

Posthumus ging langsam zu seinem Fahrrad. Er schloss gerade die Kette auf, als sein Handy klingelte: eine niederländische Nummer, kein Name. Er meldete sich vorsichtig.

»Ja?«

»Pieter. Hier ist Kees. Ich muss mit dir reden.«

Von seinem raubeinigen Charme war nichts mehr zu hören.

»Worum geht's?«

Posthumus selbst klang auch nicht gerade freundlich, das war ihm klar. Kees' Ausflüchte vorhin hatten ihn argwöhnisch gemacht.

»Wo bist du?«, fragte Kees.

»Zuid. Auf dem Heimweg.«

»Können wir uns dort treffen, also bei dir zu Hause?«, fragte Kees.

Posthumus antwortete nicht sofort. Den würde er sich vorknöpfen, aber nicht jetzt, sondern erst wenn er sich wieder etwas frischer fühlte.

»Ich ... ich war nicht ganz ehrlich zu dir«, sagte Kees. »Ich muss mich bei dir entschuldigen.«

Posthumus verkniff sich ein »Das denke ich doch auch« und sagte stattdessen: »Hat das nicht Zeit?«

»Nein«, sagte Kees. »Nein, jetzt nicht mehr.«

Posthumus wurde nun doch neugierig. Er nannte Kees seine Adresse.

Kees wartete bereits auf der Brücke.

»Das ging aber schnell«, sagte Posthumus.

»Taxi«, erwiderte Kees. Er hatte einen großen braunen Umschlag in der Hand. »Können wir reingehen?«

Oben in der Wohnung machte Posthumus gleich noch mal Kaffee. Kees blieb in der Tür zur Küche stehen.

»Ben kam am Dienstag bei mir vorbei«, sagte Kees. »Wahrscheinlich kurz bevor er ...«

»Ja«, sagte Posthumus. »Das habe ich mir schon gedacht.«

»Das hier hat er bei mir deponiert«, sagte Kees.

Posthumus blickte stirnrunzelnd auf den braunen Umschlag.

»Er war zugeklebt, und ich wusste nicht, was drin ist«, sagte Kees. »Nachdem du mir heute Morgen das alles erzählt hattest, wollte ich mir erst selbst ein Bild machen. Und die letzten Stunden habe ich dann ein bisschen recherchiert.«

Posthumus gab Kees seinen Kaffee und ging voraus ins Wohnzimmer.

»Ben kam unangekündigt vorbei, er sagte, er brauche meinen Rat«, fuhr Kees fort. »Ich wollte gerade los und hatte nicht viel Zeit, deshalb hat er mir nicht viel erzählen können. Und ich weiß noch immer nicht so recht, was ich damit anfangen soll.«

»Was ist in dem Umschlag?«, fragte Posthumus.

»Unterlagen. Ben hat sie versehentlich bei einem Beratungsgespräch in Brüssel mitgenommen, beziehungsweise jemand hat sie ihm zusammen mit anderen Unterlagen versehentlich in die Hand gedrückt, ein älterer Teilnehmer, der laut Ben nicht nur körperlich ziemlich tattrig war. Ich weiß noch, wie mich diese anmaßende Äußerung genervt hat.«

Für einen Moment war Kees wieder ganz der Alte und sprühte nur so vor Energie. Dann zuckte er mit den Schultern.

»Ganz ehrlich, ich habe ihn nicht richtig ernst genommen«, sagte er. »Es war gut, ihn wiederzusehen, aber ich war in Eile, und er redete und redete. Dass man seinen Computer gehackt habe, Sachen gelöscht seien und E-Mails verschwunden, deshalb wollte er die Unterlagen nicht im Hotel lassen. Ich dachte, der Jungspund hätte zu viel Fantasie, würde sich da in was reinsteigern, vor allem als er dann noch anfing, von Korruption auf höchster politischer Ebene zu reden. Du kennst mich, ich bin immer für Verschwörungstheorien zu haben, aber nicht, wenn ich dringend zu einem Termin muss und schon spät dran bin. Ich dachte, es gibt Wichtigeres, um das ich mich kümmern sollte.«

Plötzlich klang er wieder resigniert.

»Ich habe mich getäuscht«, sagte Kees.

»Und die Unterlagen?«, fragte Posthumus.

Kees zog ein dünnes A4-Blatt aus dem Umschlag. »Ben sagte, zuerst hätte er nichts damit anfangen können, und ich muss sagen, mir ging es genauso, als ich mir das alles heute Morgen angesehen habe. Na ja, oder zumindest ähnlich.«

Kees legte das Blatt auf den Couchtisch zwischen ihnen.

»Und warum hast du dir das nicht schon früher angesehen?«, sagte Posthumus.

»Wie gesagt, der Umschlag war zugeklebt. Ben sagte, er lässt die Papiere nur bei mir, damit sie sicher sind, er würde sich wieder melden, dann könnten wir richtig reden. Aber dann war ich total mit der Konferenz beschäftigt und dachte, ihm geht es genauso, im Grunde habe ich nicht mehr daran gedacht. Ich hatte ja keine Ahnung, dass ...«

Kees' Stimme brach; nicht nur seine Schultern, sein ganzer Körper schien in sich zusammenzusacken, er wirkte alt und müde. Posthumus beugte sich vor und legte ihm die Hand auf den Arm. Einen Moment lang kam es ihm so vor, als ob sein Vater da sitzen würde, einst so stark, stets der Mittelpunkt, und plötzlich nur noch ein Schatten seiner selbst; ein unwillkommener Rollentausch.

»Und der Ratschlag, den Ben wollte?«, fragte Posthumus.

Kees seufzte. »Es ging irgendwie um Verantwortung und Loyalität. Er hat das nicht vertieft. Mein Eindruck war, dass er bereits eine Entscheidung getroffen hatte, als er zu mir kam, dass er nur eine Bestätigung von mir wollte. Das machen wir ja alle so. Wie auch immer, er sagte, er würde am nächsten Tag mit einem Journalisten reden.«

»Einem Journalisten?«, sagte Posthumus. Er erinnerte sich, was Merel im Dolle Hond gesagt hatte. »Ich glaube, ich weiß vielleicht, mit wem.«

Kees tätschelte die Hand, die Posthumus ihm auf den Arm gelegt hatte, und richtete sich auf.

»Sorry, Piet«, sagte er. »Die Nachricht heute Morgen war ein solcher Schock, und ich hatte dich so lange nicht gesehen. Ich musste erst nachdenken. Ich hätte beinahe etwas gesagt, aber nach all den Jahren wusste ich nicht recht, wo du stehst. Tut mir wirklich sehr leid. So.«

Posthumus lächelte. »Komm, schauen wir uns die Unterlagen an.«

Kees beugte sich vor und nahm das erste Blatt vom Stapel. Posthumus griff danach: ganz oben eine Reihe paralleler Pfeile, die diagonal nach oben zeigten, darunter ein Gewirr aus Linien und Kästchen. Unten rechts war eine komische kleine Kritzelei mit Flammen, darunter das Wort PhoeniX, mit einem Großbuchstaben am Schluss.

»Und Ben findet das in seinen Unterlagen, als er von einem Meeting kommt, und denkt sofort an zwielichtige Geschäfte?«, fragte Posthumus.

»Ben sagte nur, dass es zu dem passte, worüber er seit einiger Zeit nachgrübelte. Er vermutete, das seien Belege für Zahlungen, Bestechungsgelder vermutlich, in Verbindung mit seinen Klienten – in Bens Fall große Konzerne und Regierungen –, die plötzlich ihre Haltung in Energiefragen änderten. Das hatte oft mit Fracking zu tun, es ging aber auch um das Leugnen des Klimawandels, die Erhöhung der Ölförderung, damit andere weiter am Öltropf hängen, solche Sachen.«

»Ergibt das einen Sinn?«, fragte Posthumus. »Für mich klingt das sehr nach Verschwörungstheorie.«

Kees hob die Hände. »Ich habe ja auch erst gedacht, das sind alles nur Bens wilde Fantasien«, sagte er. »Aber seit deinem Besuch habe ich ein bisschen nachgeforscht. Mit Leuten geredet, die ich kenne. Hab mich online umgehört. In Foren, die du nicht kennst, im Dark Web.«

Posthumus nickte. Schon früher hatte Kees ein umfangreiches Netzwerk, das man besser nicht genauer unter die Lupe nahm.

»Ich habe etwas gefunden, das zu dem passt, was Ben gesagt hat«, fuhr Kees fort. »Es gibt da einige mächtige Lobbyisten und Unternehmen – hauptsächlich russische –, die vorsorgen und das große Geld machen wollen, wenn das Öl ausgeht.«

»Aber wie denn, um Himmels willen?«

»Sie machen jetzt schon Deals, bilden Allianzen, kaufen Anteile, damit sie den anderen ein paar Schritte voraus sind, wenn es zum großen Zusammenbruch kommt, der garantiert eintritt, wenn das Öl ausgeht. Mit anderen Worten: Es geht um Macht.«

Kees breitete die anderen Papiere auf dem Couchtisch aus.

»Und Geld«, sagte er. »Es geht immer um Macht und Geld.«

Posthumus blickte auf die Seiten voller Initialen, Daten und Ziffern. Auf den meisten Blättern stand oben »PhoeniX«. Vielleicht der Name eines wie auch immer gearteten Unternehmens. Oder der Name der Person, die dahintersteckte? Er betrachtete die Kritzelei mit den Flammen auf dem ersten Blatt. »Kritzelei« war das falsche Wort. Es war eigentlich ziemlich gut gezeichnet und sah fast wie eine Art Unterschrift aus: vier Flammen wie ein Fächer, darüber ein Schnörkel mit drei Spitzen. PhoeniX. Der Schnörkel konnte auch ein Schnabel mit zwei Flügeln sein. Er lehnte sich in seinem Sessel zurück und versuchte, das alles mit dem Mord an Ben in Zusammenhang zu bringen. Vor ein paar Tagen hatte er das Gefühl gehabt, er hätte eine Schachtel mit Spielkarten geöffnet, in der die meisten Karten fehlten. Jetzt kam es ihm so vor, als ob zwei Packungen, die gar nicht zusammenpassten, vermischt worden wären. Er fluchte leise, als sein Festnetztelefon klingelte.

»So weit bin ich jedenfalls gekommen«, sagte Kees. »Jetzt weißt du so viel wie ich.«

»Ich hör nur schnell, wer das ist«, sagte Posthumus und stand auf.

»Charon, du alter Geheimniskrämer!«

»Cornelius?«

»Du hast mir nie erzählt, dass du Stammgast im Krasnapolsky bist«, sagte Cornelius.

»Oh, der Schirm. Ich habe gerade erst bemerkt, dass ich ihn bei euch vergessen habe.«

»Geht es dir gut? Du klingst komisch, irgendwie abgelenkt.«

»Ich war nur ... in Gedanken, habe über Ben Olssen nachgegrübelt«, sagte Posthumus. »Du weißt nicht zufällig, was man mit einem Phönix verbindet, abgesehen vom Aufstieg aus der Asche?«

»Mit einem Phönix? Meine Güte, Charon, was um alles in der Welt hat ein Phönix mit Ben Olssen zu tun? Wohin wandert dein Geist an einem tristen Samstagnachmittag? Der Phönix wird mit der Sonne assoziiert, mit Wiedergeburt, dem Tod durchs Feuer und mit dem Königtum, wegen seiner angeblich purpurnen Farbe. So spontan fällt mir sonst nichts weiter dazu ein ...«

Cornelius hielt inne, als ob ihn jemand unterbrochen hätte. Posthumus hörte Stimmen im Hintergrund.

»Gabrielle möchte mit dir sprechen«, meldete er sich wieder.

Weitere Gesprächsfetzen waren zu hören.

»Pieter! Ich habe Christina gerade erzählt, dass du dich um Bens Überführung kümmerst und versuchst, Angehörige ausfindig zu machen und so, aber sie weiß von niemandem. Was?«

Wieder Stimmen im Hintergrund. Dann Gabi.

»Und sie hat seit Greenpeace nicht mehr mit Ben zusammengearbeitet. Wart mal kurz ...«

Posthumus seufzte und warf Kees einen entschuldigenden Blick zu. Er hätte es einfach klingeln lassen sollen.

Gabi meldete sich erneut. »Tut mir leid, das ist ein Irrenhaus hier. Diese Marie, die auch in den Dolle Hond geht und eine Boutique in De Wallen hat, sie hat neulich gesagt, sie hätte schöne echte Pashmina-Schals. Wo genau ist denn diese Boutique? Christina braucht unbedingt einen Pashmina für heute Abend.«

»In einer kleinen Straße, die von der Warmoesstraat abgeht. Die letzte rechts, wenn man Richtung Dolle Hond geht«, sagte Posthumus.

»Wunderbar«, sagte Gabi. »Ich glaube, wir haben noch Zeit. Was denn noch?«

Posthumus seufzte erneut, als am anderen Ende der Leitung Gemurmel zu hören war.

»Christina meint, wir könnten den Schirm bei dir vorbeibringen«, sagte Gabi. »Bist du nachher zu Hause?«

»Ich will den Schirm nicht, er gehört mir nicht einmal, er war Teil der Gemeingut-Sammlung von Kees«, sagte Posthumus. »Behaltet ihn oder gebt ihn weiter. Wenn ihr zu Marie geht, könnt ihr ihn auch zurück ins Hotel bringen. Oder ihr deponiert ihn im Dolle Hond, ich gehe so in einer Stunde sowieso dorthin, und dann kann ich ihn ins Hotel mitnehmen, wenn ich Bens restliche Sachen abhole.«

Posthumus verabschiedete sich und ging zu Kees zurück.

»Der Schirm aus dem Krasnapolsky«, erklärte er. »Das ist einer der Gründe, warum ich vermutet habe, dass Ben bei dir war. Übrigens, weißt du, von wem Ben sprach, als er sagte, er hätte fast geheiratet, damals in Venedig?«

Kees schüttelte den Kopf. »Nein, keine Ahnung. Ich glaube auch nicht, dass Ben einen Namen nannte. Er erzählte nur, dass er sich von der ganzen Romantik betören ließ.«

Posthumus setzte sich wieder. »Und was jetzt? Das bringt uns alles nicht weiter bei der Frage, wer Ben umgebracht hat.«

»Na ja, eindeutig jemand, dem nicht gefiel, dass Ben wusste, was er wusste«, erwiderte Kees.

Posthumus lehnte sich zurück und schloss die Augen. Zu viele Puzzleteile. Zu disparat, zu ungeordnet. Er öffnete die Augen, beugte sich vor und schob die Seiten zu einem Stapel zusammen.

»Die Polizei?«, schlug er vor. »Ich kenne den Kommissar, der in Bens Fall ermittelt. Ich kann ihm das am Montag bringen.« Er sah auf die Uhr. »Womöglich ist er jetzt sogar in seinem Büro, er sagte, er würde heute arbeiten.«

»Wäre vermutlich das Beste«, sagte Kees. »Allerdings wird die Polizei nicht viel damit anfangen können, und wir können auch nicht viel dazu erklären.«

Posthumus stellte den Stapel hochkant und klopfte auf die Oberseite, damit die Seiten bündig aufeinanderlagen.

»Wie wäre es damit: Du lässt mir die Unterlagen hier. Morgen habe ich bestimmt Zeit und kann noch mal darüber nachdenken. Wenn mir dann immer noch nichts einfällt, bringe ich alles am Montag zur Polizei.«

»Da wäre auch immer noch der Journalist, mit dem Ben reden wollte. Du hast gesagt, du weißt vielleicht, wer das sein könnte?«, fragte Kees.

»Dazu muss ich mit meiner Nichte sprechen. Im Hotel hat jemand Nachrichten für Ben hinterlassen, und Merel sagte, sie kenne den Namen.«

»Es wäre besser für mich, wenn die Hintergründe zu den Papieren nicht von mir kommen«, sagte Kees. »Ich möchte nicht allzu genau erläutern müssen, wie ich das alles herausgefunden habe. Also wenn es nicht unbedingt sein muss.«

Er stemmte sich aus dem Sessel und sah quer durch die Wohnung auf die Uhr an der Küchenwand. »Es gibt gleich noch eine letzte Veranstaltung bei der Konferenz, an der ich gern teilnehmen würde. Eine Diskussion über das Scheitern der Makroökonomie. Vielleicht schaffe ich es noch.«

Posthumus stand auf, um Kees zu verabschieden, war aber in Gedanken immer noch bei den Puzzlestücken, sortierte Teile, die zueinanderzupassen schienen, und grübelte über Lücken nach.

»Dann rufe ich dich morgen an?«, fragte Kees.

Posthumus nickte und sah Kees nach, als er die Treppe hinunterstieg.

Zurück in der Wohnung griff Posthumus nach den Unterlagen auf dem Couchtisch und ging dann zu seinem Schreibtisch unter der Treppe. Er legte die Papiere ordentlich auf den Deckel der Grübelbox, fuhr den Computer hoch, überlegte kurz und googelte dann »Erdöl« und »Ende«. Er scrollte nach unten und überflog dabei die ersten zwei oder drei Zeilen unter jedem Eintrag. Natürlich gab es Bücher zum Thema, viele verrückte Websites, Blogs und Foren mit Verschwörungstheorien. Auch einiges über Hubbert's Peak. Posthumus zog die Augenbrauen zusammen und lehnte sich zurück. Vorhin auf dem Boot hatte Kees gesagt, wenn Ben ihn früher besucht hatte, hätten sie oft über Hubbert's Peak gesprochen. Posthumus rollte auf dem Schreibtischstuhl nach hinten. Gestern Morgen, im Krankenhaus. Das Rauschen und Klicken des Beatmungsgeräts, das Piepsen der Maschinen. Bens gedämpfte Stimme hinter der Beatmungsmaske. Seitdem waren die Worte hinten in Posthumus' Gehirn abgespeichert. *Das* hatte Ben versucht zu sagen, es war nicht Hubbard oder Humbert oder irgendein anderer englischer Name, nein, er hatte Hubbert sagen wollen. Aber warum redete er ausgerechnet über Hubbert's Peak, wenn er kaum ein Wort herausbrachte? Es musste etwas mit dem Überfall zu tun haben, sonst wäre es ihm nicht so wichtig gewesen. Hubbert und *fada*, nein, *fara* ... Nun, das ergab einen Sinn. Posthumus schloss die Augen und rief sich die Szene in Erinnerung. Da war noch etwas gewesen. Als Ben zu sprechen anfing. Ein zischendes »fff«. Und dann ein Name. Posthumus konzentrierte sich. Felix, das war es.

Nein, nicht Felix, sondern Phönix: der Name, der oben auf fast jeder Seite der Unterlagen stand. Ben hatte versucht, über das zu sprechen, was hier vor sich ging, was immer es auch war.

Posthumus griff nach der Grübelbox mit Bens Papieren darauf und nahm sie mit zur Couch. Er blätterte durch die Seiten – Initialen, Daten und Ziffern. Die Ziffern, hatte Kees gemeint, bezogen sich auf Zahlungen. Eine Währung war nicht angegeben. Wenn es sich um Dollar oder Euro handelte, waren es hohe Summen. Sehr hohe. Wieder versuchte Posthumus, Teile, die nicht passen wollten, zu kombinieren und sie genauer zu untersuchen, ob sie sich nicht vielleicht doch einfügen ließen. Geld. Henk de Kok. Gestern Abend beim Kochen war Posthumus wieder eingefallen, woher er den Namen kannte.

Es war schon ein paar Monate her, dass Posthumus Nachforschungen zu Zigs Tod im Gästehaus angestellt hatte: De Kok war einer der »mächtigen Freunde« eines Mannes, nach dem sich Posthumus zu intensiv erkundigt hatte. Ein junger Angestellter in de Koks Fitnessclub warnte Posthumus vor seinem Chef. Und Marty gebrauchte dieselbe Formulierung, als er Posthumus vor ein paar Monaten auf dem Nieuwmarkt drohte. Gut, »mächtige Freunde« war eine gängige Formulierung, aber trotzdem. Und außerdem hatte Marty ja auch noch bei irgendwelchen Immobiliengeschäften die Finger drin …

Posthumus nahm sein Handy und rief Merel an.

»Ich habe mich gerade gefragt, ob du schon dazu gekommen bist, in deinen Unterlagen nachzuschauen, du weißt schon, in den Notizen zu deinem Artikel über die alteingesessenen Familien in De Wallen«, sagte er. »Gibt es da etwas über Martys Vater oder über Henk de Koks Kungeleien und Finanzgeschäfte?«

»Nicht viel«, sagte Merel. »De Koks Unternehmen verlieren sich sofort in einem Gewirr aus Tochterunternehmen und Briefkastenfirmen. Die Hauptfirma nennt sich Amsterdam

Real Estate Management, kurz ARM, aber dahinter steht noch etwas Größeres, eine Art Holdinggesellschaft oder eine Investmentfirma. Ich hatte noch nicht viel Zeit, die Unterlagen durchzugehen, ich war den ganzen Vormittag weg.« Sie kicherte. »Das Abendessen gestern war ein echtes Vergnügen. Aber jetzt bin ich zu Hause und schaue gleich noch mal nach.«

»Ich freue mich schon, den Grund für deine Ablenkung kennenzulernen«, sagte Posthumus lächelnd. »Er muss natürlich meinen sehr hohen Ansprüchen genügen, sonst kann ich das nicht billigen.«

Merel lachte. »Da mache ich mir keine Sorgen.«

»In der Zwischenzeit ...«, sagte Posthumus.

»Selbstverständlich.«

»Und wenn du schon dabei bist, könntest du auch gleich die Nummer herausfinden, unter der man diesen Greg Robertson erreichen kann, den Journalisten, von dem du gestern gesprochen hast.«

14

De Boer schlang sein Essen in der Kantine hinunter. Ed Maartens, der inoffizielle Anführer der Gruppe älterer Beamter, die ihm seine Beförderung missgönnten, saß mit ihm am Tisch, in übler Laune, weil er samstags Dienst hatte. Und de Boer war nicht in der Stimmung, eine halbe Stunde lang gehässige Kommentare über sich ergehen zu lassen. Zurück in seinem Büro setzte er sich gleich an den Computer. Also war womöglich Geldwäsche das Bindeglied zwischen Olssen, de Kok und Jacobs. Das klang plausibel. Er würde Olssens Bankkonten überprüfen lassen und seine Vermögenswerte unter die Lupe nehmen. Aber das würde dauern. Olssen lebte in New York. Eher eine Aufgabe für Montag. De Boer überflog noch einmal die E-Mail von Merel Dekkers, die ihn auf die Idee gebracht hatte. Nicht viel Neues, das meiste wusste er bereits: Eher schien es so, als würde sich die Journalistin weitere Hinweise von *ihm* erhoffen. Sie hatte Chuzpe, das musste man ihr lassen. Ein Klopfen an der Tür. De Boer zuckte irritiert zusammen.

»Ja?«

Murat kam herein.

»Unten meinten sie, du wärst hier«, sagte er.

»Und was hast du an einem Samstagmittag hier verloren?«

»Mir ist heute Nacht etwas eingefallen, das wollte ich überprüfen«, sagte Murat. »Ich brauchte Zugang zu einer Datenbank oder besser gleich zu mehreren.«

Murat war eifrig, keine Frage. De Boer hoffte, dass Murat seine Verstimmung über die Störung nicht bemerkte.

»Und?«, fragte de Boer.

»Die Agentur gibt es tatsächlich nicht, also die Zeitarbeitsfirma, die Servicekräfte an Hotels vermittelt. Kein Eintrag im Handelsregister. Sie wurde wohl nur zum Schein gegründet, um Leute in die Hotels einzuschleusen und die Zimmer zu demolieren. Aber ich habe noch mehr rausgefunden.«

De Boer lächelte. Murat strahlte richtiggehend. Er sah aus, als ob er jeden Moment ein kleines Tänzchen hinlegen würde.

»Weißt du noch, wie Benois, der Hotelmanager, meinte, die Website habe nur noch das übliche ›Diese Seite existiert nicht mehr‹ angezeigt?«, fuhr Murat fort. »Ich habe das überprüft. Eine lokale Firma, die Websites einrichtet. Ich habe Freunde in der Branche.«

Plötzlich schien ihm ein Gedanke zu kommen, und er zögerte.

»Soll ich das näher ausführen?«, fragte er.

»Sag mir einfach, was rauskam«, sagte de Boer. »Ein Polizist sollte immer ein gutes Netzwerk haben, das beschleunigt die Dinge oft.« Allerdings war es manchmal besser, wenn man nicht alle Einzelheiten kannte.

»Amateure!«, sagte Murat. »Die hatten keine Ahnung, wie man Spuren verwischt. Um eine Website registrieren zu lassen, verlangt der Administrator eine Postadresse und eine Kontaktperson. Ich habe beides. Diese ›Agentur‹ hat kein Geheimnis daraus gemacht, die haben auch ihre IP-Adresse nicht verschleiert, was ein bisschen schwieriger ist, aber nicht unmöglich ist. Die Adresse ist in der Spuistraat. Ich wollte heute noch ein paar Sachen abgleichen. Eine Adresse hatte ich zwar, aber noch keine Verdächtigen.«

Murat wedelte mit der Hand wie ein Showmaster. Mit einer reichlich pompösen Geste legte er eine handschriftliche Liste auf de Boers Schreibtisch.

»Vor kurzem gab es ein paar Verhaftungen unter der Adresse. Ein besetztes Haus. Einige Demonstranten, die wir gestern bei der Anti-Fracking-Demo bei *Het Lieverdje* festgenommen haben, wohnen dort; außerdem gibt es noch jede Menge andere Anklagen: Störung der öffentlichen Ordnung, unbefugtes Betreten, solche Sachen. Und einige Namen tauchen immer wieder auf: ein Gino Antoldi und ein gewisser Frederick Harders, auch bekannt als Bin-Bag.«

Murat sah de Boer mit einem breiten Grinsen an.

»Gute Arbeit, Murat!«, sagte de Boer. »Ich glaube, wir sollten dort mal vorbeischauen, bei Harders, Antoldi und dem ganzen Haufen von gestern.«

De Boer lehnte sich zurück und sah den jungen Kollegen an.

»Nimm dir ein paar uniformierte Kollegen von unten und bring die Typen dann her.«

De Boer musste lächeln, als Murat gegangen war. Die Verhaftung der Hausbesetzer war für Murat wahrscheinlich der Höhepunkt seines Wochenendes und würde alles übertreffen, was er sich für heute Abend vorgenommen hatte. Er drehte sich wieder zum Computer und starrte auf Merel Dekkers' E-Mail, ohne sie zu lesen. In Gedanken war er bei dem verwüsteten Hotelzimmer im Krasnapolsky. Er griff nach dem Foto auf seinem Schreibtisch, das Olssens aufgeschlitzte Jacke zeigte. Von allen Opfern war nur Olssens Kleidung aufgeschlitzt worden; nur bei ihm funktionierte hinterher das Schloss nicht mehr. De Boer stieß sich mit dem Fußballen vom Boden ab und drehte sich im Rückwärtsrollen mit seinem Stuhl. Draußen goss es wie aus Kübeln. Er stand auf und ging zum Fenster.

Es hatte also *zwei* Einbrüche in Olssens Zimmer gegeben. Ein amateurhafter mit dem Schüssel des Hauspersonals, der zu den drei anderen in der Stadt passte. Und kurz davor ein professioneller, bei dem das elektronische Schließsystem geknackt worden war, um im Zimmer nach etwas zu suchen. Deutlich raffinierter. Genauso wie der Giftanschlag.

Sollte mit der Vandalenaktion der raffiniertere Einbruch vertuscht werden? Nein. Der erste Einbruch war zu routiniert. Er wäre nur Olssen aufgefallen, und der Einbrecher wusste, dass Olssen nicht in sein Zimmer zurückkehren würde oder jedenfalls nicht mehr in der Lage wäre, sich zu beschweren, wenn etwas fehlte. Das einzige Bindeglied war Olssen selbst: Wegen seines Engagements für Fracking war er für die anarchische Aktion auserkoren worden, die an verschiedenen Stellen in der ganzen Stadt stattgefunden hatte. Dass sein Zimmer durchsucht worden war, hatte einen anderen Hintergrund, den de Boer allerdings nicht kannte.

Posthumus schloss die Wohnungstür ab und ging langsam die Treppe hinunter. Was Kees gesagt hatte, beschäftigte ihn noch immer, Satz für Satz. Er blieb an der Haustür stehen und lehnte die Stirn an das kühle Glas des kleinen Fensters. Er hatte sich eine Stunde lang mit einer Gedächtnisübung beschäftigt, die er gelernt hatte, um seinem Vater zu helfen: Man konzentrierte sich auf einzelne Punkte und baute Szenen darum herum. Auf diese Weise hatte er, so gut er konnte, jeden Moment der vergangenen Tage rekonstruiert, Szenen mit Kees, mit Gabi, mit Christina, im Krankenhaus, im Dolle Hond: wer was gesagt und getan hatte und was die einzelnen Beteiligten über die jeweils anderen gesagt hatten. Posthumus öffnete die Haustür und trat hinaus auf die Straße. Er wandte sich grachtaufwärts Richtung Dolle Hond. Er brauchte jetzt eine alte Freundin. Er wollte das alles mit Anna besprechen.

Zwei Häuser weiter, zwischen der Buchhandlung und dem chinesischen Club, wo Rentner mitgebrachtes Essen teilten und Mahjong spielten, hörte er hinter sich einen Automotor. Er drehte sich halb um und sah einen Lieferwagen auf sich zu fahren, viel zu dicht am schmalen Gehweg. Posthumus drückte sich an die Hauswand und ging weiter, den Oberkörper leicht gedreht, damit der Lieferwagen vorbeikam. Der Wagen – macho-schwarz mit Neonleisten und verspiegelten Scheiben – fuhr noch ein paar Meter weiter und stand nun dicht vor dem mit Vorhängen verhängten Fenster des Clubs und blockierte den Weg.

»Typisch!«, sagte Posthumus zu sich und wollte hinter dem Auto die Straße überqueren, um sich auf der Grachtseite daran vorbeizuquetschen.

Und dann ging alles ganz schnell. Die hinteren Türen öffneten sich schlagartig, Posthumus wurde von den Beinen gerissen, flog fast durch die Luft und landete auf der Ladefläche des Lieferwagens. Die Türen knallten hinter ihm zu. Dunkelheit. Sein Kopf schmerzte vom Aufprall auf dem Metallboden. Hände packten ihn an der Jacke, zerrten ihn hoch und schmetterten ihn gegen die Seitenwand. Der Motor heulte auf, ein Ruck, als der Wagen anfuhr, noch ein Ruck, als er scharf rechts abbog und Posthumus wieder gegen die Wand geschleudert wurde.

»Was soll der Scheiß?«, fragte Posthumus und schlug mit dem Unterarm gegen eine der Hände, die ihn an der Jacke festhielten. Er spürte eine andere Hand, groß und stark, sie griff nach seinem Hals und drückte zu. Eine modrige, stechende Mischung aus Schweiß, Tabak und herbem Aftershave stieg ihm in die Nase.

»Du redest nur, wenn wir's dir sagen.«

Die Stimme war barsch – ein harter Amsterdamer Akzent, bei dem die Konsonanten an das Krächzen einer Krähe erinnerten. Posthumus' Augen gewöhnten sich an die Dunkelheit. Zwei Gestalten. Kräftige Männer. Mit schwarzen Sturmhauben über dem Gesicht, wie Gangster in einem Film. Oder Polizisten, die eine Terrorzelle stürmten. Wer um alles in der Welt waren diese Typen? Er holte Luft und wollte etwas sagen. Der Klammergriff um seinen Hals verstärkte sich.

»Wenn wir's dir sagen!«

»Haben wir auch den Richtigen?«

Die Stimme kam von vorn, aus der abgetrennten Fahrerkabine. Posthumus sah rasch zur Seite, aber durch das kleine Schiebefenster konnte er nur eine hochgezogene Kapuze erkennen. Eine Faust traf ihn seitlich im Gesicht.

»Schau nach unten!«

»Groß, rotblond, angezogen wie 'ne Schwuchtel«, meldete sich spöttelnd eine andere, sanftere Stimme.

Das blaue Leuchten eines Handydisplays erhellte kurz die Dunkelheit. Der eine Mann hielt es dem anderen hin, der immer noch Posthumus' Hals umklammerte. Beide schauten auf den Bildschirm und dann zu Posthumus.

»Das ist er.«

Was zum Teufel? Ein Foto? Wer waren diese Männer?

»Verdammt, schau nach unten!«

»Wer ...«, begann Posthumus.

Er wurde nach vorne gerissen und mit dem Gesicht auf den Boden gedrückt. Seine Arme wurden nach hinten gezogen, Handschellen klickten um seine Gelenke.

»Nicht gerade schnell von Begriff, was?«, sagte die sanfte Stimme. »Hoch!«

Hände zerrten ihn wieder in eine sitzende Position.

»Willst du auch die hübschen Bilder sehen?«

Wieder die sanfte Stimme. Das Handy wurde ihm vors Gesicht gehalten. Zu nah. Posthumus kniff die Augen zusammen. Ein Foto. Von ihm. Im Dolle Hond.

»Das bist doch du, nicht wahr, Herzchen?«

In einem pflaumenfarbenen Hemd, vor dem Kamin im Dolle Hond, unter den Delfter Vasen ...

»Hören Sie, ich weiß nicht ...«, sagte Posthumus.

Der Schlag kam ohne Vorwarnung. Kein Anspannen der Muskeln, kein Zielen, einfach ein Arm, der vorschnellte – wie die Zunge eines Geckos – und ihn mit voller Wucht im Magen traf. Posthumus sackte nach vorne. Sein Körper funktionierte nicht mehr. Der Schlag raubte ihm den Atem, er zuckte und zappelte, schnappte nach Luft wie ein Fisch auf dem Trockenen. Seine Gelenke gaben nach, die Sturmmasken vor ihm begannen sich zu drehen.

»Lektion eins.«

Seine Rippen bewegten sich wieder, hoben sich. Posthumus atmete ein und keuchte. Eine feuchte Wollmütze, die nach Hund roch, wurde ihm über Kopf und Augen gezogen. All die Puzzleteile, die er so akribisch versucht hatte zu ordnen, wurden auseinandergerissen und wirbelten durch seinen Kopf. Ben. Christina. Geld. Kees. PhoeniX. Henk de Kok. Marty. Er musste jetzt klar denken. Wer waren diese Männer? Was hatten sie mit ihm vor?

Wieder bog der Lieferwagen rechts ab, wieder wurde Posthumus gegen die Seitenwand geschleudert. Die Hände, die ihn festgehalten hatten, ließen los. Posthumus versuchte, sich einigermaßen bequem hinzusetzen, und rechnete schon mit dem nächsten Tritt oder Faustschlag. Nichts.

»Was jetzt?«, fragte die barsche Stimme.

»Der Boss will ihn aus dem Weg haben.« Die sanfte Stimme.

»Aus dem Weg oder *aus dem Weg*?«

»Nur aus dem Weg.«

Die beiden Männer lachten über ihren Witz.

»Wir sollen ein bisschen durch die Gegend fahren.«

Der Wagen schien zu beschleunigen. Das Dröhnen des Motors hallte wider, Posthumus roch Abgase. Der Tunnel ... wahrscheinlich fuhren sie durch den IJ-Tunnel.

»Wir werden es erfahren.« Die sanfte Stimme. »Jemand wird bald eine hübsche kleine Unterhaltung führen.«

Ein wissendes Lachen. »Sollen wir ihn vorher ein bisschen weichklopfen?«, fragte die barsche Stimme.

»Der Boss hat nichts gesagt. Kann aber nicht schaden.«

Einer der beiden Männer bewegte sich.
Wieder die sanfte Stimme: »Lektion zwei.«
Posthumus spannte alle Muskeln an und wartete auf den Schlag.

Seit etwa zwanzig Minuten saß de Boer fast reglos in seinem Büro, nur seine Finger bewegten sich und trommelten den üblichen Rhythmus auf der Schreibtischkante. Murat war zurück und ziemlich aufgekratzt wegen der Festnahmen. Die Verdächtigen machten ihre Aussagen: Der eine, dieser Clown namens Bin-Bag, hatte schon fast alles gestanden, bestritt aber, irgendetwas mit dem Überfall auf Olssen zu tun zu haben; er verfiel regelrecht in Panik bei dem Gedanken, dass man ihm den Mord anhängen könnte. Es war Bin-Bag gewesen, der gestern im Krasnapolsky herumgeschnüffelt und für Unruhe gesorgt hatte. Offenbar wollte er herausfinden, ob das Hausmädchen identifiziert worden war. Bestnote für Murat. Aber de Boer ging etwas ganz anderes durch den Kopf: Abgesehen von den Aktivisten war noch jemand in Olssens Zimmer gewesen, ein gewiefter Einbrecher, der etwas Bestimmtes gesucht hatte. Das hatte irgendetwas mit Geldwäsche zu tun, davon war de Boer überzeugt. Henk de Kok war die Verbindung zwischen Olssen, Marty Jacobs und irgendeinem schmutzigen Geschäft. De Boer brauchte nicht nur die Lederjacke und den Kapuzenpulli, sondern vor allem de Koks Computer und Telefon. Der Computer wäre sicher auskunftsfreudig. Doch es gab noch ein paar Ungereimtheiten. Eine Giftattacke wie bei Markow in London passte nicht so recht zu de Kok; außerdem hatte Pia Jacobs gesagt, ihr Sohn habe am Tag des Überfalls laut auf Englisch telefoniert. Also mit einem Ausländer? Aber das konnte auch einfach bedeuten, dass de Kok jemanden für die Drecksarbeit angeheuert hatte. Das wäre mal wieder ganz sein Stil. Wenn sie einen Anruf von de Koks Telefon zu dem Prepaid-Handy nachweisen konnten, mit dem Jacobs vor dem Überfall auf Olssen telefoniert hatte, war de Kok geliefert.

De Boer hörte auf zu trommeln. Genug. Er musste eine Entscheidung treffen. Es gab nur eine Möglichkeit herauszufinden, ob seine Theorie stimmte. Ja, de Kok war aalglatt, umso wichtiger war es, schnell zu handeln. Eine Durchsuchung und ein Verhör, bevor er seine Spuren verwischen konnte. De Kok hatte seine Ohren überall, er würde schnell Wind davon bekommen, wenn sie sich umhörten. So etwas ließ sich nicht geheim halten. Die Sache war bereits in Gang gekommen, als Pia Jacobs ihre Aussage machte. Und wer weiß, wie schnell es sich herumsprach, wenn sie anfingen, Olssens Finanzen unter die Lupe zu nehmen. Es war Zeit zu handeln.

De Boer rief beim Staatsanwalt an und bat um einen Durchsuchungsbeschluss für das Milord und de Koks Wohnhaus. Wieder trommelte er auf dem Schreibtisch herum. Er musste das Risiko eingehen und darauf hoffen, dass die Durchsuchung das gewünschte Ergebnis brachte. Wäre doch zu schön, wenn er Ed Maartens und den anderen alten Säcken, die ihm ständig ein Bein stellen wollten, den gestreckten Mittelfinger zeigen könnte: Wenn er derjenige wäre, der es schaffte, de Kok dranzukriegen.

Posthumus hörte Autos schneller fahren und einen Lastwagen hupen. Sie mussten jetzt auf der Ringstraße sein. Die stinkende Wollmütze kratzte. Die Handschellen schnitten sich in seine Handgelenke. Die Schmerzen in seinem Gesicht, im Magen, überall da, wo die Männer ihn getreten oder geschlagen hatten, verbanden sich zu einem einzigen durchdringenden Stechen. Einer der Männer kam wieder näher. Posthumus zog die Beine an und machte sich klein. Plötzlich tönte blecherne Musik durch den Lieferwagen. Noch einmal, lauter. Ein Handy klingelte. Der Mann hielt inne.

»Ja?«

Die sanfte Stimme. Schweigen. Dann wieder er.

»Mach ich.« Und lauter, wahrscheinlich zum Fahrer. »Wir müssen umdrehen. De Wallen.«

»Shit, ich bin schon auf der Auffahrt. Festhalten!«

Der Lieferwagen schlingerte nach rechts, Posthumus wurde wieder gegen die Wand geschleudert. Er hörte ein Hupen und ein dumpfes Geräusch, als einer der Männer hinfiel.

»Verdammt! Pass doch auf!«

»Sorry!«

»Am Ende halten uns noch die Bullen an.«

»Wohin? Milord?« Der Fahrer.

»Nein. Leidekkersteeg, aber hintenrum.«

Posthumus krümmte sich machte sich noch kleiner. Leidekkersteeg? Er sah das Straßenschild vor sich. War das nicht einer dieser schmalen Durchgänge in der miesesten Ecke von De Wallen? Wieder der mit der sanften Stimme.

»Unser Freund hier kommt in das Zimmer für böse Mädchen.«

Der andere grunzte nur. Es klang, als würde er sich hochhieven und sich ans andere Ende der Ladefläche setzen.

Die Stimme des Fahrers. »Wahrscheinlich sind wir schneller über den Ring und dann über die 117.«

»Ganz egal. Gib einfach Gas, aber lass dich ja nicht blitzen.«

Posthumus hörte ein Klicken und roch Zigarettenrauch.

Die sanfte Stimme. »Henk sagt, wir sollen ihn erst mal in Ruhe lassen.«

Eine Welle der Erleichterung. Vielleicht würden sie ihm doch nichts antun. Zumindest vorerst. Aber Henk? Das musste de Kok sein. Posthumus blieb zusammengekrümmt sitzen. Nach einer Weile entspannte er sich etwas. Am anderen Ende des Laderaums unterhielten sich die beiden Männer über Fußball.

Posthumus blendete die Diskussion über das letzte Ajax-Spiel aus, ließ die Stimmen mit dem Brummen des Motors verschmelzen und versuchte die Schmerzen zu ignorieren. Er legte den Kopf so, dass die Wollmütze ein Kissen an der Wand bildete, und stützte den Kopf an einer Stelle ab, die nicht schmerzte. In der Dunkelheit begann er, die verstreuten Teile des Bildes, das in seinem Kopf entstanden war, als er die Wohnung verlassen hatte, neu zu ordnen. Ordnung. Er musste Ordnung schaffen, nur dann konnte er die Verbindungen erkennen.

Er wurde ins Rotlichtviertel gebracht, von Schlägertypen, die irgendwoher ein Foto von ihm hatten, im Auftrag von Henk de Kok, einem Mann, der sein Geld in De Wallen verdiente, aber auch in finstere und schmutzige Finanzgeschäfte verwickelt war.

»Na, Herzchen! Was meinst du? War das eine Schwalbe von Suárez oder ein Foul?«

Ein hämischer Ton. Die Frage galt Posthumus.

»Keine Antwort? Schmollen wir ein bisschen? Egal, wir haben noch jede Menge Zeit zum Plaudern. Du wirst singen wie ein Kanarienvögelchen.«

Der mit der barschen Stimme lachte. Der Lieferwagen fuhr langsamer, dann wurde er wieder schneller und legte sich in eine Kurve. Sie fuhren von der Ringstraße ab und waren wieder unterwegs Richtung Tunnel. Die Männer setzten ihre Diskussion fort.

Posthumus zog sich wieder in die Dunkelheit zurück. Ordnung. Er musste die Teile ordnen. Was wusste er? Die Ausgangspunkte: Ben und Christina waren zur Earth-2050-Konferenz nach Amsterdam gekommen. Christina hatte sich in letzter Minute dazu entschieden, das sagten sowohl Cornelius als auch Gabi. Ben und Christina kannten sich von früher, womöglich besser, als Christina zugab. Ben war über irgendetwas beunruhigt gewesen. Entweder hatte er versucht, Christina zu warnen, oder die beiden waren Komplizen. Wie auch immer, wieder wusste oder ahnte Christina mehr, als sie offenbarte. Ben hatte Unterlagen gefunden oder versehentlich in die Hand bekommen: Papiere, die einem alten Mann gehörten, der bei einem Fracking-Meeting in Brüssel gewesen war. Die Unterlagen enthielten Listen mit Daten, Namen und Zahlungen – das alles hatte etwas mit einem Phönix zu tun beziehungsweise mit einer Operation oder einem Unternehmen namens PhoeniX. Ben glaubte, die Unterlagen würden Bestechungen im großen Stil im Zusammenhang mit Öl belegen. Auf der Intensivstation hatte Ben ausgerechnet versucht, Phönix zu sagen, und den Namen Hubbert gemurmelt, desjenigen Ölexperten, nach dem Hubbert's Peak benannt war. Obwohl Ben kaum sprechen konnte. Hubbert und das schwedische Wort für Gefahr, *fara*. Oder »fada«, wie Posthumus zuerst gedacht hatte. Der Lieferwagen rumpelte über Unebenheiten, und Posthumus zuckte zusammen, als ihn ein scharfer Schmerz durchfuhr.

Fara. Wieder zuckte er zusammen. Sogar Stirnrunzeln tat weh. Warum versuchte Ben, mit ihm und de Boer Schwedisch zu sprechen? Warum nicht Holländisch oder Englisch? Ben lebte in New York. Nach dem, was Christina erzählt hatte, sprach er während seines Praktikums bei Greenpeace in Amsterdam hauptsächlich Englisch, was ihm fast so geläufig war wie seine Muttersprache. Das galt auch für Christina. Also hatten die beiden sehr wahrscheinlich Englisch miteinander gesprochen.

Posthumus verlagerte sein Gewicht. Die Fußballdiskussion wurde hitziger. Irgendetwas mit neuen Regeln und gelben Karten. Er konzentrierte sich wieder. Christina war gerade aus dem Zimmer gegangen, als Ben anfing zu sprechen. Hatte Ben vielleicht versucht, mit *ihr* zu reden? Auf Englisch. Posthumus flüsterte mehrmals hintereinander »fara« und »fada«, in einem rhythmisierten Singsang, bis jede Bedeutung verloren ging, und stellte sich vor, wie ein englisches Wort daraus wurde. Langsam streckte er ein Bein aus und ließ den

Fuß kreisen, als sich ein Krampf in seiner Wade bemerkbar machte. *Father?* Konnte es das sein?

Posthumus entspannte das Bein und saß reglos da. Bruchstücke, die vorher verstreut herumlagen, fügten sich nun blitzschnell ineinander, als ob sie magnetisch wären. Christina, die den Taxifahrer auf dem Parkplatz vor dem Krankenhaus beschimpfte, als der Mann etwas Beleidigendes über Demenz gesagt hatte. Gabi, die sagte, Christina mache sich Sorgen um ihren kranken Vater, einen Lobbyisten in Brüssel. Kaum hatte er die beiden Puzzleteile zusammengefügt, passten plötzlich noch andere Teile zueinander und ergaben bald ein Bild. Sybrand Walraven, der in Brüssel arbeitete, wo ein alter Mann Ben versehentlich Unterlagen überlassen hatte. Unterlagen, die vermutlich belastende Beweise über Zahlungen enthielten; Zahlungen, die Ben für Bestechungsgelder hielt von Unternehmen, die sich bei der Verteilung künftiger Ressourcen das Monopol sichern wollten.

Posthumus versteifte sich, sofort meldete sich der Krampf im Bein. Der Lieferwagen war wieder im Tunnel: hallende Verkehrsgeräusche, Abgase. Langsam formte sich ein Szenario: ein Projekt mit dem Namen PhoeniX, eingefädelt von einem Lobbyisten im Auftrag einer Ölgesellschaft mit dem Ziel, Regierungen zu beeinflussen, damit bestimmte Länder (wie hatte Kees es formuliert?) weiterhin am Öltropf hingen, während diese Gesellschaft sich Verbündete suchte und Investitionen tätigte, um im Vorteil zu sein, wenn das Öl irgendwann ausging. Das klang verrückt. Aber Kees glaubte es. Und Ben auch, und das war das Entscheidende. Ben, der zufällig auf Beweise für erhebliche Zahlungen stieß, sehr wahrscheinlich Bestechungsgelder: ein Dokument, das Sybrand Walraven belastete. Ben, der sich nicht ganz sicher war, was er da gefunden hatte, und Kontakt zu einem Investigativjournalisten aufnahm, zu Greg Robertson: Ben, der Kees sagte, er werde das alles einem Journalisten übergeben. Ben, der

Kees um Rat bitten wollte, in einer Frage der Loyalität, wie er gesagt hatte. Ben, der sich dringend mit Christina treffen wollte. Um sie zu warnen. Nicht weil sie in Gefahr gewesen wäre, sondern weil er ihren Vater bloßstellen wollte.

Mittlerweile hatten sie den Tunnel verlassen, fuhren an und hielten wieder, sie passierten die Ampeln auf dem Weg ins Rotlichtviertel. Es war nicht mehr weit.

Aber was war passiert? Was war schiefgegangen? Ben hatte die belastenden Unterlagen Kees anvertraut und ihm erzählt, dass sein Computer gehackt worden sei, Dokumente und E-Mails verschwunden waren. Also war ihm PhoeniX, wer immer dahintersteckte, auf der Spur. Jemand hatte in seinem Hotelzimmer nach den Unterlagen oder vielleicht einem Memorystick gesucht. Deshalb die aufgeschlitzten Kleidungsstücke und das aufgetrennte Kofferfutter. Und dann der Versuch, Ben zu töten. Zu einem Zeitpunkt, an dem sich Christina mit ihm treffen wollte. Machte Christina deswegen so viel Aufheben darum, dass sie die Verabredung verpasst hatte, weil sie den Überfall sonst vielleicht verhindert hätte? Hätte sie das wirklich? Posthumus entdeckte noch ein Puzzleteil und schob es an die richtige Stelle. Ein Teil, das er an den Rand geschoben hatte, weil es ihm widerstrebte, es einzufügen. Die Cocktailparty, die länger gegangen war als erwartet, diente Christina bloß als Alibi.

»Aufwachen, Herzchen, wir sind da.«

Der Lieferwagen fuhr langsamer, kam fast zum Stehen.

»Ich kann nur bis in den Hof«, rief der Fahrer. »Der Weg ist blockiert, nebenan wird was geliefert. Ihr müsst zu Fuß weiter.«

Die barsche Stimme fluchte.

»Scheißegal«, sagte die sanfte Stimme. »Sind nur ein paar Meter. Außerdem stehen hier sowieso nur die Mädels von Henk.«

Hände zogen Posthumus auf die Füße. Die Handschellen

wurden ihm abgenommen, dann wurde er fest an beiden Armen gepackt, ein Arm wurde ihm schmerzhaft hinter den Rücken gedreht. Die Männer waren jetzt dicht bei ihm, einer auf jeder Seite. Etwas Stumpfes und Hartes wurde ihm unter die Rippen gepresst.

»Also, Herzchen, weißt du, was das ist? Das verteilt deine Eingeweide auf der ganzen Straße. Wenn du schön brav zuhörst, passiert dir nichts. Gleich ziehen wir dir die hübsche Mütze vom Kopf, und du steigst aus dem Wagen. Vielleicht ein bisschen betrunken, aber deine beiden Kumpels stützen dich ja. Du schaust nach unten. Nicht neben dich, nicht nach hinten, nur nach unten. Und immer schön weitergehen. Verstanden?«

Posthumus antwortete nicht. Er spürte einen Arm auf den Schultern und eine Hand in seinem Nacken. Daumen und Zeigefinger drückten auf die runden Knochen hinter seinen Ohren und schoben seinen Kopf nach vorn. Die Wollmütze wurde ihm vom Kopf gerissen, die Türen des Lieferwagens öffneten sich, und er wurde halb geschoben, halb herausgehoben. Die Hände steuerten ihn. Geblendet, blinzelnd, stolpernd und mit heftigen Krämpfen in den Beinen schleppte er sich an einem Lastwagen vorbei, in einen dunklen Innenhof und durch eine Tür, bevor er auch nur daran denken konnte, um Hilfe zu rufen. Eine Hand schnellte vor und öffnete die Tür. Vor ihm tauchte eine schmale, fast senkrechte Treppe auf, gerade breit genug für eine Person. Die Hand hielt Posthumus weiter am Nacken gepackt, die Pistole wanderte auf seinen Rücken. Der Mann, der nach Aftershave und Schweiß roch, war dicht hinter ihm.

»Los!«

Posthumus erklomm die steile Treppe. Stechende Schmerzen an völlig unerwarteten Stellen. Eine Treppe, dann noch eine, ein schmaler Gang, von dem weitere Gänge abzweigten; eine Stufe hinauf in einen Anbau, noch zwei Treppen, dann eine dritte, kürzere, die plötzlich abknickte. Dachschrägen. Eine Tür. Sie mussten auf dem Dachboden in einer dieser Häuseransammlungen in De Wallen sein. Häuser, die im Lauf der Jahrhunderte aneinandergebaut worden waren, sich in diese und jene Richtung neigten, sich gegenseitig stützten und teils komplett im Gewirr der Mauern verschwanden.

»Mach auf!«

Posthumus wurde in einen Raum geschubst, der völlig dunkel war, und mit dem Gesicht an eine Wand gedrückt. Hände tasteten ihn ab und zogen ihm das Handy aus der Tasche. Jemand fummelte an seinen Fußknöcheln herum; er spürte etwas Hartes und Starres und hörte ein metallisches Klicken. Mein Gott! Fußfesseln.

»Du wartest jetzt schön hier. Nachher kommt jemand, um mit dir zu reden. Schreien bringt nichts, das kannst du dir sparen. Hier hört dich niemand, und falls doch, kümmert es ihn nicht.«

Die Hände ließen ihn los. Posthumus drehte sich um und sah gerade noch einen letzten Lichtspalt, bevor die Tür zufiel. Ein Schlüssel drehte sich im Schloss.

15

Sobald der Staatsanwalt die Durchsuchungsbeschlüsse gefaxt hatte, rief de Boer zwei Teams zu sich nach oben. Den Überwachungsberichten zufolge war Henk de Kok samstags immer in seinem Haus in Zuid und schaute sich Sportsendungen an. De Boer wollte die Villa übernehmen und de Kok persönlich aufs Revier bringen. Murat ergriff die Chance, die Durchsuchung im Milord zu leiten. De Boer wies ihn an, eine Straße vom Nachtclub entfernt zu warten, bis er ihm das Kommando gab. Die Operationen sollten zeitgleich ablaufen, damit nicht irgendein Angestellter aus dem Milord bei de Kok anrief und ihn warnte.

De Boer hielt zwei Häuser vor de Koks Villa am Straßenrand. De Kok wohnte in einer der frei stehenden Villen in der Apollolaan, die bei Unterweltbossen und reichen Unternehmern gleichermaßen beliebt waren. Das Grundstück hatte ein riesiges schmiedeeisernes Tor, das aussah, als ob es einmal zu einem Landschloss gehört hatte (wahrscheinlich war das sogar der Fall), mit hässlich vergoldeten Spitzen und Gipslöwen auf den Steinpfosten. Aber wenigstens war die Mauer so niedrig, dass man notfalls darüberklettern konnte. An der Seite und hinter dem Haus war die Mauer höher. Gut. De Boer sah auf die Uhr: 17.58.

Er rief Murat an. »Gib uns fünf Minuten, dann könnt ihr los.«

Er nickte den Kollegen zu, die aus den anderen Autos stiegen, ging zum Tor und drückte auf die Klingel.

»Ja?«, kam es aus der Gegensprechanlage.

Eine Frauenstimme.

»Polizei.«

Zunächst geschah nichts. Dann öffnete sich summend das Tor. Eine Frau erschien an der Tür, als sie sich dem Haus näherten: nuttig, wahrscheinlich um die dreißig, allerdings ließ sich das nur schwer sagen. Aufgespritzte Lippen, und der Busen war auf gar keinen Fall echt. Dank ihrer Unterstützung konnte sich vermutlich ein ganzer Trupp von Schönheitschirurgen in die Liste der fünfhundert reichsten Niederländer halten.

»Henk ist nicht da«, sagte sie.

Verdammt. Aber vielleicht log sie ja.

»Frau de Kok? Wir kommen trotzdem rein.«

»Haben Sie einen Durchsuchungsbeschluss?«

Sie wirkte völlig ungerührt.

De Boer zeigte ihr den Beschluss und seinen Ausweis. Dann wandte er sich an seine Leute.

»Zwei Mann nach hinten. Der Rest arbeitet sich durchs Haus. Vergewissert euch, ob er wirklich nicht da ist; falls sonst noch jemand im Haus ist: immer schön dranbleiben. Keine Anrufe. Ihr tütet sämtliche Telefone und Computer ein, Tablets, Laptops, das nehmen wir alles mit. Das Gleiche gilt für Kapuzenpullis und Lederjacken, und überprüft jeden Gegenstand, der eine Kanüle enthalten könnte. Stellt alles auf den Kopf. Ich will die Schmutzwäsche, Mülltüten und so weiter. Ihr wisst ja, wie das läuft.«

Aus dem Augenwinkel nahm de Boer eine Bewegung wahr.

»Keine Telefonate, habe ich gesagt!«

Er nickte einer Kollegin zu. »Bleib bei ihr.«

Sein Handy klingelte. Murat. De Boer hörte Rufen, einen aufheulenden Motor, eine schreiende Frau.

»Er ist hier, er ist hier!«, rief Murat. Er klang panisch. »Wir wollten grade rein, als wir ihn bei der Oude Kerk vorfahren sahen. Und jetzt haut er ab!«

»Bleibt dran!«
»Er hat einen scheiß Maserati!«

Das Schweigen, das Posthumus umgab, war dumpf und leer. Die Wand neben ihm gab leicht nach. Gummi? Kork? Irgendetwas Schalldämpfendes. Der Raum war nicht völlig dunkel, wie er am Anfang gedacht hatte. Auf einer Seite sickerte gräuliches Licht herein, eine Art Lüftung oben an der Decke oder ein Oberlicht. Schwer zu sagen, wie weit das weg war. Der Lichtschein traf nirgendwo auf, man sah nur einen fahlen Schimmer. Posthumus schob sich an der Wand entlang. Er erreichte die Stelle nicht ganz. Die Kette zerrte an seinen Knöcheln. Auf der anderen Seite konnte er die Wand berühren, dort, wo die Tür sein musste, aber weiter kam er nicht. Wieder zurück. Posthumus schob einen Fuß nach vorn, zog ihn dann aber wieder zurück und presste sich an die Wand. Er konnte nicht in die Dunkelheit treten.

Ruhe überkam ihn – kühl und scharf umrissen. Und mit ihr eine durchdringende Klarheit und das Gefühl, von sich selbst losgelöst zu sein. So fühlte sich das also an, Angst. Zum ersten Mal in seinem Leben: echte, tiefe Angst. Er drückte den Rücken, die Handflächen an die Wand und schloss die Augen, trotz der Dunkelheit. Irgendwie half ihm das, gab ihm Kraft. Er spürte die Anspannung im Kopf, fast körperlich, als sich seine Gedanken bündelten und auf einen einzigen Punkt zuspitzten. Er hielt sie kurz dort fest, ließ sie dann fließen, sich ausdehnen. Das Foto. Das Bild, das die Schlägertypen ihm im Lieferwagen gezeigt hatten: Er im pflaumenfarbenen Hemd vor dem offenen Kamin im Dolle Hond. Christina musste das Bild gemacht haben. Als er sie zum ersten Mal getroffen hatte, am Dienstag. Er trug das Hemd nur selten, es war von Zegna. Christina hatte sogar eine Bemerkung darüber gemacht und fast das ganze Lokal fotografiert. Christina … an jenem Morgen im Hotel, als er sie abholte, um sie ins Krankenhaus zu begleiten. Das Taxi wartete bereits. Sie hatte ihn angefaucht, weil er zu früh da war. Sie wollte ohne ihn ins Krankenhaus fahren. Und dieses Taxi ... eine Limousine von einem privaten Fahrdienst, bei dem Christina ein Konto hatte. Warum nahm sie die Limousine nicht auch am Abend der Cocktailparty? Warum wollte sie plötzlich ein »braves grünes Mädchen« sein, wie sie zu Gabi gesagt hatte, und mit dem Zug fahren? War das nicht bloß ein guter Vorwand, um dort nicht mehr rechtzeitig wegzukommen; nicht mehr rechtzeitig, weil Christina mit Ben »spielte« (wie es Gabi formuliert hatte), ihn zappeln ließ, ihn im Bahnhofscafé warten ließ, nicht auf seine Nachrichten und Anrufe reagierte.

Posthumus ging in Gedanken noch einmal die Szenen durch, die er nach dem Besuch von Kees so sorgfältig rekonstruiert hatte, jede einzelne Szene, in der er mit Christina zusammen gewesen war. Ihr Schock im Hotel Conservatorium, als sie von dem Überfall erfuhr. Wie sie gesagt hatte, sie müsse sofort zu Ben ins Krankenhaus. War sie vielleicht schockiert gewesen, weil er noch lebte, wollte sie mit eigenen Augen sehen, in welcher Verfassung er war? Oder war sie schockiert gewesen, weil Posthumus etwas mit der Sache zu tun hatte ... sich einmischte? Posthumus rutschte an der Wand nach unten und setzte sich auf den Boden. Heftige Schmerzen durchfuhren ihn. War sie diejenige, die mit ihm sprechen wollte? Nicht Henk de Kok, sondern Christina? Christina und de Kok, verbunden durch ... was? Etwas in Amsterdam? De Kok als ihr Mann vor Ort, Partner bei schmutzigen Finanzgeschäften? Beides? Hing das mit der Bank von Christinas Familie zusammen?

Christina sorgte dafür, dass sie und Gabi zu lange auf der Cocktailparty blieben. Sie wusste also bereits, was Ben vorhatte. Woher? Von ihrem Vater? Ein alter Mann mit beginnender Demenz, Alzheimer vermutlich, dem mit einem

Mal aufging, wo die belastenden Unterlagen gelandet waren? Posthumus erinnerte sich an seinen eigenen Beschützerinstinkt, als sein Vater krank geworden war. Christina stand ihrem Vater sehr nahe, das wusste Posthumus von Cornelius und Gabi. Doch nicht einmal ihrer Freundin Gabi hatte Christina erzählt, woran ihr Vater erkrankt war. Posthumus konnte das verstehen. Und Gott ja, die Zeichnung. Fast wie ein eingeübter Schriftzug, eine Unterschrift, ein Vogel umgeben von Flammen. Ihr Vater nannte Christina »kleiner Feuervogel«, als sie noch ein Kind war. Das hatte sie gesagt, als sie auf der Fahrt ins Krankenhaus die Beherrschung verloren hatte. Feuervogel, Phönix. Oder PhoeniX, mit großem X. Ein Symbol für Christus. Oder für Christina. Ein Rädchen aus Posthumus' eigener katholischer Vergangenheit griff ins andere: die Strafen, die einem in der Schule auferlegt wurden, die Heiligen und ihrer Attribute. Die heilige Christina, die den Aufenthalt in einem brennenden Ofen überlebt hatte und manchmal als Phönix dargestellt wurde. Und hatte sich Christina nicht selbst als »braves katholisches Mädchen« bezeichnet? Christina, die ihren Vater nicht nur innig liebte, sondern vermutlich auch mit ihm zusammenarbeitete – bei einem Projekt, das nach ihr benannt war und von dem sie wahrscheinlich auch profitierte, wenn es nicht sogar *ihr* Projekt war. Und entsprechend entschlossen musste sie gewesen sein, Ben zum Schweigen zu bringen.

Posthumus schlang die Arme um seine Knie. Ben zum Schweigen zu bringen, war das eine, ihn zu töten etwas ganz anderes. Es musste viel auf dem Spiel stehen. Sehr viel. Wenn Kees recht hatte, ging es um enorme Summen, um mächtige internationale Akteure, Bestechungsgelder ... Warum beteiligte sich Sybrand Walraven am Ende einer langen und respektablen Karriere an so einer Sache, und dann gleich in diesem Maßstab? Geld. Wie Kees gesagt hatte, es ging immer um Geld. Aber es musste mehr dahinterstecken als bloße

Habgier. Posthumus verlagerte sein Gewicht und suchte eine Position, die nicht wehtat. An jenem Abend im Dolle Hond mit Cornelius, als Posthumus von Christinas Verbindung zur Walraven-Bank erfuhr, sagte Cornelius auch, die Familie habe in der Finanzkrise starke finanzielle Einbußen erlitten.

Posthumus' Gedanken bewegten sich jetzt in Bahnen, die er auch nutzte, wenn er an einer Trauerrede arbeitete und die einzelnen Fäden – Bücher der Verstorbenen, ein Schmuckstück, die Musik im CD-Spieler, ein Brief, Fotos in der Nachttischschublade – miteinander verknüpfte, um eine zusammenhängende Geschichte zu erzählen. Also, Sybrand, verzweifelt bemüht, das Vermögen der Familie zu retten? Das könnte passen. Und Christina, die Ben umbringen ließ, um den Ruf ihres Vaters zu schützen? Möglich. Sie liebte ihren Vater abgöttisch. Sie wollte sicher nicht, dass sein Lebenswerk zerstört wurde. Aber wenn sie auch Ben wirklich liebte, oder ihn einmal geliebt hatte, war das trotzdem unvorstellbar. Es sei denn ... Posthumus ließ seine Gedanken schweifen. Warum machte Christina so ein Geheimnis um die Alzheimer-Erkrankung ihres Vaters? Warum wollte sie sie verstecken? Vor wem? Vor den Geldgebern, den großen Konzernen? Vor deren Geldgebern? Die Fäden verknüpften sich. Christina war an diesen Geschäften beteiligt. Schließlich ging es um ihr Erbe ... und dann all die Papiere mit PhoeniX in der Kopfzeile. *Ihre* Transaktionen. Christina hatte auf jeden Fall einflussreiche Verbindungen, selbst in ihrem PR-Job. War sie nicht vor kurzem auf einer Konferenz in Sankt Petersburg gewesen, mit Putin? Vielleicht war das alles doch keine bloße Angeberei.

Posthumus drehte und wendete jedes Puzzleteilchen und betrachtete es unter verschiedenen Blickwinkeln. Plötzlich erstarrte er. Ein Geräusch. Ein Kratzen. Schwer zu sagen, woher. Vielleicht vom Oberlicht? Posthumus blickte auf. Das fahle Schimmern verdunkelte sich. Eine Stimme. Nur ein Flüstern.

»Herr P.?«

De Boer legte eine Hand aufs Ohr, um die Stimmen in der Villa auszublenden.

»Fährst du?«, fragte er Murat.

»Nein, Boonsaaier.«

Gut. Boonsaaier war einer der besten. Murat schrie immer noch.

»Oh mein Gott, de Kok fährt einfach die Leute um!«

De Boer hörte Schreie. Ein Auto, das durch die engen, von Touristen bevölkerten Straßen von De Wallen raste, noch dazu an einem Samstag, das war ein absoluter Albtraum.

»Funk die Hubschrauber an und hol dir Verstärkung vom Beursstraat-Revier«, sagte de Boer und versuchte dabei möglichst ruhig zu klingen.

»Schon erledigt«, sagte Murat.

Gut so. Boonsaaier war zwar ein Ass als Fahrer, aber er würde nicht das Leben von Zivilisten gefährden. Und de Kok hatte einen Vorsprung; er war womöglich auf und davon, bevor Murat und Boonsaaier das Gassengewirr hinter sich gelassen hatten.

»Wo seid ihr?«, fragte de Boer.

Keine Antwort. Quietschende Reifen, Sirenen und Schreie. De Boer überlegte, er kannte die Gegend aus seiner Zeit als Streifenpolizist im Revier Beursstraat. Murat hatte gesagt, er hätte de Kok in der Nähe der Oude Kerk anhalten sehen. Wo genau? Nicht an der Warmoesstraat, die war größtenteils verkehrsberuhigt. Also die Grachtseite. In beiden Richtungen eigentlich eine Sackgasse.

»Murat, bist du noch dran?«

»Mein Gott, oh mein Gott!«

De Kok würde versuchen, aus De Wallen rauszufahren.

Über den Dam oder über die Gracht und dann weiter durch den Tunnel. Wahrscheinlich durch den Tunnel.

»Murat?«

De Boer hatte ein Krachen gehört.

»Murat, alles okay?«

»Mein Gott!« Das war wieder Murat. »Er hat die Brücke verfehlt! Er ist im Wasser gelandet!«

»Seid ihr okay? Wo seid ihr?«, fragte de Boer. Er versuchte gar nicht erst, seine Erleichterung darüber zu verbergen, dass Murat nichts passiert war.

»Ende der Gracht, hinter der Uni.«

Eine Stimme im Hintergrund.

»Grimburgwal«, sagte Murat.

»Ich komme. Bin in maximal zehn Minuten da. Holt ihn raus.«

De Boer übertrug einem uniformierten Kollegen die Leitung der Durchsuchung, rannte zu seinem Auto und aktivierte die Freisprecheinrichtung, damit er beim Fahren die Hände frei hatte. Er fuhr gerade über die Amstel, als sein Handy wieder klingelte.

»Murat?«

»Kommissar de Boer? Hier ist Anna de Vries aus dem Dolle Hond.«

»Tut mir leid, das ist jetzt gerade ganz schlecht. Ich rufe Sie zurück.«

»Pieter Posthumus ist entführt worden. Von einem gewissen Henk de Kok.«

De Boer bog scharf links ab Richtung Grimburgwal. Was zum Teufel sollte jetzt das?

»Gab es eine Drohung oder eine Lösegeldforderung?«, fragte er. »Ist er in unmittelbarer Gefahr?«

»Er ist anscheinend in einer Dachkammer in De Wallen eingesperrt, eine Art Zelle.«

»Wer hat sich gemeldet? Was wollen die Entführer?«

»Tina, eine Angestellte von mir, hat mit ihm gesprochen. Freundinnen von ihr haben gesehen, was passiert ist. Aber es hat sich noch niemand gemeldet, und an sein Telefon geht auch niemand.«

»Geben Sie mir ein paar Minuten«, sagte de Boer. »Wir verfolgen gerade de Kok. Ich rufe zurück.«

Er parkte den Wagen auf der Brücke über der kleinen Grimburgswalgracht. Links warteten ein paar Ausflugsboote, die nicht mehr weiterdurften; rechts ragte ein Auto aus dem Wasser; uniformierte Polizisten hatten bereits die angrenzende Straße mit Bändern abgesperrt. De Boer zeigte seinen Ausweis im Vorbeirennen. Murat stand am Wasser. Notarzt und Sanitäter waren gerade eingetroffen.

»Er ist noch drin«, sagte Murat. »Die Feuerwehr ist unterwegs.«

Aus allen Richtungen schrillten Sirenen. De Boer sah zurück auf die größere Gracht, Richtung Oude Kerk. Polizisten waren damit beschäftigt, neugierige Passanten auf Abstand zu halten. Vier, vielleicht fünf Verletzte lagen auf der Straße. Darum würden sich die Kollegen vom Beursstraat-Revier kümmern. Er sah zum Auto. De Kok rührte sich nicht. Der Wagen der Wasserrettung schob sich Richtung Unfallort. De Boer nahm sein Handy. Anna de Vries meldete sich sofort, doch anscheinend redete sie mit jemand anders. De Boer hörte die Stimme: hoch und ängstlich.

»Sorry«, sagte Anna. »Tina ist überzeugt, dass Henk de Kok PP ... also Pieter Posthumus, umbringen wird.«

»Sagen Sie ihr, dass wir de Kok gerade verhaften.«

Anna gab die Nachricht weiter. Dieses Mal verstand de Boer die Antwort.

»Dann bringen mich die anderen um.«

Eine junge Stimme, fast noch ein Kind.

»Sagen Sie mir einfach, wo sich Pieter Posthumus befindet und was mit ihm passiert ist«, sagte de Boer.

»Am besten reden Sie mit Tina.«

De Boer hörte, wie Anna de Vries auf das Mädchen einredete. Schließlich meldete sich eine leise Stimme, misstrauisch und verschreckt.

»Hallo.«

»Hallo, Tina«, sagte de Boer. Er hoffte, dass er irgendwie vertrauenerweckend klang. »Kannst du mir sagen, was mit Pieter passiert ist, wo er jetzt ist?«

»Er ist im Zimmer für böse Mädchen.«

»Und was ist das?«

»Dort hat *er* ... uns früher eingesperrt. Wenn wir böse waren, Geld eingesackt haben oder so.«

»Du meinst de Kok?«, fragte de Boer. Er hörte ein leises, hohes Ja als Bestätigung.

»Und die neuen Mädchen auch, wenn sie frech waren, dann hat er ihnen eine Lektion erteilt, ihnen gezeigt, wer hier der Boss ist«, sagte Tina.

Ein Echo von de Koks eigenen Formulierungen, dachte de Boer. Die Taucher von der Feuerwehr waren bereits im Wasser.

»Und du bist sicher, dass Pieter dort ist?«

»Maria und Kitty haben ihn gesehen. Johnnie und Bert haben ihn aus dem Lieferwagen gezogen und dann hochgebracht; sie kennen Herrn P. von gestern, weil da haben sie uns im Stadhuis gesehen, deshalb haben sie mich ja auch angerufen. Die wissen, dass er nett zu mir war. Und dann bin ich los und hab mit ihm gesprochen ...«

Sie redete jetzt rasend schnell, atemlos.

»Du hast mit ihm gesprochen?«, unterbrach de Boer.

»Da gibt es diese Klappe, ja, da kann man von außen dran, wenn man aufs Dach nebenan geht. *Die* wissen nichts davon. Aber wir Mädchen, wir sind da früher hin und haben heimlich mit den Eingesperrten geredet. Das hilft, wenn man weiß, dass man nicht ganz allein ist. Und wenn die Leute drinnen groß genug sind, kann man reinfassen und die Fingerspitzen von denen festhalten.«

In de Boer wallte Abscheu auf gegen den Mann, der gerade aus dem halb versunkenen Maserati geborgen wurde.

»Und ich hab mit Herrn P. geredet und seine Finger festgehalten, das war ganz sicher Herr P. Sie bringen ihn um, und mich bringen sie auch um, wenn sie das rauskriegen, und Kitty und Maria ...«

»Langsam, langsam, das wird nicht passieren. Wo ist dieser Raum? In de Koks Nachtclub?«, fragte de Boer.

»Im Milord? Nein, aber nicht weit weg, gleich um die Ecke. Man muss von hinten rein, und dann sind da ganz viele Gänge und Treppen und so. Bisschen schwer zu finden«, sagte Tina.

»Tina, das war ganz toll«, sagte de Boer. »Aber jetzt musst du mir helfen und mir zeigen, wo das ist.«

»Ich geh da nicht rein, nein, nein, nie im Leben. Die bringen mich um, wenn sie mich da sehen!«

De Kok lag auf einer Trage. Murat hatte mit den Sanitätern gesprochen und kam jetzt zu de Boer.

»Kannst du kurz warten, Tina?«

»Er lebt«, sagte Murat.

»Festnehmen«, sagte de Boer. »Setz eine Wache zu ihm ins Krankenhaus. Und dann machst du mit der Durchsuchung im Milord weiter. Und schick mir drei Mann zur Kirche, ja? Wenn nötig, hol dir Verstärkung aus dem Beursstraat-Revier.«

De Boer hielt sich das Handy wieder ans Ohr.

»Tina, bist du noch da? Wir haben gerade Henk de Kok verhaftet, jetzt brauche ich wirklich deine Hilfe, du musst ganz tapfer sein. Wir können dich schützen und Kitty und Maria auch. Aber du musst uns zeigen, wo wir hinmüssen. Triffst du dich mit mir, nicht dort, aber oben an der Oude Kerk?«

Tina zögerte kurz. »Wenn Anna auch mitdarf.«

»Okay«, sagte de Boer.

Er schaute an der Gracht entlang zur Kirche. Sanitäter kümmerten sich um die Verletzten, die de Kok angefahren hatte.

»Wir treffen uns auf der Warmoesstraat-Seite, nicht an der Gracht. Bist du im Dolle Hond? Geh jetzt gleich zur Kirche. In fünf Minuten bin ich da.«

Posthumus tastete sich an der Wand entlang zum grauen Oberlicht. Hatte er sich das nur eingebildet? Tinas leise Stimme in der Dunkelheit, eine warme Hand, die seine Finger berührte. War das jetzt fünfzehn oder zwanzig Minuten her, dass sie losgerannt war, um Anna zu verständigen? In der Dunkelheit hatte er jedes Zeitgefühl verloren. Er tastete sich zurück zu der Stelle, wo Handschellen lose von der Wand baumelten. Zum Glück hatten sie ihm die nicht auch noch angelegt. Vor einer Weile hatte er Sirenen gehört, sehr viele sogar, laut genug, um in dieses schallisolierte Loch zu dringen. Einen Moment lang hatte er gehofft. Aber nein.

Seit Tina oder Tinas Geist wieder verschwunden war, hatte Posthumus akribisch die Puzzleteile zusammengefügt, bis sie ein Bild ergaben, kein vollständiges, aber genug, um etwas zu erkennen. Das letzte Telefongespräch, als er Cornelius nach den Assoziationen zu Phönix fragte: Christina war im Zimmer gewesen und hatte wohl mitbekommen, worum es ging. Sie musste denken, dass Posthumus Bens Unterlagen hatte. Christina war diejenige gewesen, die so viel Aufheben darum gemacht hatte, den Schirm zurückzubringen, dadurch hatte sie erfahren, was er nachher vorhatte. Eine Stunde später war er aus dem Haus gegangen. Zeit genug für Christina, um de Kok anzurufen und die Entführung zu planen. Die Schlägertypen hatten ihn nicht nach irgendwelchen Unterlagen oder sonst was gefragt. Aber wahrscheinlich hatte Christina nicht einmal de Kok gesagt, worum es eigentlich ging. Posthumus drückte sich an die Wand. Von draußen hörte er gedämpfte Geräusche. Ein Schuss? Rufe und Schreie. Die Tür wurde aufgestoßen. Zwei Silhouetten vor blendend hellem Licht.

»Herr P.!«

Noch mehr Licht, als Leuchtstoffröhren über ihm aufflackerten.

»Herr Posthumus, Pieter?«

Das war de Boer.

»Alles okay?«

»Mir tut alles weh, aber keine offenen Wunden, und soweit ich das beurteilen kann, ist auch nichts gebrochen«, sagte Posthumus. »Aber ich bin sehr, sehr froh, euch zu sehen.«

De Boer war jetzt im Zimmer. Tina, eine Decke über dem Kopf, blieb an der Tür stehen. Hinter ihr waren zwei uniformierte Polizisten. Posthumus hätte das Mädchen am liebsten umarmt.

»Tina, Tina, vielen, vielen Dank.«

Die schmale Gestalt trat nicht über die Schwelle. Sie wirkte völlig verängstigt. »Ich kann nicht rein«, sagte sie, so leise, dass Posthumus es kaum hörte.

»Fußfesseln!«, sagte de Boer. »Mein Gott. Dieses Mal kriegen wir ihn dran, der Scheißkerl kommt für Jahrzehnte in den Knast.«

»De Kok, ja«, sagte Posthumus, der vom grellen Licht immer noch blinzeln musste. »Aber vor allem musst du Christina Walraven verhaften.«

De Boers Miene veränderte sich. Aber der Blick, den er Posthumus zuwarf, war nicht ungläubig, sondern neugierig. Posthumus erzählte ihm von Ben und den Unterlagen.

»Moment«, sagte de Boer. »Erst mal müssen wir dich hier losmachen, und dann bringen wir dich ins Krankenhaus.«

Er wandte sich an die Polizisten. »Einer von euch geht runter und sieht nach, ob einer der Gorillas Schlüssel für die Fußfesseln hat, sonst müssen wir ihn rausschneiden. Die Feuerwehr ist vielleicht noch unten am Grimburgswal.« Er wandte sich wieder Posthumus zu. »Ironie des Schicksals, sozusagen«, sagte er. »Dieselben Männer haben gerade de Kok aus seinem Auto herausgeschnitten.«

Posthumus brachte ein Lächeln zustande. »Das Krankenhaus verschieben wir lieber«, sagte er. »Das hier ist jetzt wichtiger, vor allem, wenn ihr Henk de Kok schon verhaftet habt.«

Er erzählte de Boer von Christina, dem Phönix, dem Foto von ihm im Dolle Hond und von der Verbindung, die zwischen Christina, de Kok und seinen Entführern bestehen musste. Sorgfältig legte Posthumus die Geschichte dar, die er aus den vielen Einzelteilen zusammengesetzt hatte.

»Ich denke, Christina hat ihre internationalen Kontakte genutzt, um einen Profikiller anzuheuern. Vermutlich aus Russland, jemanden, der eine komplizierte Giftattacke mit TTX durchführen konnte, wie beim Anschlag auf Markow. Wahrscheinlich sollte es nach einem Herzinfarkt aussehen. Und ich glaube, de Kok war einfach Christinas Mann vor Ort, hier in Amsterdam. Vielleicht gibt es da eine Verbindung mit zwielichtigen Finanzgeschäften.«

»Wir reden also von zwei Auftraggebern für die Morde, Walraven bei Olssen und de Kok bei Marty Jacobs«, sagte de Boer. »Das hat mich auch beschäftigt, das muss ich zugeben.«

»Ich glaube, Marty sollte warten, bis sich dem Killer die richtige Gelegenheit bot, und Ben dann ablenken oder ihm den Weg versperren«, sagte Posthumus.

»Seine Telefondaten sprechen dafür«, sagte de Boer.

Posthumus rutschte langsam an der Wand entlang auf den Boden. Plötzlich war er hundemüde.

De Boer sprang rasch an seine Seite. »Pieter? Bist du sicher, dass du okay ist?«

»Alles in Ordnung, wirklich; keine Gehirnerschütterung, falls du das denkst. Ich weiß, wie sich das anfühlt. Ich bin völlig klar im Kopf.«

»Daran habe ich keine Sekunde gezweifelt«, sagte de Boer.

»Wenn ich hier bei jemandem die Fähigkeit zum logischen Denken in Frage stelle, dann bei mir. Undurchdachte Schlussfolgerungen und so; du, Pieter Posthumus, denkst immer klar.«

Posthumus erwiderte de Boers Grinsen, wenn auch nur schwach.

»Ein Profi hat vor dem Überfall Olssens Hotelzimmer durchsucht«, fuhr de Boer fort. »Das könnte gut der Killer gewesen sein. Wenn Olssen die Unterlagen bereits bei deinem Freund deponiert hatte, wurde im Hotel nichts gefunden. Jacobs war wahrscheinlich beim Überfall dabei, um alles zu vernichten, was Olssen bei sich hatte. Auf jeden Fall sollte er das Zeug mitnehmen, damit sich der Killer schnell absetzen konnte. Dafür haben wir Hinweise.«

»Aber Marty hat zu viel gesehen«, sagte Posthumus. »Oder wurde zumindest zur Gefahr, als das Gift nicht richtig wirkte.«

»Und als ob das nicht schon schlimm genug wäre, kommt ein gewisser städtischer Beamter mit einem Mantel daher und fängt an, unbequeme Fragen zu stellen«, sagte de Boer. »Das muss ein ziemlicher Schock für Frau Walraven gewesen sein.«

Posthumus erinnerte sich an ihren Gesichtsausdruck an jenem Abend im Hotel Conservatorium und an Gabis Bemerkung, dass Christina nach Bens Tod ruhiger gewirkt habe.

»Ich glaube, sie wollte an dem Morgen im Krankenhaus herausfinden, in welchem Zustand Ben war«, sagte Posthumus.

»Und stand am Krankenbett und sagte ihm, er solle sich schonen und nicht sprechen«, sagte de Boer. Er sah Posthumus aufmerksam an. »Oder warnte ihn, nichts zu sagen. Eine kaltblütige Frau, wenn man darüber nachdenkt.«

»Ich weiß nicht«, sagte Posthumus. »Vielleicht ist sie da in etwas hineingeraten, das eine Nummer zu groß für sie war. Sie wirkte ehrlich durcheinander.«

»Nach allem, was ich über de Kok weiß – der ja nun wirklich ein Mistkerl ist –, war diese Geschichte auf jeden Fall für *ihn* eine Nummer zu groß«, sagte de Boer.

Er richtete sich auf und ging in der Zelle auf und ab.

»Und *du* bist in ihre Schusslinie geraten«, sagte er. »Als du im Fahrstuhl über Gift spekuliert hast.«

Von draußen kam Lärm, eine energische Frauenstimme. Posthumus sah zur Tür. Tina war weg.

»Wahrscheinlich hat sie noch im Krankenhaus den Hacker kontaktiert, als sie kurz auf der Toilette war«, sagte de Boer mehr zu sich selbst. »Vielleicht derselbe, der sich schon an Olssens Computer zu schaffen gemacht hatte.«

»Du meinst, jemand hat das Computernetzwerk des Krankenhauses gehackt und die Apparate abgestellt?«, fragte Posthumus.

»Ja«, sagte de Boer. »Wahrscheinlich aus dem Ausland. Allerdings muss derjenige Holländisch können, sonst hätte er nicht auf die Patienteninformationen der Intensivstation zugreifen können. Das sind wohl nicht nur Codes.«

Posthumus zuckte zusammen, Stirnrunzeln tat immer noch weh. Ein Puzzleteil in seinem Hinterkopf war an die richtige Stelle gerutscht, obwohl er die Information dort gar nicht haben wollte. Draußen wurde der Lärm lauter. Anna stürmte zur Tür herein.

»Tut mir leid, sie ließ sich nicht aufhalten«, sagte ein Polizist, der hinterhergerannt kam.

Anna stürzte zu Posthumus, bückte sich und schlang die Arme um ihn.

»Au! Autsch! Vorsicht!«

»Tut mir leid! Mein Gott, du bist ja angekettet!«

»Das haben wir gleich erledigt«, sagte de Boer.

»Haben Sie denn noch keinen Krankenwagen gerufen?«, fragte Anna. »Er braucht einen Arzt!«

»Mir geht's gut«, sagte Posthumus und versuchte sich hochzustemmen. »Nur ein bisschen lädiert, nichts gebrochen. Kein Grund, gleich ins Krankenhaus zu gehen.«

»Aber schau dich doch an!«, sagte Anna und half ihm hoch.

»Das wird ein schönes Veilchen geben«, sagte de Boer und stützte Posthumus von der anderen Seite. Er lachte mitfühlend.

»Da gibt's überhaupt nichts zu lachen!«, sagte Anna. »Wenn Sie ihn nicht ins Krankenhaus bringen, mache ich das höchstpersönlich.« Sie zückte ihr Handy.

»Jetzt warte doch mal«, sagte Posthumus.

Tina war in Begleitung eines zweiten Polizisten wieder die Treppe hochgekommen, aber sie wollte immer noch nicht über die Schwelle treten.

»Ich habe den Schlüssel«, sagte der Polizist.

Der Schlüssel passte. Posthumus schüttelte Anna und de Boer sanft ab und hinkte zu Tina.

»Tina, du warst unglaublich tapfer«, sagte er und schaute sie nach einem schnellen Blick zurück in die Zelle dankbar an.

Tina lächelte, sagte aber nichts.

»Und jetzt ab ins Krankenhaus«, meldete sich Anna hinter ihm zu Wort.

Posthumus drehte sich um. »Ich verspreche, dass ich nachher hingehe und mich untersuchen lasse«, sagte er. »Aber zuerst müssen wir ins Grandhotel. Wie viel Uhr ist es?«

Jetzt schauten sowohl Anna als auch de Boer perplex.

»Bald halb acht, warum?«, sagte Anna.

»Christina ist beim Galadiner von Earth 2050. Das ist im Grand, meinte Gabi«, sagte Posthumus. Er sah Anna an. »Christina steckt hinter der ganzen Sache, aber das erkläre ich dir später. Wir müssen uns beeilen, bevor sie Wind davon bekommt, was hier passiert ist, oder von Henk de Koks Verhaftung erfährt.«

»Du gehst nirgendwohin, außer ins Krankenhaus«, sagte Anna.

»Ich will dabei sein, wenn sie verhaftet wird«, sagte Posthumus.

»Frau de Vries, es wäre wirklich sehr hilfreich, wenn Pieter dabei wäre«, sagte de Boer. »Ich würde gern Walravens Reaktion sehen, wenn sie feststellt, dass er frei ist.«

»Aber er kann doch kaum laufen!«, rief Anna.

»Anna, ich muss das machen.«

Anna sah Posthumus lange in die Augen. »Oh, PP«, sagte sie schließlich und seufzte. Dann schob sie die Hand unter seinen unverletzten Arm, um ihn zu stützen. »Also komm. Aber glaub nicht, dass ich dich allein gehen lasse.«

Sie sah de Boer herausfordernd an, doch der nickte nur den beiden Polizisten an der Tür zu.

»Wir machen keine große Sache daraus«, sagte er. »Es ist unwahrscheinlich, dass die verdächtige Person bewaffnet ist, aber wir müssen an Posthumus' Sicherheit denken.«

»Sollen wir noch die Unterlagen holen, um sie damit zu konfrontieren?«, fragte Posthumus.

»Die kannst du mir später geben. Ich glaube, es wäre am besten, wenn wir sie überrumpeln und sie glauben lassen, wir wüssten über alles Bescheid.«

Er wandte sich wieder an die Polizisten: »Ihr wartet hier mit Herrn Posthumus und Frau de Vries, während ich den Wagen hole.« Und zu Tina: »Und jetzt bringen wir dich hier sicher wieder weg.«

Mit dem Auto waren es nur ein paar Minuten bis zum Grand. De Boer fuhr in den Hof, umkurvte einen kleinen Springbrunnen und parkte direkt vor dem Haupteingang. Die beiden uniformierten Polizisten hielten hinter ihnen, für den Fall, dass der Portier de Boer den Zutritt verwehrte. Anna half Posthumus aus dem Auto. Zusammen mit de Boer gingen sie ins Hotel, die beiden Polizisten folgten ihnen mit etwas Abstand.

Pärchen in Abendkleidung schlenderten über den glänzenden Marmorboden in der riesigen Lobby. Irgendwo in der Ferne war Mozart zu hören.

»Wir sehen aus wie Flüchtlinge, die an die an einen fremden Strand gespült wurden«, sagte Posthumus, blickte auf seine schmutzige, stark in Mitleidenschaft gezogene Kleidung und bemerkte zum ersten Mal den Riss in seiner Jacke.

»*Bonsoir*, kann ich Ihnen behilflich sein?«

Der junge Mann, der zu ihnen trat, lächelte freundlich und sprach so mit ihnen, als wären sie genauso exquisit gekleidet wie die anderen Gäste.

De Boer zeigte ihm seinen Ausweis. »Polizei«, sagte er. »Wir müssen mit einem Gast beim Galadiner sprechen.«

»Aber sicher«, sagte der junge Mann. »Wenn Sie mir den Namen geben, lasse ich die betreffende Person wissen, dass Sie hier sind.«

»Nein. Wir müssen reingehen. Sie darf nicht gewarnt sein.«

Nun wirkte der junge Mann für einen kleinen Augenblick doch konsterniert. Sein Blick wanderte in eine Ecke der Lobby. Ein breitschultriger Mann im schwarzen Anzug kam zu ihnen herüber.

»Der Leiter der Security«, sagte der junge Mann.

De Boer erklärte den Grund seines Kommens.

»Ich begleite Sie«, sagte der Sicherheitschef. »Einige Gäste haben heute Abend ihre eigenen Leibwächter dabei. Wir wollen ja keine Kettenreaktion in Gang setzen.«

Er führte sie eine breite Treppe hinauf in den nächsten Stock und sprach dabei in sein Headset. Posthumus und Anna folgten langsam. Die Treppe war schwierig. Auf dem Treppenabsatz blieb Posthumus kurz neben de Boer stehen. Sie befanden sich in dem Teil des Hotels, der in den zwanziger Jahren als Rathaus von Amsterdam gebaut worden war. Hinter den Flügeltüren, in der holzvertäfelten Ratskammer glitzerten Kristall und Silber im Kerzenlicht. Die Gäste begaben sich gerade an ihre Plätze. Anscheinend hatte es zuvor einen Begrüßungscocktail gegeben, und nun strömten die Gäste über den Treppenabsatz in den Bankettsaal. Posthumus berührte de Boer am Ellbogen und nickte Richtung Flügeltür. Gabi und Christina waren gerade hineingegangen. Posthumus starrte ihnen nach. Christina trug ein rückenfreies Abendkleid; die Diamanten, die zwischen ihren Schulterblättern funkelten, signalisierten »Chopard« oder »Cartier«. Nicht unbedingt das, was man bei einer PR-Frau zum Schutz wild lebender Tiger erwartete.

»Frau Walraven!«

De Boers Ton war hart und bestimmt.

Gabi sah Posthumus zuerst. Sie hatte sich auf de Boers Ruf hin umgedreht. Ihr Gesichtsausdruck zeigte erst Verwirrung, dann Besorgnis. Christina schien ungerührt. Sie blieb stehen und drehte sich dann langsam zu ihnen. Sie erfasste die Situation sofort. De Boer schritt direkt auf sie zu, Posthumus schleppte sich hinterher.

»Frau Walraven, ich würde gerne mit Ihnen über den Tod von Ben Olssen sprechen.«

Schweigen.

»Wir haben Henk de Kok verhaftet«, sagte de Boer.

Posthumus hörte ein Knirschen. Der Champagner in Christinas Glas spritzte auf den Boden. Blut quoll zwischen ihren Fingern hervor.

»Außerdem möchte ich Ihnen ein paar Fragen zu PhoeniX stellen, zu Ihrer Beteiligung und zu der Ihres Vaters ... und zu gewissen Zahlungen an offizielle Stellen.«

Posthumus schaute schnell zu de Boer, sah aber nur dessen Hinterkopf: Er wagte sich ganz schön weit vor. Dann sah er wieder zu Christina. Der Blick, den sie ihm zuwarf, ließ ihn frösteln.

»Du mieser kleiner Widerling, musst dich wohl in alles einmischen«, sagte sie. Sie sprach langsam, sehr leise, es war fast ein Fauchen. »Gerade du solltest das doch verstehen. Bei dem ganzen Getue um deinen Vater. Glaubst du denn, ich wollte Ben umbringen? Glaubst du, es war einfach, den einen zu opfern, um den anderen zu retten? Immerhin habe ich versucht, es so schmerzlos wie möglich für ihn zu machen.«

»Chris, du solltest jetzt nicht ...« Gabi legte Christina die Hand auf den Arm.

»Oh, halt doch die Klappe, du selbstgefälliges Miststück!« Christina zog ihren Arm weg. »Die süße kleine Botschaftertochter, immer die Beste, immer vorneweg. Und die arme Christina stets in ihrem Schatten. Tja, jetzt bist du überrascht, was?«

De Boer trat vor. »Christina Walraven ...«

Christina holte aus, und de Boer hob überrascht die Hand an die Wange, während der Stil des Champagnerglases zu Boden fiel. Christina drängte sich an ihm vorbei, streifte Posthumus und prallte gegen die zwei Polizisten, die die Tür blockierten. Sie schlug wild um sich, als die beiden sie festhielten.

De Boer ging zu ihr. Er presste ein Taschentuch auf die Wange, um die Blutung zu stoppen. Er begann erneut.

»Christina Walraven, ich verhafte Sie ...«

Christina hielt inne. Sie richtete sich auf und reckte das Kinn. Ihre Lippen waren fest zusammengepresst. Sie sagte nichts mehr. Die beiden Polizisten legten ihr Handschellen an und führten sie die Treppe hinunter.

De Boer wandte sich an Posthumus. »Danke, Pieter«, sagte er.

»Tut es sehr weh?«, fragte Posthumus.

»Nur ein Kratzer. Aber ich frage mal unten an der Rezeption, ob sie ein Pflaster haben. Und du lässt dich jetzt besser untersuchen.«

»Dafür wird Anna schon sorgen.«

De Boer lächelte hinter dem Taschentuch hervor.

Die Gäste des Galadiners, die bei der Szene zurückgewichen waren, als stünden die Beteiligten in Flammen, wandten sich erneut den Tischen zu. Leise kamen die Gespräche wieder in Gang, als ob nichts passiert wäre. Doch im Bankettsaal und im Foyer bemerkte Posthumus nun deutlich mehr Männer in dunklen Anzügen, die in ihre Kragen murmelten.

»Ich gebe dir lieber nicht die Hand, das könnte wehtun«, sagte de Boer. »Aber noch mal: Vielen Dank.« Er ging zur Treppe. »Ich melde mich. Und ich schicke jemanden vorbei, der die Unterlagen abholt.«

Posthumus sah sich nach Gabi um. Sie stand, zusammen mit Anna, etwas abseits, den Tränen nahe. Er ging zu ihnen.

»Gabi, es tut mir so leid«, sagte er. »Jetzt ist nicht der richtige Zeitpunkt, aber ich komme morgen vorbei und erkläre euch alles.«

Gabi schüttelte nur den Kopf. Dann streckte sie die Hand nach seinem Gesicht aus. »Was ist denn mit deinem Auge passiert?«

»Das gehört alles zu ein und derselben Geschichte«, sagte Posthumus.

»Ich habe Gabi ein Taxi gerufen«, sagte Anna. »Ich begleite sie nach unten. Schaffst du die Treppe allein?«

Posthumus nickte.

Draußen im Hof stand de Boer neben dem Streifenwagen und telefonierte. Christina saß hinten im Wagen. Anscheinend beschimpfte sie gerade den Polizisten, der neben ihr saß. Anna setzte Gabi in ein Taxi. Posthumus blieb unter dem Säulenvorbau stehen. Jemand zog ihn am Ärmel. Tina war hinter einer Kübelpflanze hervorgekommen.

»Tina! Was machst du denn hier?«

»Ich musste doch sehen, ob ihr okay seid, oder? Aber ich wollte da nicht rein.«

Anna schlug die Tür des Taxis zu und kam zu ihnen. Der

Streifenwagen fuhr mit Blaulicht los, de Boer folgte in seinem Auto. Gabi wandte den Kopf ab, als sie im Taxi vorbeifuhr. Posthumus stützte sich auf Anna.

»Oh, PP«, sagte sie. »Du bist wirklich …!« Sie seufzte und legte den Kopf an seine Brust.

Posthumus sah nach unten. Anna hatte Tina die Hand auf die Schulter gelegt und sie zu sich und Posthumus herangezogen.

Epilog

Montagabend, eine Woche später

Posthumus deckte die Wachteln ab, die er zum Anbraten vorbereitet hatte, und stellte sie beiseite. Er hatte also recht gehabt mit Christinas Vater. Wenige Tage nach Christinas Verhaftung war der Skandal bekannt geworden: Der alte Sybrand musste sich wegen massiver Bestechung verantworten. Sein Anwalt erklärte allerdings, wegen der fortschreitenden Alzheimer-Erkrankung sei Sybrand nicht prozessfähig. Und Christina bestritt anscheinend, dass ihr Vater etwas von dem Mord gewusst hatte.

Posthumus wischte sich die Hände an einem sauberen Küchentuch ab. Stimmte das? Sorgfältig faltete er das Tuch zusammen. Wahrscheinlich schon. Für einen kurzen Moment empfand er Mitleid für den alten Mann, trotz allem. Aber hatte er auch Mitleid mit Christina? Konnte er das überhaupt? Ihre letzten Worte gingen ihm nicht aus dem Kopf: »Gerade du solltest das verstehen!«, hatte sie ihn angeschrien. Aber dafür töten? Dass sie so weit gegangen war, konnte er nicht verstehen. Christina hatte immer noch etwas für Ben empfunden. Eindeutig. Sie habe versucht, ihm den Tod so schmerzlos wie möglich zu machen. Schmerzlos? So würde Posthumus das nicht nennen. Und einen Mord entschuldigte das natürlich auch nicht.

Aber Christinas Appell ließ ihn nicht los, es war wie ein schlechter Geschmack im Mund, der einfach nicht weggehen wollte. Sie hatte gesagt, sie hätte sich zwischen Ben und ihrem Vater entscheiden müssen. Posthumus wusste, dass das ein wunder Punkt bei ihm war: Mitleid. Aber nein. Nicht in diesem Fall. Hier ging es um Stolz und um Gier: Christinas Angst, dass der Name der Familie beschmutzt wurde, ihre eisige Entschlossenheit, die eigenen Interessen und ihr Erbe zu schützen. Dazu kam ihr Komplex, dass der vergötterte Vater es nie nach ganz oben geschafft hatte, ein Komplex, der sich schon in ihrer Kindheit zeigte, in ihrem Umgang mit Gabi. Nein, er hatte sich in ihr getäuscht. Geschmeichelt von ihrer Aufmerksamkeit hatte er sie völlig falsch eingeschätzt.

Posthumus seufzte. Genug davon. Heute Abend wollte er nach vorne schauen. Wie jeden Montag würde er für Anna kochen. Allerdings nicht nur für sie, er hatte das Abendessen zu zweit zu einer kleinen Dinnerparty umfunktioniert (mit Annas Einverständnis natürlich; da hatte er sich schon einmal die Finger verbrannt). Sie beide, Gabi und Cornelius und Merel mit ihrem mysteriösen Begleiter. Und wie es der Zufall wollte, war heute auch der Tag, an dem endlich der Junkie Frans Kemp beigesetzt werden konnte, nachdem die Leiche ein zweites Mal freigegeben worden war. Und so kamen sie an dem Tag zusammen, an dem Posthumus den Mann zu Grabe trug, mit dem, zumindest für ihn, die ganze Geschichte begonnen hatte. Posthumus sah sich in der Küche um. Er war fertig: Wachteln mit kandierten Rosenblüten und Zimtsauce, Salzwiesenlamm aus Texel mit Strandaster und dem ersten grünen Spargel und anschließend Limetteneis mit schwarzem Pfeffer. Perfekt für einen schönen Frühlingsabend.

Er fragte sich, wen Merel mitbringen würde. Den Mann, mit dem sie neulich essen war? Er war gespannt. Posthumus hatte auch Flip de Boer eingeladen. *Das* war nun wirklich eine Abkehr von alten Gewohnheiten. Er lächelte schief. Pieter Posthumus freundete sich mit einem Polizisten an, wer hätte das gedacht? Aber er mochte den Mann einfach. De Boer hatte keine Zeit, war aber vorhin kurz auf ein Glas vorbeigekommen. Posthumus hatte noch nie jemanden so schnell die Treppe hinaufsprinten sehen. Das Gespräch mit dem Kommissar war überaus interessant gewesen.

Posthumus löffelte dicke schwarze Oliven über einen Zweig Rosmarin in eine Schale. *Was für eine Frau!*, hatte de Boer gesagt. *Sie hat dafür gesorgt, dass de Kok nicht wegen Mittäterschaft an Olssens Ermordung belangt werden kann, aber selbst da konnte sie sich eine bösartige Stichelei nicht verkneifen: Dazu wäre ein solcher Idiot nicht in der Lage gewesen, sie habe sich bloß seine Ortskenntnisse zunutze gemacht. Sie hat einen Profi-Killer aus Russland angeheuert.* Posthumus war also auch hier auf der richtigen Fährte gewesen: Christinas internationales Netzwerk hatte so einige dunkle Seiten. *Und freust du dich, dass es stimmt?*, hatte Posthumus gefragt. *De Kok hat ein Alibi, Pieter. Natürlich. Und seine Aussage passt zu dem, was sie sagt. Mein Gott, du hättest sie hören sollen! Vom hohen Ross herab. Sie sei in ihrem Leben schon immer von Idioten umgeben gewesen.* Christina war hochnäsig und arrogant aufgetreten und hatte ausgiebig mit ihren Fähigkeiten geprahlt. *Sie hat mich ausgelacht, Piet, und damit angegeben, dass sie – als ihr klarwurde, dass Ben womöglich jeden Moment reden würde – direkt vor meiner Nase und noch während wir im Krankenhaus waren den Auftrag erteilt hat, die Computer der Intensivstation zu hacken.* De Boer hatte erzählt, Christinas Aussage bei der Polizei habe einer Beichte geglichen – falls »Beichte« das richtige Wort war, wenn ein Geständnis derart selbstgerecht vorgetragen wurde.

Trotzdem musste Christina mit sich gehadert haben. Posthumus dachte an den Moment im Hotel Conservatorium, als er Gabi und Christina erzählt hatte, Ben habe den Anschlag überlebt; und er musste wieder an die Fahrt in der Limousine denken, als Christina so traurig, abwesend und gereizt gewirkt hatte. Vielleicht war die Sache nicht nur für de Kok eine Nummer zu groß gewesen.

Posthumus legte die Vorspeise auf einen Teller: Cherrytomaten, die er mit Kräutern, Oliven und Anchovis gefüllt hatte. Nur einmal war das Gespräch mit Flip kurz überschattet gewesen. Der Kommissar hatte erzählt, dass Bens Laptop und das Computersystem des Krankenhauses vom selben Ort aus manipuliert worden waren. Bangalore. Vorerst ließ Posthumus den Schatten vorbeiziehen. Interpol war an der Sache dran, hatte Flip erklärt, zu dem Killer gebe es bereits eine Spur. Die Durchsuchung von de Koks Villa in Zuid hatte genug ergeben, um de Koks Beteiligung zu beweisen. Dazu kam die Verbindung zwischen seinen Immobilienfirmen und der Walraven-Bank, die ihm weitere Anklagen wegen Betrugs und Steuerhinterziehung einbringen würde. Außerdem würden sie de Kok für den Mord an Marty drankriegen und natürlich für Posthumus' Entführung. Kommissar de Boer konnte sich in seinem neuen Ruhm sonnen, er war der Star im Revier am IJ-Tunnel. Aber das Beste war, dass Tina, die tapfere kleine Tina, sich bereit erklärt hatte gegen de Kok wegen Folter und Menschenhandels auszusagen, und drei oder vier weitere Frauen würden ihrem Beispiel folgen. Anna hatte Tina ihre volle Unterstützung zugesichert.

Posthumus brachte die Tomaten und Oliven ins Wohnzimmer. Es klingelte. Er streckte den Kopf aus der Wohnungstür und hörte munteres Stimmengewirr.

»Wir sind alle auf einmal gekommen!«, rief Merel durchs Treppenhaus. Posthumus lächelte, machte die Tür weit auf und ließ seine Gäste herein.

Dank

Ein großes Dankeschön an unsere englische Lektorin Ruth Tross für ihre Fürsorge und ihre intelligenten Kommentare sowie an Morag Lyall für ihren Adlerblick, der uns vor einigen Patzern bewahrt hat. Dank auch an Tom und Jos für Details zu den *ins and outs* in einem Kankenhaus und an Hans, der uns geholfen hat, das richtige Gift zu finden. Und, *last but not least*, vielen Dank an Cornelia Künne, die unseren deutschen Posthumus so wunderbar betreut.

»Das Buch versprüht einen ganz besonderen Charme, den des verrucht-romantischen Montmartre-Viertels.« *WDR 2*

Paris im August: im Cabaret von Moulin wird die Leiche einer jungen Frau gefunden. Auf den ersten Blick scheint es sich um Daphné zu handeln, die kapriziöse Sängerin und einzige Frau in Moulins Transvestiten-Cabaret. Doch die Tote hat sich nur als Daphné verkleidet ... Der Gitarrist und Detektiv Quentin stößt auf ein Geflecht aus Lügen und Eifersucht.

Hoffmann und Campe